新疆农业职业技术学院现代学徒制试点学徒岗位教材

种子营销学徒岗位手册

主　编　刘心雨　朱　淘

中国农业大学出版社
·北京·

内容简介

本书包括3个部分：企业入职培训、认识岗位、学徒实践项目。企业入职培训包括我国种业发展现状与趋势、认识种子企业、种子企业人力资源开发与个人职业生涯发展、种子企业财务管理4个专题；认识岗位包括认识种子营销员学徒业务岗位、岗位业务素质和能力要求及培养目标、制订营销员学徒培养计划3个专题；学徒实践项目包括种子市场调查、种子分销渠道设计与管理、种子促销活动3个项目。

本书具有标准化、综合性、做学合一、以师带徒、职业浸润、脚手架式手册特色，适合作为农业院校种子生产与经营专业的专业课教材，也适合作为种子相关企业营销人员的培训用书。

图书在版编目（CIP）数据

种子营销学徒岗位手册/刘心雨，朱海主编．--北京：中国农业大学出版社，2022.3

ISBN 978-7-5655-2717-3

Ⅰ.①种… Ⅱ.①刘… ②朱… Ⅲ.①种子－市场营销学－高等职业教育－教材 Ⅳ.①F724.72

中国版本图书馆CIP数据核字（2022）第017580号

书　名　种子营销学徒岗位手册

作　者　刘心雨　朱　淘　主编

策划编辑　张　玉　　**责任编辑**　陈颖颖

封面设计　郑　川

出版发行　中国农业大学出版社

社　址　北京市海淀区圆明园西路2号　　**邮政编码**　100193

电　话　发行部 010-62733489，1190　　读者服务部 010-62732336

编辑部 010-62732617，2618　　出　版　部 010-62733440

网　址　http://www.caupress.cn　　**E-mail**　cbsszs@cau.edu.cn

经　销　新华书店

印　刷　运河（唐山）印务有限公司

版　次　2022年4月第1版　2022年4月第1次印刷

规　格　180 mm×255 mm　16开本　14印张　280千字

定　价　42.00元

编 写 人 员

主　编　刘心雨（新疆农业职业技术学院）

朱　洵（新疆华西种业有限公司）

副主编　冉　娟（新疆农业职业技术学院）

潘进东（昌吉市丰之源农业科技有限责任公司）

参　编　贾丽慧（新疆农业职业技术学院）

杨　惠（新疆农业职业技术学院）

李小万（新疆农业职业技术学院）

刘怀梅（昌吉州农业综合行政执法支队）

王　琪（新疆农业职业技术学院）

王爱华（九圣禾种业股份有限公司）

杨卫军（新疆广宇科技发展有限公司）

前　言

种子营销员岗位是种子生产与经营专业学生就业的重要岗位之一，对于实践要求非常高。通过种子营销员学徒阶段的培养，学生可以掌握岗位工作环境、工作流程、工作内容与相应的职业文化，这些方面在学校里都无法达到较好的培养效果。现代学徒制培养模式较好地解决了传统课堂的问题，使学校与企业深度融合，课堂与工作内容紧密结合。本着理论够用、兼顾发展的原则，遵循职业教育规律，编写人员创设了标准化、综合性、做学合一、以师带徒、职业浸润、脚手架式的工作学习手册。本书由刘心雨整体构建并最终统稿，在编写过程中广泛征求了行业一线的意见、建议，并调研了新疆华西种业有限公司、昌吉市丰之源农业科技有限责任公司、九圣禾种业股份有限公司、新疆广宇科技发展有限公司、新疆农人种子科技有限公司等不同规模、不同形式企业的种子营销员岗位工作内容。本书第一部分由刘心雨主笔，朱海、刘怀梅提供案例及素材；第二部分由冉娟、杨惠主笔，潘进东、王爱华提供案例及素材；第三部分由刘心雨、贾丽慧、王琪主笔，李小万、杨卫军提供案例及素材。

本书在编写过程中得到大量企业一线师傅及学徒制学生的内容反馈与素材提供，在此一并表示衷心的感谢。本书编写历时 3 年多的摸索与尝试，但由于编者水平有限，不足之处难以避免，恳请读者提出宝贵意见！

编者

2021 年 6 月

目　录

1　**第一部分**
企业入职培训

入职培训专题 1　我国种业发展现状与趋势 / 3
　第一节　我国种业发展的历史、现状及趋势 / 3
　第二节　我国种子行业及市场 / 12
入职培训专题 2　认识种子企业 / 17
　第一节　我国种业公司的组织构架 / 17
　第二节　我国种业公司的经营模式 / 19
　第三节　种业公司的管理文化 / 22
入职培训专题 3　种子企业人力资源开发与个人职业生涯发展 / 26
　第一节　我国种业公司人力资源建设 / 26
　第二节　学徒个人生涯发展规划 / 35
入职培训专题 4　种子企业的财务管理 / 37
　第一节　种子营销账务 / 37
　第二节　种业公司一般财务制度 / 43

47　**第二部分**
认识岗位

入职培训专题 5　认识种子营销员学徒业务岗位 / 49
　第一节　认识种子市场营销职业 / 49
　第二节　种子市场营销业务岗位及职业成长 / 52
入职培训专题 6　岗位业务素质和能力要求及培养目标 / 57
　第一节　营销员岗位业务素质和能力要求 / 57
　第二节　营销员学徒岗位培养目标 / 61

入职培训专题 7　制订营销员学徒培养计划 / 62
第一节　种子营销员学徒岗位实训内容 / 62
第二节　种子营销员学徒培养计划 / 64

67 | 第三部分
学徒实践项目

项目一　种子市场调查 / 69
任务 1　撰写种子市场调查方案 / 69
任务 2　市场调查前的准备 / 84
任务 3　实施调查 / 92
任务 4　撰写调查报告 / 96
项目二　种子分销渠道设计与管理 / 111
任务 1　制订种子分销渠道设计方案 / 111
任务 2　渠道成员选择 / 122
任务 3　种子分销渠道管理方案设计 / 129
项目三　种子促销活动 / 137
任务 1　制订种子促销活动方案 / 137
任务 2　种子现场展示、示范促销 / 174
任务 3　针对中间商的种子推销活动 / 184
任务 4　种子门店销售活动 / 194

202 | 参考文献

203 | 附录
1. 种子营销员学徒岗位标准 / 205
2. 种子营销员学徒岗位课程标准 / 207
3. 师傅聘任标准 / 211
4. 徒弟选拔标准 / 213

The first part

The first part

第一部分

企业入职培训

The first part

The first part

入职培训专题1
我国种业发展现状与趋势

开展种子市场营销工作，我们必须首先了解种业行情和市场特点，以及种业发展的基本情况和背景，学会从宏观上把握种子市场行情，运用所学知识分析预测种业的发展趋势，为企业制定营销战略和策略提供依据。

第一节　我国种业发展的历史、现状及趋势

一、我国种业发展的历史

种业在欧美发达国家已有250余年的历史，属于比较成熟的产业。相比较而言，尽管我国是农业大国，种子需求量巨大，但种业发展较晚、起点较低、投入较少，与发达国家的种业还有很大的差距。截至目前，我国种业发展大致经历了3个阶段：

第一阶段从中华人民共和国成立到20世纪80年代初，称为计划性阶段。主要标志是创建县、乡两级良种场，进行品种选育、种子生产和实现供应专业化。此阶段形成了约5 000个良种场和约3 000个育种单位。各级政府种子管理部门行政、事业两位一体；种业资源由政府计划配置，政府主导着种业的发展。种子政策和生产经营特点为：由农民“家家种田、户户留种，以粮代种、种粮不分”到“四自一辅”，即自选、自繁、自留、自用，辅之以政府调剂，逐步形成以县良种繁育场为骨干，人民公社良种队（场）为桥梁，村生产专业队为基础的三级繁育和计划供种体系。良种推广在国家封闭且相对较完善的推广系统中有计划地运行。

第二阶段从20世纪80年代到90年代末，称为双轨制阶段。主要标志是非主要农作物种子的计划管制取消，实行市场调节，主要农作物（以玉米、水稻“两杂”作物为代表）的种子仍然实行计划供应，由国有种子公司垄断经营。此阶段形成了约3 000家不同级别的种子公司，公司拥有经营主要农作物种子的垄断特权，实行区域

内统一供种。但因为各级种子公司“三位一体”(行政、事业、企业三位一体),所以小而分散。与此同时,涉及面小、影响范围不大的小宗农作物种子放开市场经营,逐步形成了以瓜菜类种子为代表的小宗农作物种子全国性市场,一批以“育、繁、销一体化”为特点的瓜菜种子公司和经营实体逐步形成,品牌种子逐步引领瓜菜种子市场,如“丰乐”西瓜、“津研”黄瓜、“湘研”辣椒等。同时,一些有育种背景的(科研单位为主)跨地域种子企业迅速崛起,促进了科研成果的转化,一大批科研单位走向市场,推广自己选育的优质瓜菜种子,创造了自己的品牌。但是,这些品种在法律上没有产权,因而阻碍了我国种子产业市场化、规模化、产业化的进程。

第三阶段从2000年12月以后至今,是种子产业化和市场化阶段。主要标志是《中华人民共和国种子法》和《中华人民共和国植物新品种保护条例》的颁布、实施。此阶段种业市场运行的基本法则是市场经济规律,各类竞争主体能够平等参与竞争,与国际接轨。政策上打破了地区封锁,逐步形成了统一、开放的全国性种子市场体系,刺激了企业的育种创新和产、学、研结合,有力地推动了“育、繁、销一体化”的产业化进程。这一阶段我国种业市场竞争关系已由国内竞争转向国内和国际双重竞争,种子市场实行生产和经营资格准入政策,这标志着我国种子行业已经渐进地从计划经济体制转变到市场经济体制,实现种业市场化,同时又从传统种业向现代种业转变,逐步实现种业现代化。伴随着种业市场化的来临与发展,我国种业的科研、育种水平以及产业规模和效益都有了不同程度的提高,种业经营向产业化方向发展,企业的市场主体地位日渐突出,种子企业产权多元化格局逐步形成,涌现出一批种子产业化龙头企业,同时,种子产业与资本市场的有效结合诞生了一批种业上市公司。目前,我国种业市场逐步开放,已从种业市场化初期的百家争鸣演变到激烈的市场竞争状态。

二、我国种业发展的现状与趋势

(一)我国种业发展的现状

根据统计,我国农业年用种量在125亿千克左右,种子市场容量在800亿元左右;年种子经营量在35亿千克左右,商品种子销售额在200亿～300亿元。其中,种子市场交易量最大的是杂交玉米,2017年全国杂交玉米制种收获面积293万亩(1亩≈666.7 m^2),新产种子10.58亿千克,需种量在11亿千克左右。2015年,全国杂交水稻制种面积约145万亩,年制种量在2.39亿千克左右,实际用种量2.1亿千克,市场规模约141亿元,另外还有少量常规水稻实现商品化,市场规模约18亿元。2015年我国国内种子行业市场规模达到1 170亿元,耕地面积约为20.27亿亩。2018年我国种子市场主要作物品种市场结构见表1-1-1。

表 1-1-1 我国种子市场主要作物品种市场结构

作物品种	品种数量/个	播种面积/亿亩	销售额/亿元	市场占有率/%	种子总产量/万吨	种子商品量/万吨	商品率/%
玉米	98	3.9	60	30	120	118	98.3
水稻	65	4.7	47	23	70	45	64.3
油菜	80	1	5	2	1	1	100
小麦	25	4.3	23	11	650	160	24.6
棉花	95	0.6	8	4	10	9	90
大豆	30	1.2	3		30	9	30
花卉	99		4	2			
蔬菜	70	2	30	15	3		
瓜类		6.3	5	3		2.5	
其他			10	5			
合计		24	195		884	344.5	

（资料来源：原农业部种植业管理司种子与植物检疫处，2018）

我国种子市场在全球种子总市场中的份额占比达到 28%，是全球第二大种子市场。随着我国种子市场的开放，种子经营异常活跃。

2010 年，我国种子企业有 8 700 多家。2016 年，全国持证企业 4 316 家，比 5 年前减少约一半；国内上市种子企业 60 多家，总市值超千亿元；前 50 强的市场份额占 35%以上，这比 5 年前提高 5 个百分点；年研发投入约占销售收入的 7.4%，较 5 年前提高 3 个百分点。2017 年，企业申请知识产权品种和审定品种均超各自总量的 50%，逐步发展为育种创新的主体。2018 年，主要农作物审定品种 3 249 个，其中国审品种 902 个、省审品种 2 347 个。国审品种中，企业审定品种占 77%，企业在品种审定中的主体地位凸显，绿色、优质、专用品种比重明显提高。截至 2018 年，29 种非主要农作物登记品种数量达 10 325 个。2018 年我国企业粮食作物和其他作物种子销售前十排名见表 1-1-2。

在育种技术方面，我国杂交水稻、杂交油菜、高油玉米等的育种技术在国际上处于领先地位，但总体来看，研究设施和技术水平还比较落后，与发达国家有较大差距。育种水平的落后导致我国农产品质量与单产远低于世界先进水平。根据 FAO（联合国粮食及农业组织）统计资料，法国、日本、德国每公顷谷物产量分别为 6 516 千克、5 847 千克和 5 334 千克，而我国只有 3 067 千克。荷兰每公顷小麦产量为 8 000 千克，土豆为 4 500 千克，分别是我国的 213 倍和 313 倍，且质量也优于我国。

表 1-1-2　2018 年我国企业粮食作物和其他作物种子销售前十排名

排名	省份	企业名称	销售额/亿元	粮食作物	排名	省份	企业名称	销售额/亿元	其他作物
1	湖南	隆平高科	26.5	稻	1	湖南	隆平种业	10.08	麻类、绿肥种子等
2	黑龙江	垦丰种业	13.73	玉米、大豆	2	广东	金作农科	6.07	麻类、蔬菜、花卉、鲜食、爆裂玉米等
3	安徽	荃银高科	8.99	稻	3	山东	圣丰种业	3.81	大豆、花生等
4	山东	登海种业	7.37	玉米、蔬菜	4	四川	全兴种业	3.1	玉米、蔬菜、油菜等
5	北京	中种集团	7.34	稻、玉米	5	广西	兆和种业	2.83	稻、玉米、小麦、大豆，鲜食、爆裂玉米等
6	北京	中农发种业	6.58	玉米	6	新疆	九圣禾种业	2.57	稻、玉米、大豆、西瓜、向日葵等
7	江苏	大华种业	5.37	稻、玉米	7	四川	仲衍种业	2.51	稻、玉米、蔬菜、梨苗等
8	北京	金色农华	5.42	稻、玉米	8	安徽	天禾农科	2.44	稻、油菜等
9	黑龙江	富尔农艺	5.17	稻、大豆	9	四川	国豪种业	2.31	稻、玉米、油菜等
10	山东	希森马铃薯	4.74	马铃薯	10	山东	寿光蔬菜种业	2.19	菠菜、西葫芦、苦瓜等

近些年来，我国种业正面临着新情况新形势，主要表现在企业数量、企业结构、企业实力、进出口变化、市值、品种数量、品种保护等方面。

从企业数量来看，2010 年，我国种子企业有 8 700 多家。国家通过修改主要农作物生产经营管理办法，提高了经营门槛，到 2016 年企业数量缩减了约一半，之后逐步回升。2018 年，我国种子企业 5 808 家，较 2010 年减少 2 892 家，较 2016 年最低值增加 1 492 家(图 1-1-1)。

从企业结构来看，2018 年，瓜菜类企业数量最多，达 2 940 家，较 2016 年大幅度增加，增长 110%，小麦企业增加了 362 家，水稻和玉米企业数量减少(图 1-1-2)。从资本规模来看，2017 年，注册资本 1 亿元(含)以上的企业 181 家，较 2013 年增加 67 家，增长幅度较大；注册资本 3 000 万元至 1 亿元的企业 1 442 家，较 2013 年增加 420 家，增长幅度较大；注册资本 500 万元以下的企业 1 689 家，2013—2016 年数量大幅度下降至 938 家，2017 又开始回升(表 1-1-3)。

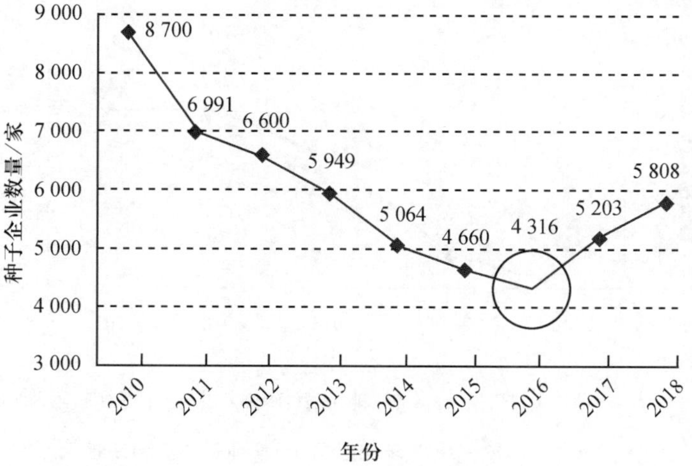

图 1-1-1　2010—2018 年中国种子企业数量变化

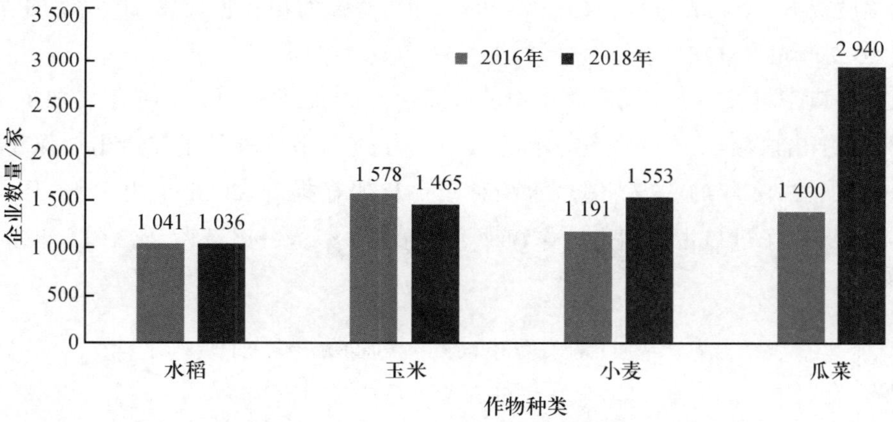

图 1-1-2　2016 年和 2018 年我国不同作物企业数量

表 1-1-3　2013—2017 年不同注册资本的种子企业数量

年份	种子企业数量/家		
	500 万元以下	3 000 万元至 1 亿元	1 亿元(含)以上
2013	3 168	1 022	114
2014	2 071	1 107	133
2015	1 259	1 299	159
2016	938	1 362	183
2017	1 689	1 442	181

从科研投入来看,2011 年后,企业对创新投入逐年增加。前 10 强种子企业 2017 年科研投入占商品种子销售收入的 8.13%(图 1-1-3)。

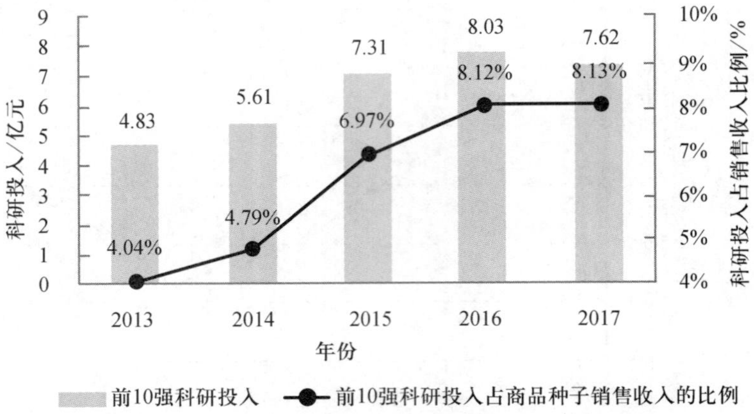

图 1-1-3　2013—2017 年我国前 10 强种子企业科研投入

从企业实力来看，企业创新能力增强，企业申请品种保护数量占比提高，2016 年后，数量大幅度提升，企业成为育种的主要力量。前 10 强的销售占比由 2015 年的 13.08% 提高到 2017 年的 14.16%。

从进出口来看，2018 年我国农作物进口额达 4.75 亿美元，比 2016 年增加了 1.88 亿美元，2018 年出口额 2.19 亿美元（图 1-1-4）。2018 年，蔬菜种子出口占出口作物种子总量的 55%，比 2014 年的 66%下降，水稻种子占比明显提升，2018 年达 32%（图 1-1-5）。2018 年，蔬菜种子进口占我国进口作物种子总量的 48%，占比最大，比 2014 年占比略微提高（图 1-1-6）。

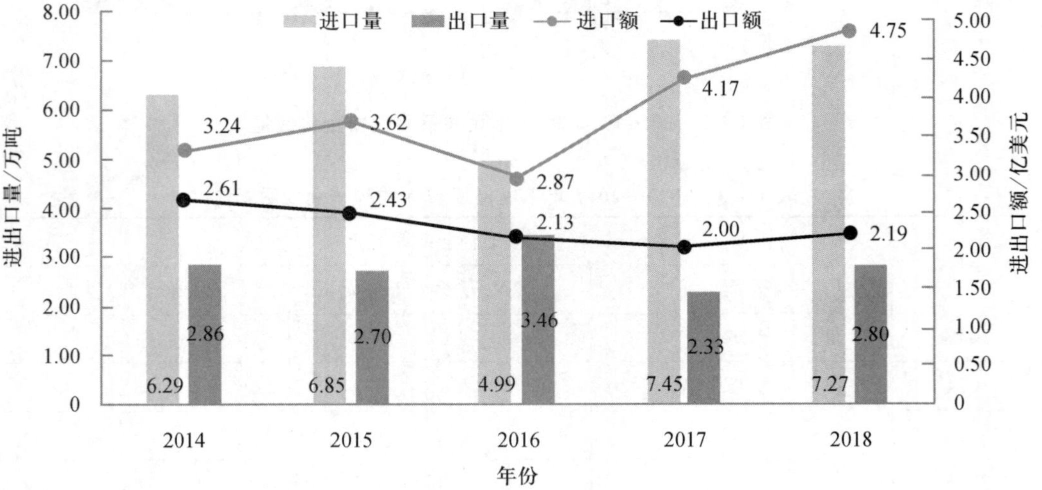

图 1-1-4　2014—2018 年我国农作物进出口统计

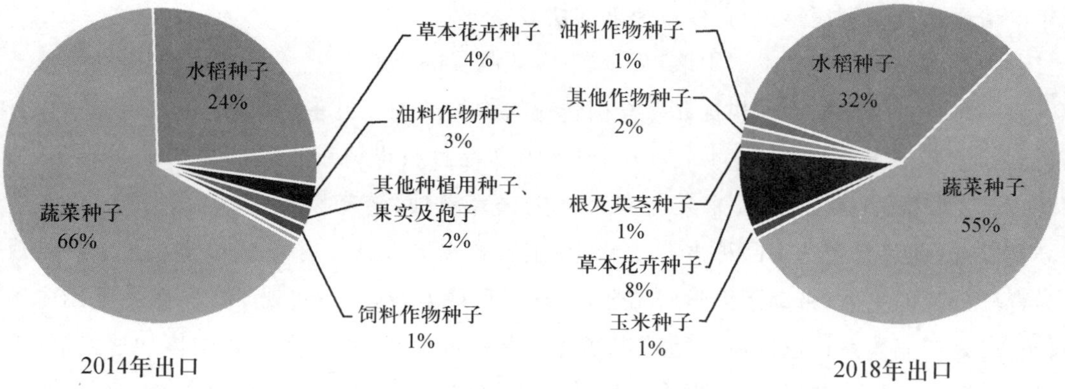

图 1-1-5　2014 年和 2018 年我国种子出口作物结构

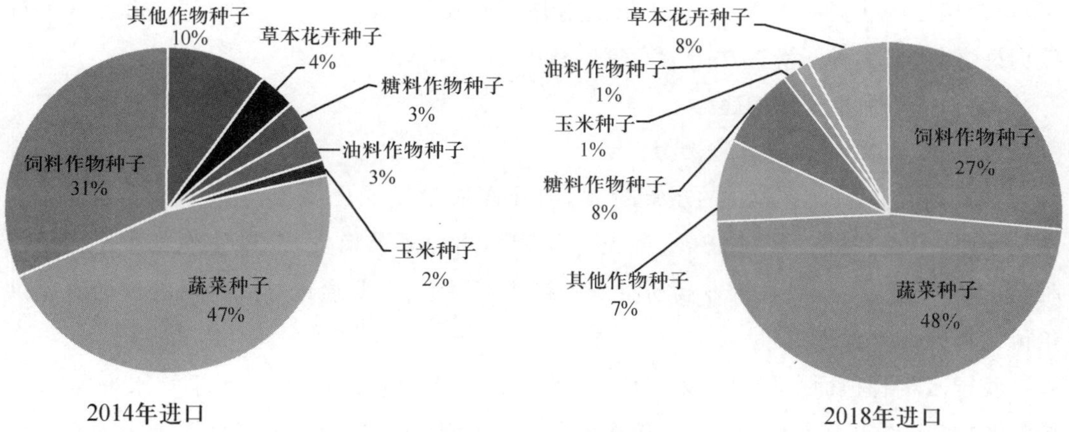

图 1-1-6　2014 年和 2018 年我国种子进口作物结构

我国种业市值(计算方式:种子市场价值＝播种面积×亩均用种量×商品化率×种子价格,以种子平均零售价为计价依据)从 2006 年开始有巨大突破,连续 10 年稳步增长,2017 年种业市值接近 1999 年的 4 倍(图 1-1-7)。

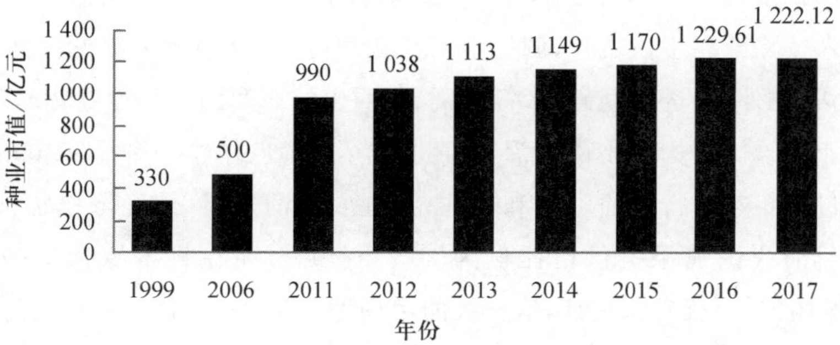

图 1-1-7　我国种业市值

我国种业新变化还表现在品种数量激增,优质、绿色、专用品种开始出现,品种保护年申请量及授权量逐年提高，授权速度加快等。

种业在服务“三农”发展中取得了以下令人瞩目的成就：

一是自主创新能力加快提升。全国选育农作物品种 4 万多个，申请植物新品种保护达到 2.7 万个，授权品种超过 1.1 万个，2018 年品种权申请量 4 854 件，位居世界第一。2017 年，水稻、小麦、大豆、油菜全部为自主选育品种，转基因抗虫棉品种国产化率达 95%以上，蔬菜自主选育品种占 87%以上，玉米自主选育品种占 85%以上。企业逐步成为育种创新的主体，带动了产学研结合，提升了育种创新能力，实现了中国粮主要用中国种。二是产业体系快速发展。随着市场化改革不断深入，种业多元化主体加速发展，形成了全国统一的大市场，目前农作物种子企业 5 900 多家，市场价值超过 1 000 亿元，带动了种业产业化、规模化，提升了种业发展的竞争力。三是种业法治环境不断改善。以《种子法》为核心的法规制度逐步完善，依法治种不断强化，政策支持更加有力，市场秩序持续向好，制售假劣种子等违法行为大幅度减少。

（二）我国种业发展的趋势

1. 品种更多样，特色作物潜力巨大

种子是农业生产最重要的生产资料，农业高质量发展也给现代种业提出了新的要求。水稻、小麦、玉米、大豆、棉花、油菜等作物的用种需求稳定，糖料蔗等经济作物种子种苗市场增长空间较大。种业高质量发展趋势不可逆转，要通过种业的发展推动农业供给侧结构性改革深入推进。

我国水稻种植面积居世界第二位，占世界的 20%，平均亩产是世界平均水平的 1.71 倍，总产量占世界总产量的 35%，位居世界第一。然而产量的提升已经不是水稻育种的唯一目标，消费市场稻米品质高端化发展对品种提出了多元化要求。食味品质和口感好的水稻新品种，红米、黑米等有色米，香味基因大米，低升糖指数米等功能性水稻新品种的市场需求在增加。比如稻米谷蛋白的改良，就分为高和低两个方向。谷蛋白占稻谷蛋白含量的 60%，为改良稻米口感，育种家就需要提高谷蛋白含量。而有一些肾脏病人，不能食用谷蛋白含量高于 4%的大米，育种家又需要通过育种降低谷蛋白含量，作为肾脏病人的专用大米。除了谷蛋白之外，调控水稻粒宽和粒重，让稻米更软、更白的基因都在逐步被发现，为长粒外观、透明度高、米饭软糯、不回生的高商品性品种选育奠定基础。

随着农业供给侧结构性改革的深入推进，经济、特色作物的种子种苗市场空间越来越广阔。通过多年来对行业的了解和关注，设施农业的发展，使经济作物种苗的需求大幅度增加。目前我国茄果类供苗比例为 30%～40%，而在日本嫁接苗的供苗比例是 80%，荷兰是 100%。有专家估计，这一块的市场潜力在 2 000 亿～3 000 亿元。

如果说过去为了解决温饱，我国育种更多关注水稻、玉米、小麦等大宗作物品种选育，那么如今市场需求的多样化又给育种提出了新的方向，即大宗作物和特色作物并重，种子和种苗发展并重。要建立有中国特色的种业体系，就应该适应经济发展新常态，推

进种业供给侧结构性改革，明确提出主要农作物种子企业和特色小作物种子企业的区域布局，着力构建粮、经、特色作物的大中小种子企业融合发展的现代种业发展格局，尤其要加强各类作物育种的研发，推动小作物育种。

2. 企业更集中，强者拓疆，势头猛进

全国种子企业兼并重组，数量大幅度缩减，但是种子企业的数量变化是呈阶段性的。如果从不同作物生产企业看，可以发现，水稻、玉米、小麦种子生产企业数量变化不大，增加最多的就是蔬菜种子企业。

虽然种子企业数量有所回升，但市场集中度还在不断提高，资本、技术、信息将加快向大型种业企业聚集。中国两大种业集团正在形成，即隆平高科和中化农业（2020 年 1 月 6 日，中国化工和中化集团将下属农业板块重组为先正达集团）。

虽然面对"种业寒冬"的考验，但 2018 年国审品种中，企业审定品种占 77%，首次超过了教学和科研单位的比例，成为品种审定的"主力军"。从国际市场看，隆平高科首次跻身世界种业前 10 强。但与孟山都过百亿美元的种子业务收入相比，中国种子企业的规模仍然有很大差距。

构建面向国际化的管理体系和运营能力，成为我国种业公司能否发展成为国际种业大公司的关键要素。隆平高科将科研作为企业最核心的竞争力，不断推出具有自主知识产权的高产稳产、绿色生态、优质专用、适宜机械化的新品种。

目前，国内种业研发投入水平仍然较低，行业集中度需进一步提高。而优质品种的研发应更多由市场需求驱动，通过建立优质农产品标准，反过来指导育种环节。中化农业从 2017 年起，投入大量人力、物力全力推进 MAP（现代农业技术服务平台）战略，立志从种子、土壤改良、种植技术、智慧农业、科研院所、农业金融、农产品销售、粮食加工收储等方面，打造开放合作的中国农业高质量发展"生态圈"。

3. 市场更开放，激发活力，鼓励创新

2011 年，《国务院关于加快推进现代农作物种业发展的意见》发布，成为我国现代种业发展的强力引擎。与 1999 年相比，2011 年中国种业市场市值确实大幅度增加。2011—2017 年，种业市值增加幅度回归平稳，这说明虽然种业有所发展，但我国商业化育种体系还没有真正建立，还没有出现真正突破性的品种给产业带来突破性的发展。

2013—2016 年连续的"种业寒冬"主要针对的是大宗的水稻、小麦、玉米等品种，而特色优质农作物种子进口量却逐年增加。一边是国内"种业寒冬"，一边是大量进口，根本原因是种业高质量发展没有跟上农业高质量发展。

2018 年新的外商投资农作物种业市场准入负面清单公布，让中国种业的成长显得更为紧迫。与 2017 年版负面清单相比，"2018 全国版"将外商投资种业的作物限制范围由"农作物"缩减为"小麦、玉米"，要求中方持股比例不低于 51%。"2018 自贸试验区版"将外商投资种业的作物限制范围由"农作物"缩减为"小麦、玉米"，要求中方持股比例不低于 34%。新的负面清单不是终点，中国种业下一步还要深化扩大开放，必然面临全球化竞争，如果我们的种业创新水平不提高，就没办法跟跨国种业巨头竞争。因而必须鼓励原始创新，加速我国种业创新的速度。从种业管理来看，要把事前许可向中后监管转移，从管种子到管主体，从管品种向强化知识产权保护转移，释放市场活力，激发更多主体的创新活力，选育出满足市场需要的突破性创新品种。

种业竞争的关键在于科技水平，目前我国实质性科技领先的种业企业屈指可数，这种状况不改变，中国的种业将失去竞争的机会。为此，应积极落实《"十三五"国家科技创新规划》中的"种业自主创新"战略，推动规模化企业成立种业科技基金，用以开展研发、合作和种业人才培养。政府今后对种子企业的评价要关注企业的自主创新能力，引导企业建立自己的创新平台。

目前，越来越多的种企已经开始意识到自主创新的重要性，逐步具备全球竞争意识。如安徽荃银高科种业股份有限公司力争打造科技型种业公司，至今已选育并通过审定水稻、玉米、棉花、油菜、西甜瓜品种 200 多个，90%以上为自主选育品种，2018 年度公司实现营业收入 9.16 亿元，销售各类农作物种子 6 600 万千克。

而隆平高科得以跻身全球 10 强，更离不开持续的科研投入。隆平高科研发投入占营业收入比超过 10%，接近国际领先种业企业水平，构建了国内种业最完善的商业化育种体系。同时，在全球建有各类作物育种站 49 个，基地面积超 1 万亩。截至目前，隆平高科通过审定及登记农作物品种总计 858 个，居国内前列。

第二节　我国种子行业及市场

一、我国种子行业特征

2020 年我国种子市场主要由玉米、水稻、小麦、大豆以及马铃薯组成，共占据全市场的 70%左右。其中玉米、水稻、小麦三大主粮由于种植面积大、商品化率较高，占据我国商品种子市场一半的份额。其中，玉米种子的市场规模最大，占比达 23%；其次为水稻和小麦种子，分别占 16%、14%。

基于此，我们在下面的种子行业特征分析中，将重点针对玉米种子。

(1)科研投入高，投入产出周期长。一般而言，一个新品种从开始选育到通过审定推向市场需 5～8 年，进入市场后，从产品介绍期到成长阶段需 2～3 年，需要大量资金投入，非一般企业所能承受。

(2)有较高的技术壁垒，行业门槛较高。目标良种的获得均需要经过大量的探索和反复的验证，这就需要较高的育种开发条件、专业知识和技能要求，这些限制构成了种子行业的技术壁垒。

种子生产企业需要具备主要农作物种子生产许可证和主要农作物种子经营许可证，

实行种子选育、生产、经营相结合，向当地人民政府农业主管部门申请领取种子经营许可证的企业注册资本3 000万元以上。2018年我国注册资金在3 000万元以上的育、繁、销一体化企业在100家左右。

(3)种子行业盈利能力强。大田作物种子销售毛利率一般为15%～30%，蔬菜、经济作物等多在50%以上。

(4)易受自然条件的影响。

(5)季节性经营周期明显，产销不同期，使得价格对生产的指导作用存在滞后性。种子生产和销售是在不同时段进行的，即每年3—5月与制种基地签订委托合同繁种，10月收购种子，10—12月组织生产，次年1—5月开始销售。季节性经营明显，造成产销不同期，这就导致在特定供种季节的市场上价格杠杆失灵，即当时的价格无法改变特定季节的种子供给总量和需求总量。此时，价格仅仅是种子市场供求关系的反映，而不能能动地调整供求关系。

(6)资金占用量大。每年委托制种基地制种和收购种子需要支付大量资金。

二、我国种子市场分析

（一）种子产品的特点

种子作为一种重要的农业生产要素，与其他行业的消费品不同，具有特有的需求特征。

1. 种子需求具有派生性

购买种子这一生产要素的农民不是为了直接满足自身的衣、食、住、行，而是想通过种子获得农产品，出售农产品获得收益，以实现自身的间接消费需求。所以，种子需求是一种派生需求或引致需求。消费者对农产品的需求状况、农产品的市场价格以及种子自身的增产创收能力等是影响种子需求的因素。

2. 种子需求具有分散性

种子作为农业生产资料，与工业生产资料的主要不同在于需求的分散性。工业生产资料的购买者一般为几个大的生产者客户，市场需求相对集中，单位购买量较大。而农业生产资料的使用者是千千万万小规模经营的农户，市场需求极其分散。农户经营规模的狭小决定了农业生产资料单位购买量的有限性，种子需求总量大，但单位需求量小且高度分散。

3. 种子需求的价格弹性小

种子需求量与其播种面积直接相关，受种子价格的影响不大。也就是说，种子需求的价格弹性非常低，接近于零。种子需求有一个与其播种面积直接相关的临界容量，如果把这一临界容量作为一个临界点的话，在这一临界点，农民并不会因为价格低了就多买种，也不会因为价格高了而不买种。

4. 种子需求有明显季节性

不同地区、不同季节对种子需求和消费不同。

（二）种子行业市场分析

我国玉米种子已全部实现商品化，所以以下主要分析玉米种子市场。

1. 需求分析

我国玉米的主产区分布在东北三省，其次是内蒙古和中原地区（山东、河北、河南省），这些地区的种植面积约占全国种植总面积的 67%。2019 年我国玉米种植面积为 4 128.4 万公顷，种子需求量达到 10.68 亿千克。东北三省的种子市场占全国的 25%，市场需求量较大。2019 年起，我国玉米种子需求量稳中有升。

2. 价格分析

由于农业生产资料价格上涨，成本增加；粮食收购提价，制种“包产值”增加。相对于国际种子市场来说，中国的种子价格普遍偏低，加上农资产品价格上涨，杂交玉米种子价格持续走高是正常发展趋势，2020 年达到 26.75 元/千克。

3. 市场供求分析

2019 年全国制种收获面积 256 万亩，杂交玉米种子产需基本平衡，库存回到合理水平。由于种子质量提高，“精品”种子、“单粒播”种子市场销量明显增加，亩用种量明显减少。（单粒播种每年可以为国家节约 200 万亩制种用的耕地，节约生产费用、仓储运输和间苗的人工费用约 80 亿元。）

（三）种子行业经营模式

1. 经营流程

培育站育种试验产生亲本（上万例种子资源杂交试验，从开始选育到通过审定推向市场需 5～8 年时间，达到繁殖销售条件）→亲本繁殖（主要是甘肃、新疆、内蒙古种子基地繁殖，当年收的亲本第二年可以种植出种子）→种子种植（每年 3—5 月委托甘肃、新疆、内蒙古等基地公司管理）→基地公司收购加工种子（每年 9 月末到 10 月初种子成熟）→基地公司发运到种子企业，同时种子企业清选、包衣、包装（主要为每年 10 月到次年 3 月）→种子企业批零结合销售（为抢占市场，每年 10 月开始种子加工，10 月末开始销售到次年 5 月）。

该流程体现了种子培育周期长，审定审批期限长，种子生产销售周转受季节性影响明显。

2. 经营周期

种子企业每年 3—5 月开始委托制种基地制种，10 月开始收购种子，至 12 月收购基本结束，种子销售从 10 月末到次年 5 月，销售旺季为 3—5 月，6 月为结算期。

3. 资金占用量

种子企业每年 3—5 月开始委托制种基地制种，需支付一定的预付款，10—12 月收购种子，需支付现金，全年资金占用量较大。

4. 库存情况

种子企业在每年5月销售完毕后均会产生一定的库存，在5—10月库存保持稳定，10—12月增加库存，次年1—5月库存逐步减少。

其库存包括各类种子及亲本，其中亲本属于企业的固定资产，单品价值高，价值量较大，为企业的核心资产。

由于种子存储对温度、湿度、库房设施均有一定要求，企业对库房管理要求严格，库房内装置有空调等设施，并有专业人员管理。

5. 品种权

《中华人民共和国植物新品种保护条例》规定了品种权的独占权，一个植物新品种只能授予一项品种权，未经权力所有人允许不得为商业目的生产或者销售该授权品种的繁殖材料。植物新品种的申请权和品种权可以依法转让，品种权保护期限，自授权之日起，藤本植物、林木、果树和观赏树木为20年，其他植物为15年。

目前实力较强的企业一般都有自己的核心品种，品种权是企业的命脉，其核心品种在种子行业具有一定的价值，据了解，每个品种权价值至少在100万元，可以依法转让。转让申请权或者品种权的，当事人应当订立书面合同，向审批机关登记，由审批机关予以公告。

6. 资金运营模式

企业采取“自有资金＋银行存款＋预收账款”的运营模式，预收账款在企业资金占用时需要支付给经销商一定比例的利息费用，比例为12％～15％，通过销售价格给予调整结算。

（四）种子企业融资风险分析

针对种子企业融资，一般采取资产抵押和库存监管方式进行。

1. 市场风险

种子行业市场需求稳定，供应量充足，存在供大于求的特点，竞争比较激烈，但由于种子企业一般都有自己的核心品种，且有一定的市场占有率，拥有核心品种的企业市场风险相对较小。

2. 经营管理风险

该风险一般可通过历史经营业绩、资产实力、管理团队工作经验、科研实力来分析判断。

3. 销售回款风险

种子生产企业采取批零结合的销售模式，产品的结算方式为预收与赊销方式相结合，回款期一般为1～3个月，根据其合作时间的长短加以判断。

4. 信用风险

信用风险包括经营者将抵押物变现，套取资金、挪用资金用于经营其他产业，无法偿还贷款，经营者占有资金恶意违约等。

5. 种子、亲本价值及变现能力风险

将种子、亲本作为反担保物，首先要考虑其价值，通过对行业的了解，种子的收购价值比较稳定，且随着农资产品成本的提高，收购价值存在上升趋势。新种子在收购期间的变现能力较强，每年销售期结束时库存种子需要第二年销售，在企业内部存在价值，可以自我消化，但处置时变现能力较弱。

亲本作为企业的核心资产，是企业的生命，具有较高的价值，亲本资源配合品种权可以转让，根据亲本品种的不同，其价值在每千克 30～80 元不等。

综上所述，在判断企业可以持续经营的前提下，针对种子企业授信方式如下：

(1)不动产抵押，价值应基本覆盖企业贷款规模；

(2)动产浮动抵押加存货质押，并实地派人监管；

(3)将品种权所有者股权质押，约束其还款意愿；

(4)实际控制人承担个人无限连带责任保证。

入职培训专题 2
认识种子企业

种子营销员是种子企业实现销售收入的重要岗位。按照企业的定义，我们将种子企业总结为从事种子生产、流通、服务等经济活动，满足社会需要，自主经营、独立核算、依法设立、具有经济法人资格的一种营利性经济组织。种子企业有很多种类型，通常规模相对较大，包含生产、流通、服务全环节的公司也比较重视种子营销员的培养与发展。因此种子营销员需要了解种业公司的组织构架、经营模式以及管理文化。随着现代经济社会的发展和科学技术的进步，企业的建设开始呈现出新的局面，对企业文化和企业管理模式的创新提出了新的要求。实现企业文化和企业管理的规范化、科学化、高效化，对企业的发展至关重要。作为工作人员，种子营销员要不断革新观念，从自身工作优化角度出发，主动适应外部环境变化，实现工作效能的提升。

第一节　我国种业公司的组织构架

一、合肥丰乐种业股份有限公司

合肥丰乐种业股份有限公司组织机构图见图 1-2-1。

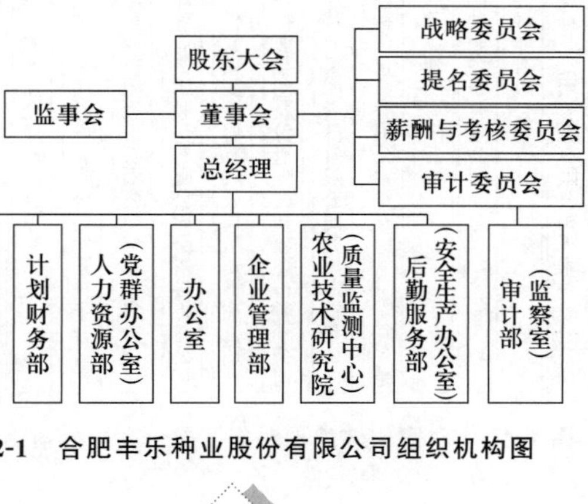

图 1-2-1　合肥丰乐种业股份有限公司组织机构图

二、新疆华西种业有限公司

新疆华西种业有限公司组织机构图见图 1-2-2。

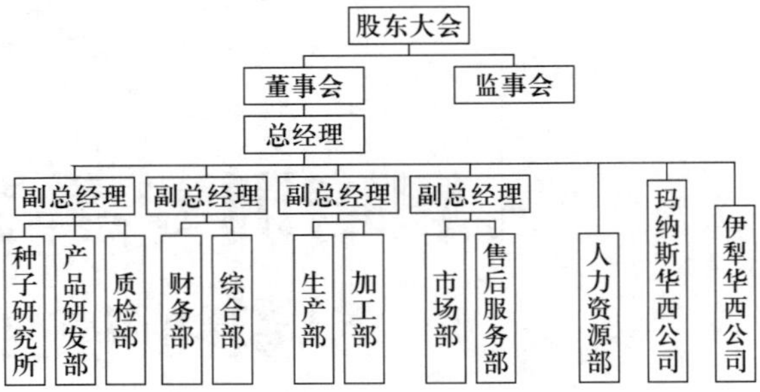

图 1-2-2　新疆华西种业有限公司组织机构图

三、甘肃省敦煌种业集团股份有限公司

甘肃省敦煌种业集团股份有限公司组织机构图见图 1-2-3。

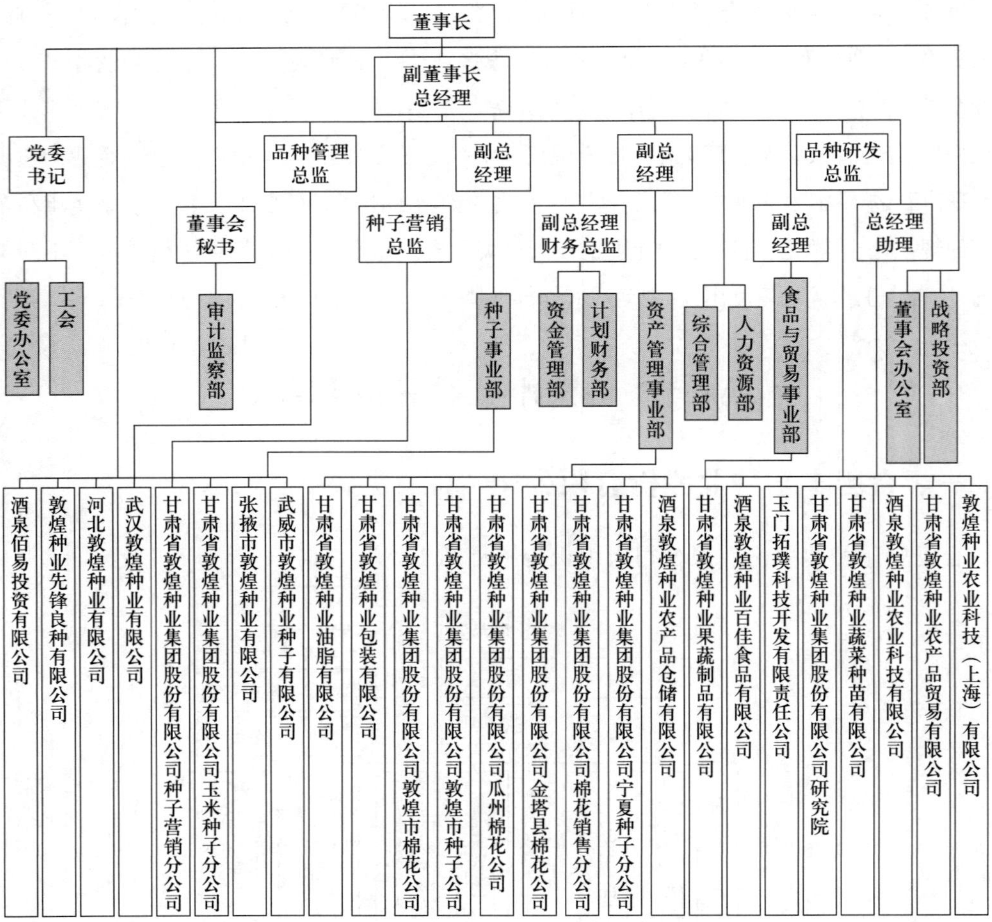

图 1-2-3　甘肃省敦煌种业集团股份有限公司组织机构图

第二节　我国种业公司的经营模式

一、我国种子产业运营模式

在中国种子产业发展的过程中，随着计划经济到市场经济的转变，《种子法》出台，中国加入 WTO，诸多国外种子企业进入中国种子市场，2011 年中国《农作物种子生产经营许可管理办法》制定并不断修正，中国种子产业在不同时期经历了许多变化，不断成长，种子产业运营模式也随着时代的变化而变化。2016 年，新修订的《种子法》及一系列配套法规颁布实施，强化了种子生产经营备案管理，建立了种子生产经营网上备案平台，推进种子生产经营可追溯管理，有利于实现对种子生产、加工、贮藏、营销等各环节的全程监管。

20 世纪 80 年代至 90 年代中期，我国基本上处于计划经济管理体制之下，形成了以县为单位的"统种＋统销"模式，期间，国有种子企业在种子生产运营中基本处于垄断地位；1995 年至 2000 年，随着种子工程的实施、国有企业改制以及市场经济的不断深入，种子生产运营模式基本以"统种＋统销"及"私营"为主，但主要还是"统种＋统销"，种子市场开放度低，种子产业运行效率和效益低。2000 年 12 月《种子法》出台并实施，尤其是 2001 年中国加入 WTO 后，彻底打破了原有国有种子企业垄断运营的局面，种子市场全面开放，并与国际市场逐步接轨，形成了种子产业运营多种模式共存的格局，有力地推动了中国区域种子产业化进程。在新的市场环境下，"育繁销"成为中国种子产业最主要的运营模式。

二、我国种子企业几种运营模式

（一）代繁运营模式（订单模式）

代繁运营模式是指种子企业通过组织或个人（简称被代繁企业）和具有种子品种所有权的企业或个人直接联系（有时通过种子经纪人间接联系），通过双方洽谈协商，确定种子生产计划（包括品种、产量等）、收购价格、预付资金等，并签订种子生产订单协议或合同；具有所有权的企业或个人根据协议或合同先预付一定的资金，种子生产企业根据订单生产种子、收购种子，进行种子初检（根据要求有时种子生产企业进行初加工），将合格的种子大包装运输发送给具有种子品种所有权的企业或个人，经过检验合格后，将其余种子收购资金支付给种子生产企业的运营方式（图 1-2-4）。在中国种子产业中，80％以上的种子企业属于代繁企业，这些企业通过代繁运营模式获得了较好的经济效益，推进了中国种子产业的发展。

代繁企业没有种子品种研发的投入和风险，承担种子价格波动风险小，企业资金投入相对较少，有现成规范的生产技术标准，生产技术相对成熟。被代繁企业提供技术培训或现场技术服务,代繁企业基本无种子营销环节,营销成本低。代繁企业种子积压风险低,回款相对集中。代繁企业工作重心放在种子生产方面,技术扩张度小。

代繁运营模式的优势是运营简单,风险低,可操作性强;成本较低,企业效益较高,资金积累快。但代繁企业无自己的品种和品牌,企业发展后劲不足;随着竞争的加剧,利润空间逐步减小;回款风险较大;无种子所有权和经营权等。

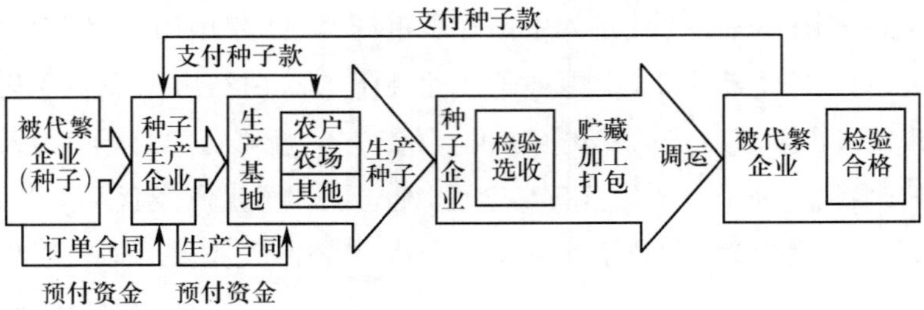

图 1-2-4 代繁运营模式示意图

（二）繁销运营模式

繁销运营模式是指种子企业购买种子科研机构、企业或个人新品种种子所有权,然后进行种子生产、加工及营销,为企业获取经济效益的一种运营方式(图 1-2-5)。

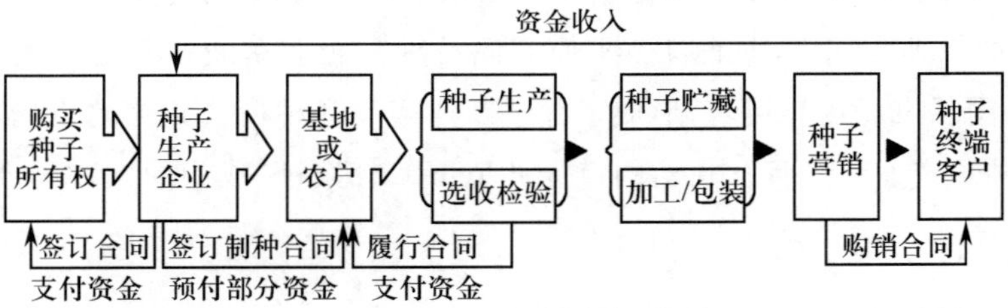

图 1-2-5 繁销运营模式示意图

该类企业同时进行生产和销售,对企业的规模、技术和资金有一定的要求,不适合小企业。企业无种子品种研发的风险;具有种子品种所有权;制种基地稳定,具有一定规模,种子贮藏、检验、加工设施齐全,种子生产等技术成熟;具有自己完整的营销体系。

该类企业工作重心放在种子生产和市场开发,具有种子生产、加工等技术优势,具有较为丰富的种子市场开发经验;种子营销体系较完善,具有成熟的种子营销网络和服务能力;企业管理和运营环节相对较少,成本相对较低。但该类企业购买新品种的投入大,购买品种后的市场开发、品种推广投入大,有可能存在一定的财务风险;无新品种研发支撑,品种单一,存在替代品的威胁,有可能存在种子积压风险等。

（三）育繁销运营模式

育繁销运营模式是指种子企业自主研发新品种,通过自己的生产基地、农场或制种农户等进行种子生产,检验收获(收购)种子,并进行晾晒、贮藏、加工等种子处理,制定种子营销策略进行种子包装、营销，将新品种推向市场获得经济效益的一种运营方式(图 1-2-6)。

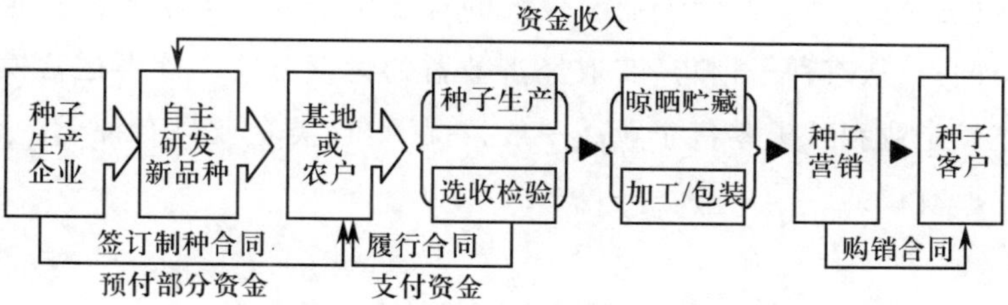

图 1-2-6　育繁销运营模式示意图

该类企业具有自主研发新品种的能力；具有种子品种所有权、商标权和种子品牌；生产、贮藏及加工技术成熟，设施齐全；种子营销体系完整。该类企业的优势是企业规模较大，资金实力雄厚，市场竞争力强，抵御风险能力强；企业拥有完善的种子研发机构和较强的新品种研发能力，发展空间大；具有种子知识产权和种子品牌，占得市场先机，能够实现品牌效应；具备种子生产、贮藏、加工能力；具有种子市场主动权和完善的种子营销体系，引领种子市场等。但该类企业研发新品种的投入大，存在研发风险；品种的市场开发投入大，有一定市场风险；企业的运营、管理线长，管理难度较大，运营反应较慢；种子积压风险和财务风险较大等。

(四)代繁销运营模式

代繁销运营模式是指种子企业和有品种所有权的企业或个人通过协商，签订授权合同，进行种子生产、种子收获、种子加工处理，包装上市，使用被代繁企业的品牌进行销售获取经济效益的一种运营方式(图 1-2-7)。

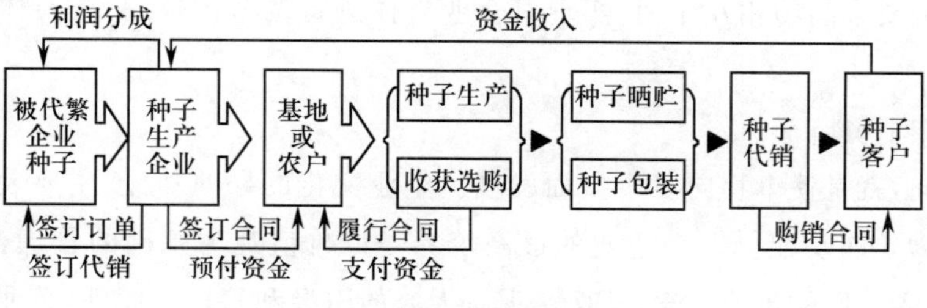

图 1-2-7　代繁销运营模式示意图

该运营模式的特点是双方合作经营；无种子品种所有权，有一定的代销经营权；具备较好的种子生产技术能力；具有种子贮藏及加工等处理技术和设施。该运营模式下的代繁销企业无新品种研发投入风险；企业生产基地、农场稳定；具备种子生产、贮藏、加工及包装能力；具有一定的种子营销网络；可以借助被代繁企业逐步壮大自己的企业。但该类企业无品种研发支撑，企业发展受制于人；品种的市场开发有一定的市场风险；企业的利润空间受到限制；有一定的种子积压风险和财务风险等。

（五）单纯经营模式

单纯经营模式是指种子经营企业和较大的种子生产或种子生产经营企业签订种子销售协议或合同，只从事种子销售，获取经济效益的运营方式。该类运营模式的企业主要包括种子批发企业和种子零售企业。一般情况下，该类企业只有种子产品的经营权，无种子品牌的所有权。

第三节　种业公司的管理文化

一、种子企业文化及构成

种子企业文化是企业在种子的经营活动过程中经过长期的倡导和实践并已经成为企业全体成员普遍奉行的共同价值观、道德准则、行为规范的总和。它包括物质文化（如厂貌、厂容、产品外观、质量、商标、服务等）、制度文化（如企业管理风格、宗旨、目标、礼仪、制度、行为习惯、传统作风等）、精神文化（如员工的思想、意识、信仰、价值观等）。其中，精神文化是核心、是灵魂，它决定了物质文化和制度文化。制度文化是精神文化和物质文化的中介，物质文化和制度文化是精神文化的体现。三者构成了一个体系，即企业文化。

二、企业文化的功能

无用之用，乃为大用。相对于企业经营，企业文化是抽象的，往往被归于“无形”，但它却无时无刻不在影响着企业的“有形”，发挥着强大的力量。企业文化的功能，是指通过企业文化各要素间的相互作用，实现对企业整体进行调节的效用，主要体现为以下几方面功能。

（一）导向功能

所谓导向，就是使事物向某个方面发展。企业文化的导向功能，主要表现在价值导向功能和行为导向功能。管理企业的最高境界是以价值观为基础的管理，通过表达愿望，向员工注入共同的价值观念，从而实现对人心的引导和管理。此外，企业文化常常会发出“心灵的呼唤”，对企业应该怎么做发挥无形的导向功能。员工会根据企业文化的要求，去自觉地行动，这是很强的内在导向力。

（二）凝聚功能

将员工的意识行为纳入企业管理者所期望的统一轨道，一个是依靠外在控制，就是“法治”，另一个是依靠内在控制，就是“德治”。前者主要靠规章制度，后者靠文化。企业文化具有很强的凝聚力，它可以把各个方面、各个层次的员工团结在企业的周围，让他们对企业产生归属感，让抱有不同事业目标、不同需求的员工共享企业的前景，感受到企业变化给他们的精神面貌带来的影响，使他们在一个互相鼓励、互相帮助的环境中工作，作为一个成功集体的一部分去工作，而获得成就感。员工的成就感与归属感正是体现了企业文化的凝聚功能。

（三）激励功能

激励是一种精神力量与状态。这种力量与状态能调动激发员工的积极性和主动性，企业文化所形成的文化氛围和价值导向就是一种精神激励。优秀的企业文化能够使企业成员从内心产生一种高昂情绪并具有奋发进取的精神。企业文化把尊重人作为中心内容，以人的管理为中心，满足员工物质和文化的需求，激发员工的积极性和创造性，使个人的自我价值得以实现，愿意为工作倾注智慧和热情。

（四）约束功能

企业文化像一只看不见的手，对企业员工的思想、心理和行为具有约束和规范作用。企业文化的约束是一种无声的号令，它不是制度式的硬约束，而是一种柔性的、感性的约束。这种约束产生于企业的文化氛围、群体行为准则、道德规范、共同的习俗和风尚等，使企业成员产生心理共鸣，继而达到行为的自我管理。这种自我管理是每位员工在“自觉”中的下意识的自我约束，在很大程度上弥补了单纯制度管理带来的不足。

（五）纽带功能

企业发展靠两种纽带：一个是物质利益产权的纽带，另一个是文化精神道德的纽带。企业文化能够形成企业发展所不可缺少的文化精神道德纽带。这种纽带能够把不同经历、不同年龄、不同知识层、不同利害关系的人组合在一起，为共同的目标去努力工作。其作用绝不是仅靠物质利益能够实现的。特别是作为企业集团，面对复杂多变的经营环境，只有在企业上下建立起强大的文化精神道德纽带，使企业各个层次的员工以及相关的合作伙伴紧紧联系在一起，统一意识、协调行动，才能发挥企业的整体竞争优势，实现企业的战略目标。

（六）辐射功能

所谓辐射功能，就是一个企业的企业文化或者一个企业的风气对企业所在的社区与整个社会产生的影响。企业文化一旦形成较为固定的模式，它不仅会在企业内部发挥辐射作用，对本企业员工产生影响，还会通过各种渠道对企业外部发挥辐射作用，产生影响。凡是企业文化搞得好的企业，不仅内部团结一致，士气高涨，而且还能够获得社会的广泛好评，对周围的社会风气产生积极的影响。

上述企业文化的功能，在实际中并不是单项地表现出来，而是整体地发挥作用。企业文化是企业最重要的无形资产，是“买不来、拆不开、偷不走、学不会”的核心竞争力。当今时代，企业需要思考如何培育自己特有的企业文化，使之成为企业发展的内在动力。

三、种子企业文化实例

（一）中国种子集团有限公司

中国种子
CHINA SEED

1. 徽标释义

主体元素：字母 C；延续；放大镜。

元素之一“字母 C”——字母 C 是“CHINA SEED”的缩写。标志中加粗的线条增加了标志的厚重感，表现了公司的大气、稳定的企业形象及强大的企业实力。

元素之二“延续”——原标志为“发芽的种子”和“C”字母变形，在原有基础上进行了调整，使企业标志形象更加简洁突出，符合易识别、易记忆的标志特征。

元素之三“放大镜”——抽象化的“放大镜”形象体现了公司利用科研手段，不断开拓创新的发展观。

2. 企业愿景

更优质的种子、更周到的服务、农民更贴心信赖的朋友。

3. 企业使命

秉承中化集团“创造价值、追求卓越”的核心理念，不懈追求建设具有全球地位、受人尊敬的伟大公司的发展目标。一个目标：产业地位（中国第一的国家级种业公司，率先进入全球种业前 10 强）；两类作物：粮食作物（水稻、玉米、小麦）、经济作物（蔬菜、油料）；三大环节：突出研发创新、稳定生产加工、深化营销服务；四种途径：优化资源、合理布局、机制创新、产业延伸；五大管理原则：战略导向、精益管理、贴近一线、分级授权、严控风险。

4. 企业核心价值观

做人：诚信、合作、善于学习。

做事：认真、创新、追求卓越。

诚信：遵纪守法，忠诚事业，信守承诺，公正待人；合作：精诚团结，有效沟通，以人为本，互惠双赢；善于学习：积极进取，学无止境，相互促进，共同提高；认真：做事严谨，行为规范，求真务实，注重效率；创新：与时俱进，适应变革，不断反思，突破发展；追求卓越：价值导向，主动创优，不懈努力，竞争领先。

（二）合肥丰乐种业股份有限公司

1. 徽标释义

迎接丰收的畅想，欢乐喜悦的音符，飞旋歌唱的吉祥鸟，饱含深情的硕大种子，构成了丰乐种业美丽的徽标。

徽标充满了生命的跃动，既像吉祥鸟奋飞的身姿，又像茁壮成长的茎叶向着蓝天白云尽情地舒展；那向上升腾的音律与飞旋的动感，又让人联想到烈烈的火焰，这火焰生生不息，奋然向上，象征着拼搏，象征着希望，象征着播种、耕耘和丰收的快乐。

白色的吉祥鸟又是一个变形的“心”字，它寓意着丰乐人对农民兄弟的一颗真诚的心。种子产业是改变人类命运的产业，又是极富诗意和亮丽色彩的产业，肩负着崇高而艰巨的历史使命。

徽标将“丰乐”二字汉语拼音的声母“F”和“L”变形嵌于其中，这一巧妙的构思、凝练的笔触、多重寓意的形象充分地表达了丰乐“把丰收的快乐带给农民”的企业使命，深情地表达了丰乐人追求的崇高事业，独到而隽永地展示了丰乐人内心的聪慧与自信。

2. 企业愿景

丰乐人以高度的使命感和责任感，积极不懈地努力，把丰乐品牌铸就成竞争力最强、影响力最大、辐射范围最广的一流种业品牌，发挥其在农业生产中的先导、示范和推动作用，成为集种业、农化等产业于一体的中国农业百年先锋企业。

3. 企业使命

“把丰收的快乐带给农民”，是丰乐人永恒的追求及肩负的崇高使命。“致富农民，发展自我”，聚焦农民的需求，持续创新改进，通过提供优质的产品和服务，让农民享受到丰收这一最为纯粹和朴实的快乐，造福人类社会，实现丰乐价值。

4. 企业核心价值观

先做人，再做事，发展共赢。

先做人：丰乐人具有讲诚信、勇担当、善感恩的优秀个人品质；兼备重责任、严律己、忠企业的良好职业道德；胸怀强农业、丰天下、乐万家的崇高人生理想。

再做事：丰乐人拥有解放思想、创新工作的意识；拥有客户为根、奋者为先的导向；拥有科学务实、善学敢拚的行动；拥有贡献实绩、持续增值的结果。

发展共赢：丰乐人追求的是企业、投资者、员工、合作伙伴和社会的协同发展、持续发展，并坚持以合作共赢的理念，真诚地对待各利益相关方。在发展共赢中，达成“把丰收的快乐带给农民”的使命，实现“创一流种业品牌，做中国农业先锋”的愿景。

入职培训专题 3
种子企业人力资源开发与个人职业生涯发展

第一节　我国种业公司人力资源建设

一、种子企业人力资源管理的任务、内容、程序

在经济全球化日趋显著的今天，国家、地区和企业之间的竞争不再只依靠资本投资和规模经济等传统方法，人力资源已经成为企业竞争力的根本。种业企业人力资源是指在一定时期内种业企业全体从业人员的知识、技能、创新能力、体质等方面在数量和质量上的总和。如果说物力资源和财力资源是有形资源，是企业赖以生存与发展的物质基础，那么，人力资源就是企业生存与发展的决定性因素，只有发挥了人力资源的作用，物力资源和财力资源才有存在的价值。因此，人力资源在企业经营活动中具有举足轻重的作用。

（一）人力资源管理的基本任务

人力资源管理是指根据企业发展战略的要求，有计划地对人力资源进行合理配置，通过对企业中员工的招聘、培训、使用、考核、评价、激励、调整等一系列过程，调动员工的积极性，发挥员工的潜能，为企业创造价值，确保企业战略目标的实现。

（二）人力资源管理的内容

人力资源管理的内容参见图 1-3-1。

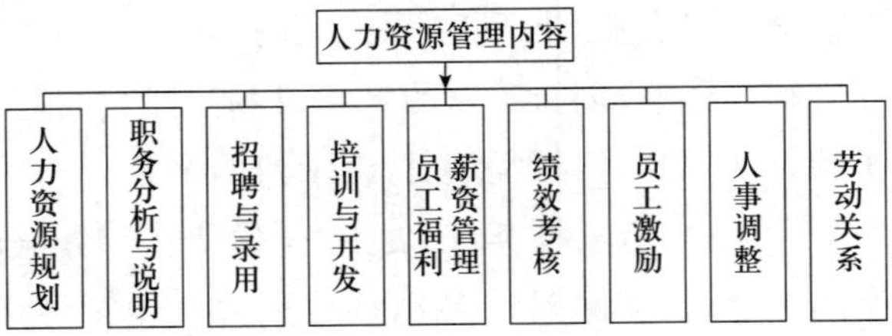

图 1-3-1　人力资源管理内容

（三）人力资源管理程序

从员工使用的流程来看，人力资源管理程序如下：人力资源部门根据企业的目标、岗位需要，按照职务说明书要求招聘符合条件的员工；员工进入公司，通过上岗培训，具备上岗资格后担任某一职务；在使用一段时间后，公司要对员工进行考核，考核结果形成的信息反馈是调整员工使用（奖励、晋升、降级、辞退）的依据。人力资源管理的程序见图 1-3-2。

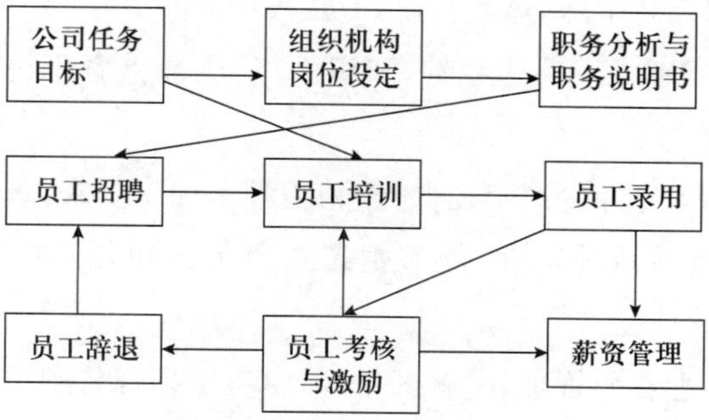

图 1-3-2　人力资源管理的程序

二、我国种业公司人力资源建设

（一）我国种业公司人力资源管理建设框架图的建立

我国种业公司人力资源管理建设框架图的建立见图 1-3-3。

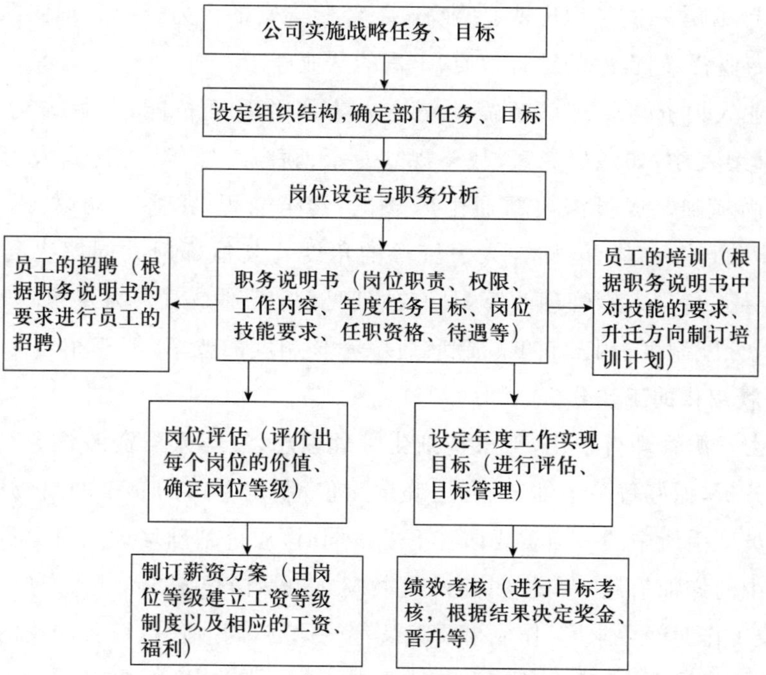

图 1-3-3　我国种业公司人力资源管理建设框架图的建立

（二）种子行业人力资源管理的特点

种子行业具有科技含量高、品种周期长、风险大、价格弹性低的特点，行业的特点及行业的发展背景决定了种子行业人力资源管理的特点。

按照种业公司的科研培育、生产加工、销售和技术服务的运作规律，我国种业公司从业人员分为科研人员、繁育人员、生产加工人员、销售人员和管理人员5类。

(1)科研人员　拥有高学历，热爱科研，专注集中。

(2)繁育人员　甘于吃苦，乐于奉献，知识面广，既懂繁育理论，又通大田操作，既知气象，又懂沟通。

(3)生产加工人员　熟知生产工艺操作，精通种子加工要求，掌握包衣包装标准。

(4)销售人员　熟悉品种特性，能够把握销售地区市场，熟悉消费心理，畅通沟通渠道。

(5)管理人员　熟悉农业管理，了解农村环境，善于把握管理关键环节。

种子行业人力资源管理的特点可以总结为：人力资源涉及面广，业务比较复杂；除了管理人员，其他4类人员大多毕业于农林院校；业务范围广，协作领域多，人力资源需要具备通才素质。

（三）种子企业人力资源建设的基本要求

1. 建设高水平的人力资源管理队伍

拥有出色的专业化的人力资源管理者队伍，能在人数上保证人力资源工作正常运转。在质量上，创建一支学识广博、专业扎实、经验丰富的人力资源管理团队。团队必须具有深厚的专业背景，良好的综合素质，丰富的从业经历。

种子企业人力资源管理队伍需要精通人力资源管理技能，掌握人力资源管理技巧，造就专家型人才，如考核专家、战略规划专家、薪酬专家等，为达到人力资源管理专业化奠定牢固基础。成员需要精通生产知识、营销知识，熟悉公司财务，了解经济环境、行业规律和行业趋势，能站在人力资源的角度与其他部门共同解决问题。工作中需要积极倡导并参与人事管理改革，具有独到见解，特别是对人力资源战略的制定，重大人事制度、分配制度、用工制度、福利制度、考核制度的改革，拥有相当的话语权。

2. 进行精细化的工作分析

实现人力资源管理科学化，引入精细化管理理念，筑牢人力资源管理基础工作。重新完善工作分析，抓好每一个细节，合理确定岗位，制定专门的完整的岗位职务说明书，并将其作为员工手册中的一项重要内容下发。同时，通过基础培训项目向员工宣传岗位职务说明书中的详细信息。岗位职务说明书应当包括岗位基本信息、岗位职责、岗位工作内容、岗位工作时间要求、工作成果要求及考核标准，同时包括适合岗位的员工的教育背景要求、工作经历要求、基本技能和能力要求、培训要求、体能要求、职业道德要求等。公司应建立科学的职位评价体系，为科学设计薪酬体系提供理论指导。

通过精细化的工作分析，完善岗位职务说明书，理顺工作流程，明晰工作关系，明确各个岗位的隶属关系、职位升迁关系、工作联系，避免请示工作的低效率、多头领导问题的频繁发生。

3. 健全内部竞争机制

建立优胜劣汰的内部竞争机制。开展竞争上岗，推行岗上竞争，实行岗位动态管理，让员工始终保持清醒状态，内部产生紧迫感，从而激活员工的潜在能力。竞争上岗，即岗位是固定的，但哪个岗位聘哪个人是动态的。岗上竞争，即为激励职工在目前岗位上勤奋工作，多出业绩，除设定升岗目标外，还应在综合考评的基础上，对业绩突出的职工实行薪酬系数上浮，连续考核为优秀的员工将保留上浮的系数，而考核不称职的员工要下浮薪酬系数，对连续考核不称职的员工进行降岗或解聘。

4. 筑牢企业文化，发挥文化引领作用

企业文化建设主要包括总结优良传统，挖掘文化底蕴，提炼企业核心价值观，构筑履行社会责任和开拓创新的企业精神；根据发展战略，培育体现企业特色、充满生机而又符合企业实际的经营理念，形成以诚实守信为核心的企业道德观，培养团队协作和风险防范意识；确定文化建设的目标和内容，形成企业文化规范，使其构成员工行为守则的重要组成部分；加强企业文化的宣传贯彻，推动文化建设在内部各层级的有效沟通，确保全体员工共同遵守。

（四）提高种子企业员工素质的办法

1. 采取激励措施激发员工潜力

用各种有效的方法来调动员工的积极性、创造性，激发员工的活力，使员工永远保持旺盛的精神状态，便于实现企业目标。激励机制是一把“双刃剑”，当员工在工作中有突出的业绩时，如果只给予物质激励，不给予职位、权利、地位等方面的精神激励，久而久之，也可能挫伤员工的积极性。对于关键人才，更应周全地考虑激励方式，恰到好处地使用两种激励方式，留住员工其人，更留住其心。员工只有最大限度地分享到企业成长所带来的好处，才能真正关心企业，才能与企业同呼吸、共命运、心连心，真正树立起积极工作的价值观。

2. 丰富员工培训体系

人才的培训战略主要针对员工能力的培训、技能的培训、潜能的挖掘和提高，以适应未来的挑战。培训战略包括培训目标的确定、培训内容的选择、培训方式的确定、培训计划的实施和培训效果的评估等。人才开发战略根据公司总体战略对未来中长期企业发展所需的人才类型、素质、数量、结构等做出总体规划，选择开发的方式、明确实施计划，确立组织实施和评价制度等。

人才的培训与开发战略的制定和实施，必须按照一定的程序，有组织、有计划地实施，定期加以检查，以保证开发培训战略的科学、有效。完善培训需求分析系统，有计划地进行培训需求调查，使学用保持一致。培训内容设计要符合员工成长规律，要让员工参与培训内容的设计。实施培训应当循序渐进，加大《中华人民共和国劳动法》等相关法规培训。

安排各个部门自行总结本部门的特色工作，有计划地安排部门间进行交流学习，内容不限，可以涉及管理方法创新、技术新突破、工作新体会、学习新收获、考察新感悟等方面，形式可以多样，如汇报、提问、讨论、参观、演示等，学习结束后，安排员工谈谈学习体会、学习收获。

3. 落实绩效管理

绩效考核作为评价员工工作的手段，应发挥其积极作用。使用精细化管理理念，确定合理指标，搞好考核培训，建立优胜劣汰的内部竞争机制，开展竞争上岗，推行岗上竞争，加强绩效评定、面谈和绩效考核结果的应用。

成立薪绩委员会，由总经理直接领导，主要职责是负责公司的绩效管理、薪酬管理。人员组成包括总经理、副总经理、人力资源经理、员工代表。保证员工深入理解绩效管理，消除各种误解和抵触情绪，让员工支持绩效考核。对生产、加工、营销人员的考核侧重定量指标，对管理人员的考核侧重关键业绩指标，确定适当调整系数。尽量用量化指标，消除各种特殊情况，减少人为因素。考核结束后，由薪绩委员会及时反馈给员工，以便找到差距，调整行为，达到考核目的。此外，还将其应用于人力资源管理的计划、招聘、甄选、薪酬、晋升、配置、辞退等各项人力资源决策之中，帮助员工在现职岗位上提高业绩、加强员工的学习和开发以及为员工的职业生涯规划提供建议。

4. 健全员工关系管理

劳动争议处理的程序包括调解、仲裁和诉讼。在公司内设立劳动争议调解委员会，由职工代表、企业行政代表和企业工会代表组成。劳动争议调解委员会主任由工会代表担任。劳动争议经调解达成协议的，当事人应当履行。

在离职面谈过程中，即将离职的员工会与其直接上级和人力资源专家讨论自己离职的原因。代表公司参加面谈的人员应该以开放性和概括性的问题作为提问的切入点，给员工提供一个表达的机会，让其说出导致其对工作不满意的原因，以便将来有针对性地改善人力资源管理工作，防止更多的员工出于同样的原因离开企业。

下面以新疆天合种业有限责任公司人力资源建设与管理方案为例进行说明。

新疆天合种业有限责任公司人力资源建设与管理方案

一、总论

（一）公司概况

新疆天合种业有限责任公司是由15家单位共同出资入股，集科研、生产、推广、销售为一体的种业集团公司，注册商标“天实”牌。总部设有科研发展中心、信息开发部、生产开发部、营销服务部等7个职能部门，同时下设南北疆两个育种中心和两个年加工能力达2万吨的大型综合性种子加工厂。公司在农业农村部“创百强”活动中名列第七，是新疆生产建设兵团棉种产业化的龙头企业。公司现已具有年生产面积可达12万亩的稳固的生产基地和104 350米^{2}的仓储面积，约3 600个棉花高代材料和2个后备品系，同时拥有3个棉花和5个粮食新品种的种子经营推广权。

（二）公司理念

公司遵循以市场为导向，以发展为前提，以效益为中心，以优质服务回报社会的神圣使命，坚持“诚实守信，依法合规”的经营原则，坚持稳健经营、防范风险的办公方针，积极拓展市场，在自己的发展史上留下令人振奋的足迹。

（三）公司目标

新疆的面积占全国陆地总面积的1/6，地大物博，人口稀少，有巨大的发展潜力，棉花产量占全国的1/2。自治区提出的“一黑一白”发展战略和西部大开发战略为公司的发展提供了千载难逢的历史机遇，我们一定要抓住这个机遇，迎难而上，再展宏图。

二、本方案制订的目的

(1)为了使公司人力资源管理工作正规化、制度化，加强人力资源部门与其他部门的相互了解，从而密切配合，提高工作效率，特制订本方案。

(2)通过方案制订、实施，尽快建立起高效的、较为完善的人力资源体系，进而实现公司整体发展目标。

三、公司部门及岗位设置

（一）部门设置

1. 制种业开发、生产、销售价值链分析

信息获取→种业项目研究→成果转化→试验培育→质量控制→营销推广→销售→售后服务。

2. 部门设置遵循原则

(1)每一个部门的职能都是一个创造价值的职能。

(2)内部客户原则。

(3)部门之间协调越少越好,最好以产品形式体现出来。

(4)部门之间连接点越少越好。

(5)相同或相似职能的岗位尽可能设在同一部门。

(6)工作对象相同或相似的岗位尽可能设在同一部门。

(二)岗位设置

1. 设置程序

分解部门职能→确定岗位名称→合并职能相同或相近岗位→定岗定员定编。

2. 设置原则

(1)因事设职。

(2)因人设职。

(3)工作满负荷,避免人浮于事。

(三)公司组织机构

公司组织机构图见图 1-3-4。

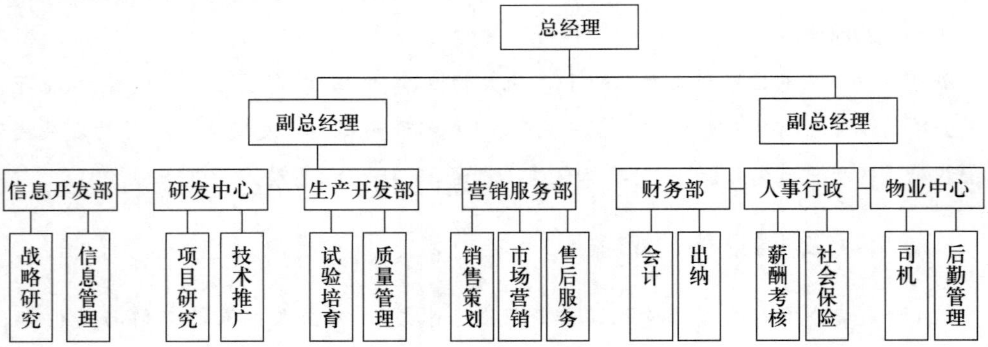

图 1-3-4　新疆天合种业有限责任公司组织机构

四、公司薪酬体系

(一)公司薪酬制度设计的原则

(1)公平性原则　以工资的外部公平、内部公平和个人公平为导向,在确定员工薪酬时以岗位特点、个人能力、工作业绩及乌鲁木齐市社会平均工资水平、同行业平均工资水平为依据。

(2)竞争性原则　以提高市场竞争力和对人才的吸引力为导向,在充分调查竞争对手、乌鲁木齐市不同层次企业工资水平的基础上确定薪酬水平,使工资薪酬水平对外具有竞争力。

(3)激励性原则　以增强工资的激励性为导向,通过工资晋级或激励性工资结构激发员工工作积极性,进而培育员工对公司的忠诚度,培养员工的归属感。

(二)公司薪酬结构

(1)公司采取当期与长期结合、稳定与浮动结合、岗位与技能结合的系统化的工资结构。

(2)薪酬构成(图 1-3-5):

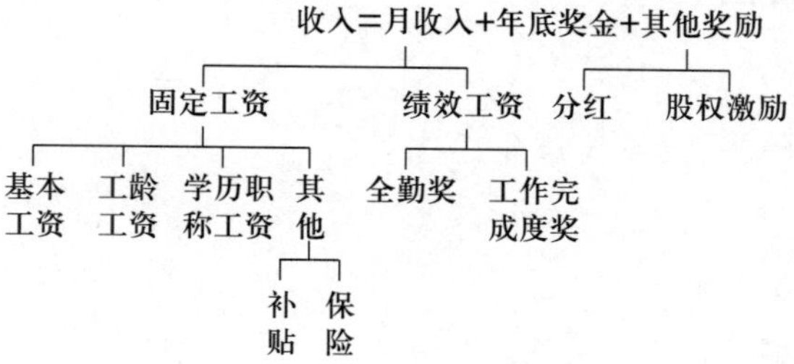

图 1-3-5　薪酬构成

基本工资:以岗位为基础,考虑员工技能因素。

绩效工资:引进浮动工资,加大考核力度,浮动工资与工作完成度、工作优良率等考核结果挂钩。

年底奖金:依据总公司任务完成度、实现利润率和员工年终考核结果进行发放。

其他奖励:引进新的薪酬模式,如股权激励、分红、股票期权等,加大对中高层管理者的薪酬激励力度。

(三)公司薪酬发放理念

鼓励不同职系人员专精所长,在自己本职工作领域努力进取,而不是为了加薪去争取管理职位。

五、公司绩效考核体系

(一)公司绩效考核体系作用

(1)确定招聘的类型和人数。

(2)对人力和现有的职责任务进行评估,找出有潜力的员工。

(3)进行必要的职位重组以满足晋升或解聘的目标。

(4)使直线主管能更好地指导员工,使员工能更好地挖掘自身的培训需求。

(5)依据考核结果发放绩效工资。

(二)公司绩效考核体系设计原则

结果导向原则,务实实用原则,公平合理原则,多角度考核原则,针对性原则。

(三)公司绩效考核流程

设定目标→执行考核→有效反馈→人事决策→改进建议。

（四）公司绩效考核类型和主管人员

月度考核（直线领导）；

年中考核（直线领导、人力资源部）；

年终考核（高层领导、人力资源部、直接领导）。

六、公司人员招聘

（一）招聘原则

公开、平等、高效、择优、先内后外。

（二）招聘要求

(1)现有职位的空缺。

(2)业务扩大的需要。

(3)公司对组织机构有所调整的需要。

(4)调整不合格的员工队伍。

(5)为确保公司发展所需的人才储备。

(6)急需的外来资深人士。

(7)突发的人员需求。

（三）招聘形式

1. 内部招聘

内部招聘流程：

发布招聘信息→应聘者求职→人力资源部初选→面试小组面试→按岗位要求评估→主管领导审批→公布人员名单→办理调动手续。

2. 外部招聘

外部招聘包括刊登广告招聘、人才招聘会、公司员工推荐、猎头公司等。

外部招聘流程：

发布招聘信息→应聘者求职→人力资源部初选→面试小组面试→按岗位要求评估→主管领导审批→体检政审合格→办理入职手续，确定试用目标→试用期考察→办理转正手续。

七、公司培训体系

（一）培训原则

(1)系统性原则　员工培训是一个全员性的、全方位的、贯穿员工职业生涯始终的系统性工程。

(2)主动性原则　强调员工参与和互动，发挥员工的主动性。

(3)多样性原则　员工培训要充分考虑受训对象的层次、类型，考虑培训内容和形式的多样性。

（二）培训内容

(1)知识培训　不断实施本专业和相关专业新知识的培训，使员工具备完成本职工作所必需的基本知识和迎接挑战所需的新知识。

(2)技能培训　不断实施岗位所需技能的培训，使员工掌握完成本职工作所必备的技能。

(3)态度培训　不断实施心理学、人际关系学、社会学、价值观的培训，建立公司与员工之间的相互信任，满足员工自我实现的需求。

（三）培训流程

提出培训要求→制订培训计划→发布培训通知→安排员工参加培训→完成培训结果总结→培训结果运用→培训效果反馈。

第二节　学徒个人生涯发展规划

职业生涯设计就是在对学徒内在心理特征和外在环境条件进行评定、分析、研究的基础上，为其设定明确的长期职业发展目标，并制定相应的发展步骤和具体活动规划。

种业学徒的培训和开发计划的实施，使人力资源管理的一个基本观念得到认可，那就是公司既要最大限度地利用学徒的能力，又要为每一位学徒提供一个不断成长以及挖掘个人最大潜力和发展成功职业的机会。这一观念使得职业管理成为人力资源管理区别于人事管理的重要特征，也是人事管理真正实现职能转变的基础。晋升与调动是学徒职业发展的直接表现和主要途径，公司有必要建立合理的晋升和调动管理制度，保证公平竞争的机会。公司要不断完善制度、转变作风，还要花大力气加强和整顿管理干部队伍，建立顺畅、公平的晋升渠道，加大培训力度，引导学徒接受挑战性工作，从而建立起信心和勇气，提高工作效率，建立职业生涯规划，并得到公司领导的足够重视。

种业公司针对学徒个人的生涯发展规划步骤是：

(1)通过培训使学徒对职业发展规划的基本概念、产生的背景、主要内容和制定职业发展规划的作用和意义有清晰而又深刻的认识。

(2)帮助学徒分析影响职业生涯的个人因素和社会环境因素及企业环境因素，树立正确的价值观念和价值取向。

(3)帮助学徒制订职业计划，包括设计职业计划表、为学徒提供职业指导等。

(4)帮助学徒实现职业计划，这是一个漫长的指导和帮助过程，有许多工作要做。比如，在选择新学徒时，应重视应聘者的职业兴趣并提供较为现实的发展机会；工作期间提供工作轮换；提供多样化、多层次的培训；建立以职业发展为导向的考核，帮助学徒发现不足，明确改进方法，促进学徒进步；确保晋升和调动渠道的畅通，使学徒得到公平竞争的机会。

图 1-3-6 为种业公司学徒职业生涯发展规划步骤。

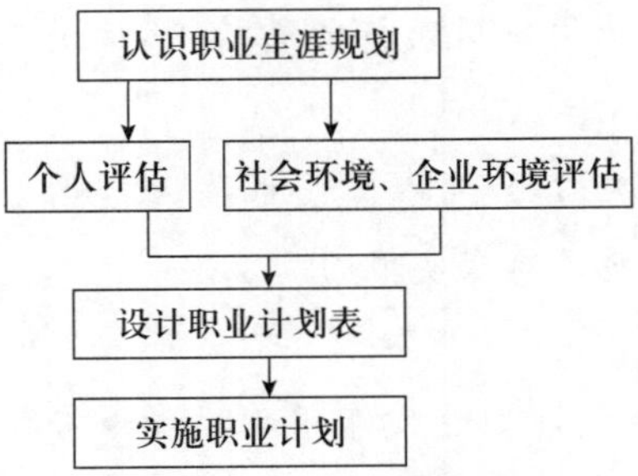

图 1-3-6 种业公司学徒职业生涯发展规划步骤

入职培训专题 4
种子企业的财务管理

第一节　种子营销账务

作为种子企业营销人员，具备一定的财务知识不仅可以顺利地完成销售任务，也能够从财务入手了解购货方的经营状况，从而有效防止销售环节的财务风险。另外，随着经营理念的不断进步，一些更灵活的销售方式已经越来越多地被采用，要熟练驾驭这些销售方式，就需要掌握一定的会计基础知识，扎实的会计基础知识有助于营销人员顺利开展各项工作。

一、认知营销账务

销售活动的最终结果会体现为财务数据。销售人员在开展销售工作的过程中，必然会遇到支付、结算、预算等与财务相关的问题。为了提高销售的效率，防范风险，必须了解购货方的资产状况、盈利能力、现金支付能力，这就要求销售人员能看得懂财务报表。财务报表是会计主体根据账簿资料整理汇总编制而成的对外提供的反映其财务状况、经营成果和现金流量的书面报告文件，包括资产负债表、利润表、现金流量表、所有者权益变动表和附注。小企业编制的会计报表可以不包括现金流量表。

资产负债表是反映企业某一特定日期的资产、负债及所有者权益的构成状况的会计报表；利润表是反映某一会计期间经营成果的会计报表，即通过收入与各项费用的相互抵减可以体现出企业本期的净利润；现金流量表是反映某一会计期间各种经济业务所发生的现金流入和流出情况的会计报表。

作为种子营销人员，关键是要基本读懂资产负债表和利润表，这两张报表实际上反映的是会计六大要素增减变化的情况及结果。会计六要素为资产、负债、所有者权益、收入、费用、利润，要基本看懂会计报表必须熟悉会计要素的构成。资产包括现金、银行存款、应收票据、应收款项、存货、房屋、机器设备、土地等。负债包括银行借款、应付款项、应付票据、应交税费等。所有者权益主要由出资人投入的实收资本、经营产生的未分配利润及盈余公积等构成。收入由主营业务收入、其他业务收入等组成。费用由销售成本、销售费用、管理费用、财务费用等组成。利润由收入扣除各项成本及费用形成。六大要素的关系如下：

资产＝负债＋所有者权益

利润＝收入－费用

会计报表的数据资料来源于账簿的记录，账簿是由具有一定格式、相互联系的账页所组成的，用来序时、分类地全面记录一个企业、单位经济业务事项的会计簿籍。企业设置的账簿按其性质主要分为日记账和分类账两大类。日记账主要包括现金日记账和银行存款日记账，由出纳逐笔登记，反映库存现金和银行存款的增减变化及结存情况；分类账是分别各个账户登记经济业务的账簿，按记载的信息的详细程度可分为总分类账和明细分类账。与种子销售相关的分类账簿主要包括库存现金、银行存款、应收账款、应收票据、库存商品、主营业务收入、主营业务成本、销售费用等。

二、营销过程财务知识的运用

（一）销售过程中常用的结算方式

销售过程总体上说可分为销售实现和货款回笼两个阶段，销售实现时开出销货发票，采取支票、汇票、承兑汇票等结算方式回笼货款。

1. 银行汇票

这是由出票银行签发，银行见票时按实际结算金额无条件支付给收款人或持票人的票据。单位和个人的各种款项结算均可借助于银行汇票。银行汇票可用于转账，注明“现金”字样的银行汇票也可以用于支取现金。银行汇票主要有以下几个特点：无起点金额；无地域限制；有效期一般为 1 个月；见票即付等。

2. 银行本票

这是由银行签发的、承诺自己在见票时无条件支付指定金额给收款人或持票人的票据。单位和个人在同一票据交换区域需支取各种款项时均可使用银行本票。银行本票主要有以下几个特点：分为定额银行本票和无定额银行本票；见票即付；付款期限一般不超过 2 个月等。

3. 支票

这是由出票人签发的、委托办理支票存款业务的银行见票时无条件支付指定金额给收款人或持票人的票据。单位和个人在同城的款项结算均可使用支票，支票出票人为在中国人民银行当地分行批准办理业务的银行机构开立可以使用支票的存款账户单位和个人。

支票主要具有以下几个特点：起点金额限制；可支取现金或用于转账；有效期为10天等。

4. 汇兑

这是汇款人委托银行将款项支付给收款人的一种结算方式。单位和个人的各种款项结算均可使用这种结算方式。汇兑分电汇、信汇两种，由汇款人选择使用，汇兑不受金额起点限制。

5. 委托收款

这是收款人委托银行向付款人收取款项的一种结算方式。单位和个人凭承兑商业汇票、债券、存单等付款人债务证明办理款项结算均可使用委托收款的结算方式。

6. 信用证

这是指开证行依照申请人的申请开出的、凭符合信用条款的单据支付的付款承诺。国内信用证是由银行提供担保的国内企业之间进行商品交易的一种结算工具。

（二）销售折扣与销售折让

在销售活动中，为了达到促销目的，常常会采取折扣方式销售。折扣方式销售又包括销售折扣及销售折让两类，其中，销售折扣又分为商业折扣和现金折扣。

商业折扣是指企业根据市场供需情况或针对不同的顾客，给予购货方的价格优惠。企业为了扩大销售、占领市场，对于批发商给予商业折扣，采用销量越多、价格越低的促销策略，也就是通常所说的"薄利多销"。例如，购买5件，销售价格折扣为10%；购买10件，折扣为20%等。其特点是折扣在实现销售的同时发生，应收账款和销售收入的入账金额中都扣除了商业折扣。对于商业折扣，相关的税务法规规定销售额与折扣额须在同一张发票上分别注明。

现金折扣是指债权人为鼓励债务人尽早付清货款而提供的一种价格优惠。现金折扣的表示方式为：2/10，1/20，n/30。其含义是：赊销信用期为30天，10天以内付款将给予购货方2%的折扣，20天以内付款将给予购货方1%的折扣。对于现金折扣，会计准则和税法都规定按总价法核算，即赊销商品时，应收账款和销售收入都按照包含了现金折扣在内的总价入账，以后如果购货方在折扣期以内付款，给予购货方的现金折扣作为理财费用计入财务费用。

销售折让是指由于售出的商品质量、规格等不符合合同约定，在售价上给予的减让。销售折让虽然也是在货物销售之后发生的，但其实质却是原销售额的减少。

（三）应收账款的管理

商品的销售方式总体上可以分为"现销"和"赊销"两种。"现销"的优点是及时将收回的款项投入再运营，能避免坏账，因而是企业最期望的一种结算方式。然而为适应竞争需要，扩大市场占有率，适时采用“赊销”方式可弥补“现销”的不足。但是，“赊销”会产生应收账款问题、坏账问题，有一定的风险；同时，这部分应收款项因被客户占用而无法用来投入运营并增值，从而形成机会损失，企业还得为之付出一定的管理费用。因此，应收账款的投资收益与投资风险是客观并存的，为防范风险，应对应收账款采取有效的事前、事中和事后控制。

(1)应贯彻“促销与收回”并重的原则，根据调查资料正确评判客户的偿债能力和信用程度，在此基础上合理确定信用期限，避免盲目赊销。

(2)确定应收账款政策时，应在“赊销”收益与“赊销”成本及损失之间进行权衡。

(3)建立、健全应收账款管理，建立坏账准备金制度，以防不测。

(4)可以运用现金折扣来减少应收账款。

(5)财务部门应定期编制“应收账款账龄分析表”，列出信用期内和信用期外的客户数量和金额，同时计算分析应收账款的周转速度，及时反馈给业务部门，从而共同商讨收账对策。

(6)建立、完善风险机制，对促销人员加大约束力度，以增强销售人员的危机感、压力感，使其工作重点始终放在销量和资金回笼上。

三、基本的算账技能

作为营销人员，为了提高销售效率和企业的盈利水平，应掌握相关财务指标的计算和运用。

1. 销售成本

销售成本是指已销售产品的生产成本或已提供劳务的劳务成本以及其他销售的业务成本，包括主营业务成本和其他业务支出两部分。种子的销售成本就是已销售的种子在生产过程中发生的成本。

2. 毛利率

毛利是指企业成本价与销售价格之间的差额，因此销售价格＝成本＋毛利。毛利率是毛利与销售收入的百分比，用公式表示：毛利率＝毛利/销售收入×100%＝(销售收入－销售成本)/销售收入×100%。销售毛利率表示一元销售收入扣除销售成本后，有多少钱可以用于弥补各项期间费用和形成盈利。

3. 市场占有率

市场占有率＝公司销售水平/市场总量。假设某类种子的市场总量为 80 万千克，盈亏平衡销售水平为 12 万千克，这样，盈亏平衡所要达到的市场占有率＝120 000/800 000＝15%。

4. 销售费用率

销售费用率是市场销售费用占销售收入的比例，用公式表示：销售费用率＝销售费用/销售收入。销售费用是指企业在销售产品、提供劳务等日常生产经营过程中发生的各项费用以及专设营销机构的各项经费。销售费用率反映了取得一定的销售收入所需付出的营销成本,是反映企业营销效率的重要指标。销售费用率分析的目的是监督销售费用的支出情况,确保其不超出年度计划的指标。

5. 销售净利率

销售净利率是净利润占销售收入的百分比,用以衡量企业在一定时期的销售收入获取的能力。该指标反映每一元销售收入带来的净利润的多少,表示销售收入的收益水平。计算公式为:

销售净利率=(净利润/销售收入)×100%

6. 应收账款周转率

应收账款周转率就是反映公司应收账款周转速度的比率。它说明一定期间内公司应收账款转为现金的平均次数。用时间表示的应收账款周转速度为应收账款周转天数,也称平均应收账款回收期或平均收现期。它表示公司从获得应收账款的权利到收回款项、变成现金所需要的时间。计算公式为:

应收账款周转率=赊销收入净额/应收账款平均余额

=(当期销售净收入-当期现销收入)/应收账款平均余额

应收账款平均余额=(期初应收账款余额+期末应收账款余额)/2

应收账款周转天数=360/应收账款周转率

一般情况下,应收账款周转率越高越好。周转率高,表明收账迅速,账龄较短;资产流动性强,短期偿债能力强;可以减少坏账损失等。

四、种业公司账务处理

(一)生产环节的账务处理——关于品种权的核算

种业企业经销的品种必须具备所有权或经销权,按惯例,在当年生产的种子全部实现销售的情况下,品种权摊销进生产成本更加符合成本收入配比的原则。在当年生产的种子不能全部实现销售的情况下核算品种权,品种权的摊销方式对利润的影响极大。

种业企业品种来源渠道有两条:一是自主研发,二是外购。

1. 自主研发品种权的核算

由于品种选育的周期长,为简化核算,根据重要性原则,公司对自主研发品种权的核算不再区分内部研发与项目开发阶段,研发过程中所有开支,全部进入当期损益。

2. 外购品种权的核算

外购品种权根据技术转让的形式不同,包含两种形式:一是一次性买断,二是按年度支付使用费。

(1)一次性买断品种权　一次性买断品种权满足《企业会计准则第 6 号——无形资

产》规定的确认条件，应作为无形资产确认。

①初使计量：公司购入品种权时应按取得时的实际成本计量。取得时的实际成本为双方约定的转让价款及相关开支，但不包括为取得品种权进行谈判等费用开支。

②后续计量：摊销——为简化核算，买断购入的品种权采用直线法摊销。摊销年限应当按照购入品种权尚可开发年限或者法律合同约定可使用年限孰短原则确定。

③其余后续计量事项，参照准则的有关规定。

例：2018 年 1 月 1 日，公司与×育种机构签订合同，以 280 万元价格一次性买断该单位所选育品种 A 的市场开发权，转让相关开支 20 万元，公司当年即进行开发，预计该品种的市场生命期尚有 5 年。

A. 会计分录如下：

取得时：

借：无形资产　300 万元

　　贷：银行存款　300 万元

2018 年 12 月 31 日：

借：管理费用　60 万元

　　贷：无形资产　60 万元

B. 假设公司 2020 年 12 月发现该品种已不具备市场竞争力，决定下一年起永久停止该品种的经营。

借：管理费用　120 万元

　　贷：无形资产　120 万元

(2)按年度支付使用费　公司以逐年付费方式取得的品种使用权，应当按照每年约定的使用费直接确定为管理费用。

（二）销售环节的账务处理

种业企业在销售环节中首先应提前与代理商签订种子预定合同，先预收种子定金安排加工包装再发货。期间可能会发生退货理赔现象，企业应根据自身特点来制定相应的财务核算模式。

间接费用的账务处理：

(1)公司管理部门发生的费用计入管理费用。

(2)销售部门发生的费用计入销售费用。

(3)生产单位或项目(高效农业区、水稻区、棉花示范区、蔬菜大棚等)发生的费用，原则上按项目或土地地域进行项目单列核算，能分清的直接成本费用可计入生产单位或项目的生产成本，不能分清的间接成本费用计入制造费用。直接成本包括：直接人工、直接材料、直接发生的其他费用。间接成本包括生产单位或项目管理人员工资、机械使用费、折旧、修理费用等。

(4)会计期末或生产周期内把生产成本结转至产成品科目，制造费用按一定的方法比例分摊，并结转至产成品成本。

第二节　种业公司一般财务制度

种业公司制定财务制度的目标：规范公司财务管理及有效控制费用支出；审核各项资金使用和费用开支；办理日常现金收付、费用报销、税费交纳、银行票据结算，保管库存现金及银行空白票据；做好公司筹融资工作；处理、协调与工商、税务、金融等部门间的关系，依法纳税；保证公司的合法利益，以便公司负责人及时掌握分公司的经营状况。

一、财务报销分类

根据相关的法律、法规及种业公司的实际情况，将财务报销分为日常办公费用报销、工薪福利及相关费用报销、税费支出及专项支出等。所有款项的支付，须经公司总经理批准。财务部经理应委派专人直接从银行获取各银行账户对账单，并核对每月的银行对账单和银行存款日记账，编制银行存款余额调节表；同时应不定期盘点出纳保管的现金以保证账目相符。

1. 日常办公费用报销

(1)公司办公用品费用、会议费用及其他费用由办公室统一管理。

(2)借款流程。①借款人按规定填写"借款单"，注明借款事由、借款金额(大小写须完全一致，不得涂改)、支票或现金；②审批流程：部门经理审核签字→财务复核→总经理审批；③财务付款：借款人凭审批后的借款单到财务部办理领款手续。

(3)日常费用主要包括差旅费、电话费、交通费、办公费、低值易耗品、业务招待费、培训费及资料费等。

(4)费用报销的一般规定：

①报销人必须取得相应的合法票据。

②填写报销单应注意：根据费用性质填写对应单据；严格按单据要求项目认真写，注明附件张数；金额大小写须完全一致(不得涂改)；简述费用内容或事由。

③按规定的审批程序报批。

④报销 5 000 元以上需提前一天通知财务部以便备款。

⑤各类报销单据必须分门别类、按照出差的时间先后顺序粘贴整齐，方便财务部门复核，否则财务部门有权拒签。

(5)差旅费报销流程。①出差申请：拟出差人员首先填写"出差申请表"，详细注明出差地点、目的、行程安排、交通工具及预计差旅费用项目等，"出差申请表"由总经理批准；②借支差旅费：出差人员将审批过的"出差申请表"交财务部，按借款管理规定办理借款手续，出纳按规定支付所借款项；③购票：出差人员持审批过的“出差申请表”复印件，到行政部订票；④返回报销：出差人员应在回公司后5个工作日内办理报销事宜，根据差旅费用标准填写“差旅费报销单”，部门经理审核签字，财务部审核签字，总经理审批，原则上前款未清者不予办理新的借支。

(6)费用标准：

①招待费：为了规范招待费的支出，大额招待费应事前征得总经理的同意。

②培训费：为了便于种业公司根据需要统筹安排，此费用由公司行政部统一管理，各部门培训需求应及时报送行政部。行政部根据实际需要编制培训计划报总经理审批。

③资料费：在保证满足需要的前提下，尽量节约成本，注意资源共享。

④公司伙食费开支：公司负责员工午餐伙食费，标准为每人每月600元，由公司统一支付，不发放给个人。

⑤员工通信费补助报销标准：每人每月不超过300元，采用实名制，以合法凭证实报实销。

(7)其他费用：根据实际需要据实支付。

(8)付款流程。①由经办人整理发票等资料并填写费用报销单(填写规范参照日常费用报销一般规定)；②按审批程序审批：主管部门经理审核签字→财务复核→总经理审批；③财务部根据审批后的报销单金额付款；④若需提前借款，应按借款规定办理借支公司手续，并在5个工作日内办理报销手续。

(9)报销时间的具体规定：每个会计年度终结前，财务部应提前通知公司各部门将应在当期报销的各类费用在最后一个月度会计结账之前完成报销流程并报销。无法取得相关票据的，应根据各类证据合理估计应报销金额，并在完成当期企业所得税汇算清缴之前补办报销流程。如果实际报销金额与估计金额差异过大，应调整所属会计年度会计报表。

2. 工薪福利及相关费用报销

(1)工薪福利等支出：包括工资、临时工资、离职工资、社会保险及其他福利费等；

(2)公司于每月26日发放工资，流程如下：行政部核对考勤(包含人员变动、额度变动、捐款、社会保险等信息)→财务部会计人员进行工资核算(编制成标准格式的工资领取表)→财务经理审核工资编制的准确性→总经理审批→财务部出纳发放工资；

(3)临时工资以及离职人员和公司辞退员工工资的支付在按审批程序审批后进行；

(4)按公司规定：员工试用期限满后，公司根据其工作表现办理转正手续，转正后的工资按入职时承诺工资调整；

(5)社会保险支付：行政部根据每月社保部门的“保险清单”和“参保人员清单”汇总、整理本月符合社保办理条件的员工，每月25日之前上交财务部上月的“社保统计表”。

二、财务用章制度

(1)财务专用章、公司法人章、支付密码器及支票必须分开保管,公司法人章由公司财务部或董事长指定专人保管,财务专用章和支付密码器由财务总监保管,支票由出纳负责保管。财务总监或出纳不在公司期间,印章应由法定代表人指定的专人保管。印章代管须办理交接手续。

(2)财务部原则上不得将已加盖财务专用章及公司法人章的支票预留在公司,如因工作需要,需先填好限额,并经公司总经理批准。

(3)开具的支票须写明经批准同意的收款人全称,收取的发票抬头须与收款人相符。如收款人因特殊情况需要公司予以配合支付给第三者,必须有收款人的书面通知、第三者同意代收的书面文件,并经公司总经理批准。

(4)往来款项的冲转(指非正常经营业务),须与涉及的第三方达成书面一致协议,并经公司总经理批准。

(5)非正常经营业务调出资金须经过公司总经理批准。

(6)用以支付各种款项的原始凭证必须保存原件,复印件不得作为原始凭证。如遇特殊情况,须经公司总经理批准。

三、行政费用报销制度

(1)公司行政费用现金支出范围:向职工支付工资、奖金、津贴、差旅费,向个人支付的其他款项及不够支票起点100元的零星开支。

(2)公司职员报销行政费用应填写报销单,由经办人员填写,公司主管领导签字认可后报送财务部按照本制度有关规定进行审核,并按本节前文的规定进行审批支付。

(3)应酬、礼品费用支出实行一票一单、事前申报制,批准后方可实施。

(4)凡未具备报销条件(如没有对方单位的收款凭证),需领用支票或现金者必须填写借款单。借款单留财务存底,待借款还回时财务开冲账收据给经办人。

(5)支票领用单、借款单必须由经办人填写,公司总经理签字,财务审核后,由财务部直接支付。

(6)银行支票如发生丢失,有关责任人应及时向财务部和开户银行报告。如系空白支票所造成的损失,丢失人员负有赔偿责任。

(7)其他有关费用及成本支出的程序以公司规定为准。

四、财产管理制度

1. 种业公司财产的范围

种业公司财产包括固定资产和低值易耗品。

凡公司购入或自制的机器设备、动力设备、运输设备、工具仪器、管理用具、房屋建筑物等，同时具备单项价值在 2 000 元以上和耐用年限在 1 年以上的列为固定资产。

凡单项价值在 2 000 元以下或价值在 2 000 元以上，但耐用年限不足 1 年的用品用具均属低值易耗品，按照前文相关规定办理。

2. 公司财务部负责公司所有财产的会计核算及管理

(1)公司本部使用的所有固定资产及公司所有办公用品用具由财务部统一管理。

(2)财务部负责公司财产的业务核算，应设立台账，登记公司财产的购入、使用及库存情况，负责组织公司财产的保管、维修并制定相应的措施、办法。

(3)财产在公司内部之间转移使用应办理移交手续，移交手续由财产统一管理部门办理，送财务部备案。

(4)财务部应定期进行财产清查盘点工作，年终必须进行一次全面的盘点清查。

(5)财产盘点清查后发现盘盈、盘亏和毁损的，均应填报损益报告表，书面说明原因。对因个人失职造成财产损失的，必须追究主管人员和经办人员的责任。

(6)凡已达到自然报废条件的固定资产，应由财务部进行评估，评估情况上报公司领导，由公司主管领导给出处理意见。

(7)凡尚未达到自然报废条件，但已不能正常使用的固定资产，使用部门应查明原因，如实上报。属个人责任事故的，应由有关责任人员负责赔偿损失；属自然灾害或其他不可抗力原因造成损失的，应上报总经理，给出处理意见。

The second part

The second part

第二部分

认识岗位

The second part

The second part

入职培训专题5
认识种子营销员学徒业务岗位

第一节 认识种子市场营销职业

一、职业和种子市场营销职业

（一）职业

职业是人们在社会中所从事的作为谋生手段的工作。从社会角度看，职业是劳动者获得的社会角色，劳动者为社会承担一定的义务和责任，并获得相应的报酬；从国民经济活动所需要的人力资源角度来看，职业是指不同性质、不同内容、不同形式、不同操作的专门劳动岗位。

（二）种子市场营销职业

种子市场营销职业是指在种业企业从事种子市场调研、营销策划、广告策划、市场开发、营销管理、推销、客户服务及相关活动的一系列职业工作的总称。种子市场营销职业是个职位群，最常见的是3个职位：种子市场营销、种子销售、技术服务。简而言之，种子市场营销职业是人们通过种子营销，为个人或组织创造经济效益，并获得相应报酬的工作。

二、种子市场营销职业的特点、工作内容及作用

市场营销是组织或个人发展的关键环节之一，涉及组织或个人实体、无形产品的去向，直接影响组织或个人的经济效益，关系到组织或个人的生存和发展。

（一）种子市场营销职业的特点

由于职业的性质、内容、形式及操作技术等不同，任何职业都有其特点。种子产品的特殊性，决定了种子市场营销职业有其自身的特点。

1. 充满艰辛的职业

种子市场营销工作辛苦，常常夏顶烈日，冬冒风雪，风里来，雨里去；跑东奔西，走南闯北，吃无定时，住无定所，工作地方经常变动；任务重，压力大，后有公司销售任务或主管的催促，前有客户的冷漠，下了很大功夫，常常又被拒绝；常年单兵作战，工作孤独等。俗话说："不经风雨，怎见彩虹""不经一番寒彻骨，怎得梅花扑鼻香"。只要坚持，你就能成为一个意志坚定、永不言败、斗志坚强的人。

2. 素质要求高的职业

种子市场营销职业需要精力充沛，心理素质过硬，充满自信，沟通能力强，除了具有相关专业知识、营销技能、行业知识外，还需要不怕吃苦，坚韧不拔的意志，敏锐的观察力和机智的应变能力等。只要勤奋努力，经过历练和积淀，你就会成为素质好、能力强的优秀业务员，为将来的发展打下良好的基础。由于不可控因素（如气候）对产品的影响，种子营销对从业者的专业技能及应变能力有更高的要求。

3. 富于挑战性的职业

种子市场营销职业需要经常面对新的客户、新的环境、新的变化，需要及时适应新的情况，并应对所发生的一切。但种子市场营销职业又存在新的机遇，充满新的希望。因为种子是有生命的产品，从产品出售到种植，再到收获，全过程历时长，影响因素多，其特殊性决定了种子的使用价值和效果暂时不能直接展示和显现，只有在一个生产周期完成才能体现出来，所以种子市场营销职业的难度相对较大，更富挑战性。

4. 与季节性、农业生产周期密切联系的职业

农业生产的季节性决定了种子市场营销要紧随季节具体开展工作，而种子销售后的技术指导等服务工作一直延续到一个生产周期完成才能结束。所以推销种子产品重点是在种子播种前期，而种植技术指导、田间管理指导以及病虫害防治等服务紧随生产活动。

5. 自由度和能力空间度较大的职业

一般情况下，种子企业开展营销业务工作是相对独立的，营销业务人员工作安排、时间、地点以及客户选择相对灵活、自由，所以只要努力肯干，业务能力强，该领域有足够的空间施展个人的才华。

6. 经济收入丰厚的职业

职业收入统计显示，营销职业收入最多的人数排在所有职业收入人数的前列。种子市场营销职业的收入一般也超过种子生产及普通管理人员的收入。

7. 发展潜力大的职业

在我国多年来的人才需求中，营销人才始终排在前几位，好的销售人员供不应求。随着我国种子产业的改革和快速发展，在激烈的市场竞争中，种子企业的生存有赖于种子营销人员的营销工作，对种子营销人才的需求越来越多。因为种子营销工作能展示个人才华和能力，销售业绩对企业的贡献直接、明显，所以种子营销工作人员有高度的成就感，相应的晋升机会也较多。

8. 有利于自己创办企业的职业

通过营销工作不仅能够知晓企业内部整体情况，而且能够了解整个行业的市场状况，当经验和能力积累到一定程度时，营销人员可以创办自己的公司。

（二）种子市场营销职业的工作内容

根据种子市场营销职业的性质和特点，种子市场营销职业的工作内容主要有：

(1)进行种子市场调查研究。

(2)确定目标市场并进行营销策划。

(3)制订种子产品市场开发方案并实施。

(4)制定种子产品价格策略并实施。

(5)建立种子销售渠道，并进行拓宽及管理。

(6)制订种子产品促销方案并实施。

(7)做好种子售前、售中、售后技术指导和服务工作。

(8)对种子营销进行科学管理等。

（三）种子市场营销职业的作用

(1)实现种子企业目标。通过种子市场营销人员的营销活动，才能实现企业最终目标，即满足农业生产需求，将种子销售给农户，获得最优的经济效益和社会效益。

(2)开拓种子市场。通过种子市场营销人员的营销活动，发现市场上未被满足的需要，及时应对，开发新产品，满足需要，扩大利润；同时推广种子良种，取得良好的社会效益。

(3)促进种子销售。种子市场营销人员通过各种营销策略和方法，刺激农户需求或创造市场需求，促成种子交易。

(4)发挥纽带和桥梁作用。通过种子营销活动，传递种子品种、价格、产量、收益等信息，激发农户的购买欲望，并且接受农户需求信息的反馈，起着联系企业、中间商及农户的纽带和桥梁作用。

(5)提升企业荣誉。种子市场营销人员在实际的营销活动中，以良好的品行、人格和所提供的高质量品种，一方面逐步形成个人品牌，另一方面对形成企业良好声誉起着积极提升作用。

(6)促进实现种子价值。企业通过市场营销活动把种子卖出去，保证农业生产和生活的正常进行，实现种子商品从使用价值到价值的转移。

(7)促进种子市场供需平衡、优化资源。随着种子市场的发展变化和产品更新换代，种子市场供应和需求随时发生变化。种子市场营销人员通过现实中的供需信息比较，及时增减种子供应，并及时调整、制定合理的种子价格。这样反复循环，种子供需就逐渐趋于平衡。同时,供需信息能使企业及时调整生产结构,使农户及时调整种植结构,优化各自资源,达到最佳利用。

(8)服务和指导。由于种子产品的特殊性,种子营销售后服务和指导工作至关重要。种子营销人员通过田间指导等服务,指导种植客户采用正确的技术和方法进行生产,提高种子质量和产量。

(9)为企业决策提供有价值的信息。根据企业现状,种子营销人员通过市场调查研究,获得有价值的信息,为企业各项经营决策提供客观依据。

第二节　种子市场营销业务岗位及职业成长

一、种子市场营销业务岗位及职责

种子企业市场营销业务岗位主要有:种子销售代表、种子销售代理、种子销售片区经理、种子销售大区域经理、种子销售门店营销员、种子销售门店经理、种子企业销售部经理等。这些不同岗位的典型工作任务主要有:种子市场调查,种子市场开发,种子产品营销开发,种子定价,种子销售渠道选择和建立,种子促销技术及综合方法的应用,与客户沟通和谈判等。不同的种子市场营销业务岗位,其工作任务、内容及其职责有所不同。下文介绍几种常见的种子市场营销业务岗位的基本职责和要求。

(一)种子销售大区域经理

1. 隶属关系

由销售部经理直接领导。

2. 主要工作

制订本区域营销策划方案、销售目标,组建和管理销售渠道,领导片区经理实施本区域营销计划,完成本区域销售目标。

3. 岗位职责

①参与公司市场营销策略的制定;②执行公司营销策略并策划和实施区域市场开拓及销售渠道建设;③制订本区域营销计划、分解销售目标;④提供本区域市场趋势、需求变化、竞争对手和客户反馈方面的准确信息;⑤督导办事处的建设及业务开展工作,落实本区域货款的回收,控制所辖区域办事处的费用开支;⑥督导营销总部销售政策的落实、各项制度的贯彻执行;⑦直接参与主持重要客户的业务谈判及成交,处理客户投诉;⑧对片区经理等下属进行培训、指导、评价和考核,并协助制订和实施绩效改善计划等。

4. 职位要求

①熟悉市场营销工作,有较强的市场营销策划能力,有丰富的市场销售经验,有敏锐的市场观察力和机智的应变能力,有较为准确的市场判断能力以及较强的市场开拓能力;②具备较强的组织管理能力和沟通能力,良好的号召力,团队合作意识、凝聚力强,顾

全大局，善于用人，能充分调动下属的工作积极性；③具备良好的心理素质和职业素养，工作热情、责任心强、自律严谨、公正公平、敬业爱岗、豁达自信、自我控制能力强；④内外人际关系处理得当合理，协调能力强；⑤熟悉相关政策及法律法规。

（二）种子销售片区经理

1. 隶属关系

由大区域经理直接领导。

2. 主要工作

实施本片区营销计划，组建和管理销售渠道，领导下属人员完成销售目标。

3. 岗位职责

①参与大区域或公司市场营销策略的制定；②执行大区域或公司营销策略，并策划和实施其负责片区的市场开拓及销售渠道建设，落实营销政策和各项制度的贯彻执行；③制订本片区营销计划、分解销售目标，督导种子销售代理和店面营销员完成销售目标；④提供本片区市场趋势、需求变化、竞争对手和客户反馈方面的准确信息；⑤开展本片区营销业务工作，对业务人员进行培训、指导，负责下属工作考核和评价，协助下属制订和实施绩效改善计划，直接参与主持重要客户的业务谈判及成交，处理客户投诉，落实本片区货款的回收，控制所辖片区办公费用开支等。

4. 职位要求

①对市场营销工作有较深刻认知，有一定的市场判断能力和开拓能力；②有较强的市场销售经验以及市场观察力、应变能力；③敬业爱岗、公正自律、工作严谨、关心下属；④高度的工作热情，良好的团队合作精神，较强的协调能力。

（三）种子销售代表

1. 隶属关系

由片区经理或大区域经理直接领导。

2. 主要工作

建立、维护、扩大销售终端，完成分销目标和分销计划。

3. 岗位职责

①为所辖区域内零售市场提供专业性支持工作；②在本辖区内建立分销网及扩大公司产品覆盖率；③按照企业计划和程序开展产品推广活动，介绍产品并提供相应资料；④对所管辖的零售店进行产品宣传、入店培训、货品陈列、公关促销等工作；⑤建立客户资料卡及客户档案，完成相关销售报表；⑥参加公司召开的销售会议或组织的培训；⑦与客户建立良好关系，以维护企业形象；⑧收账、催账、结账。

4. 职位要求

①熟悉市场营销工作；②熟悉零售运作模式；③有地区销售网络和销售关系；④坦诚自信，乐观进取，有高度的工作热情；⑤有良好的团队合作精神、敬业精神；⑥具有独立的

分析和解决问题的能力；⑦具有良好的沟通技巧和说服能力，能承受较大的工作压力。

（四）种子销售门店营销员

1. 隶属关系

由种子销售代表或片区经理直接领导。

2. 主要工作

直接从事店内种子销售日常工作，完成销售目标。

3. 岗位职责

①洞察种子购买者购种心理，并与其有效沟通，执行种子销售代表的销售策略；②组织布置店内的商品布局，保持店面的新颖和变化性；③积极与种子购买者沟通，了解他们的需求，并提供咨询服务；④建立和管理客户资源档案；⑤定期向上级提交客户状况分析报告和销售建议。

4. 职位要求

①对市场营销工作有较深刻的认知；②有良好的市场判断能力和开拓能力；③有极强的组织管理能力；④对销售的种子产品有深刻的了解，并能为购买者提供技术咨询服务；⑤正直、坦诚、成熟、豁达、自信；⑥有高度的工作热情，良好的团队合作精神；⑦有较强的观察力、应变能力和沟通能力。

二、种子营销职业成长

一个有志于营销工作的人，首先要清楚自己未来职业的成长过程，理清自己未来职业成长的思路；其次要做好自己的未来职业规划，明确自己成长的目标；最后在实际工作中踏实努力，苦干加巧干，并不断学习和总结，达到逐步升迁，实现自己的职业目标。种子营销职业成长图见图 2-5-1。

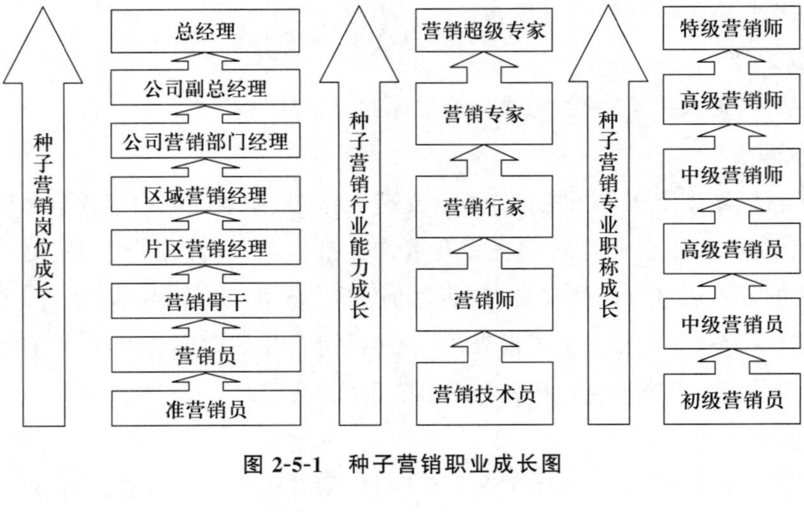

图 2-5-1　种子营销职业成长图

（一）种子营销岗位成长

1. 准营销员→营销员

一个刚到企业从事营销工作的员工，一般情况下不能独立开展营销业务工作，只能作为一个准营销员（学徒），跟随经验丰富的营销工作人员（种子推销员、门店销售员）积极参与营销实践活动，边干边学，积累知识和经验。当通过公司考核，工作能力得到认可时，员工才能以营销员的身份独立开展营销业务工作。

2. 营销员→营销骨干

这一阶段的主要任务是根据公司营销计划和安排推广、销售种子，发展客户，拓展市场。经过自己的努力和营销业务的开展，营销员的营销业务和销售业绩不断增长，其营销能力得到公司认可，自然便成为公司的营销骨干。

3. 营销骨干→片区营销经理

当自己的营销业务不断扩大，取得优秀的营销业绩，在营销业务工作中逐步展示出自己的才华和组织能力，并得到公司和同人的信任时，营销骨干升迁片区营销经理（片区种子营销经理、门店经理）的机会已经到来。

4. 片区营销经理→区域营销经理

在担任片区营销经理期间，当自己的种子营销策划能力不断得到发挥和展示，业务团队凝聚力不断得到加强，团队业绩不断增长，组织管理等综合能力等得到公司和团队认可时，升迁区域营销经理指日可待。

5. 区域营销经理→公司营销部门经理

在担任区域营销经理期间，如果自己对种子营销有独到的见解，具有很强的营销策划能力，种子市场开拓速度快，效果显著，所管辖区域营销业绩突出，团队凝聚力强，并有良好的大局意识和局面的掌控能力，未来一片光明，将成为公司营销部门经理的候选人。

6. 公司营销部门经理→公司副总经理

在担任公司营销部门经理期间，如果自己有参与制定公司营销总目标及策划的实力，能制订种子营销策划总方案，并能有效组织实施，大局意识和局面的掌控能力强，能很好地领导和组织各区域经理完成公司营销目标，整体营销业绩显著，经济效益大，形成凝聚力强、战斗力强的营销团队，领导才能和领导艺术得到充分展现，此时升迁为公司副总经理只是时间问题。

7. 公司副总经理→总经理

当具备把握公司全局发展方向和全局领导掌控能力，在公司每次重大决策中起到中流砥柱的作用时，自己已经具备了领导一个公司发展或建设一个公司的能力，即具备了总经理的能力。

（二）种子营销行业能力成长

种子营销行业能力成长是一个行业内认可的营销人员成长的过程，各职位成长影响力很大，但职位名称却是虚拟的。尽管如此，种子营销行业能力体现了相关人员的能力和素质，与其说是口碑，倒不如说是个人营销能力品牌，需要营销人员经过多年努力、积累、互相交流而逐步形成。种子营销行业能力成长过程如下：营销技术员→营销师→营销行家→营销专家→营销超级专家。

（三）种子营销专业职称成长

随着产业的发展和产业水平的不断提高，市场管理逐步趋于规范，对从业人员资格的要求也越来越高。在种子营销领域，对从事种子营销人员的资格要求是未来的发展趋势。所以，种子营销专业职称不只是从业人员个人提高声誉和素质的事情，也是种子企业培养人才而高度重视的关键环节。目前，我国设有获取营销资格的统一考试制度和办法，从业人员自己要努力，企业也要积极鼓励。种子营销专业职称成长路径如下：初级营销员→中级营销员→高级营销员→中级营销师→高级营销师→特级营销师。从初级营销员到特级营销师，需要有志者刻苦学习，悉心钻研，并积极实践。通过参加营销资格考试，营销人员可以提高自身理论水平，同时提高分析问题和解决问题的能力，增强综合实力。此外，营销资格也是个人能力的体现。

入职培训专题6
岗位业务素质和能力要求及培养目标

第一节　营销员岗位业务素质和能力要求

种子营销员职业素质与岗位能力要求是营销员进行岗位工作的基本要求，也是完成营销工作任务的基本保证，具体的基本要求如下。

一、育种、种子生产等专业知识和技能要求

(1)掌握种子育种、繁殖、栽培、加工及种子检验等方面的基本原理和方法。

(2)掌握作物病虫害防治的基本原理和方法。

(3)能够进行种子育种、繁殖、栽培及种子检验等实际技术操作。

(4)具备大田作物田间管理的实际操作能力和科学管理方法。

(5)能够鉴别真假种子，识别种子种类和种子的优劣。

(6)能够认识销售种子品种常见病虫害，并能采取得当防治措施。

(7)深刻理解并掌握销售品种的栽培特点、优点、产量情况及其影响环境等。

二、营销理论和技能要求

(1)掌握种子市场调查内容，懂得种子市场调查研究基本方法，能够设计种子市场调查问卷，并能进行信息处理，撰写调研报告。

(2)能够掌握影响种子营销的各种因素，并能进行分析。

(3)掌握种子市场细分、确定目标市场等战略原理和方法，并能够具体分析和应用，能够简单地进行种子营销战略规划。

(4)掌握种子产品市场开发的基本原理、方法和策略并能应用；能够进行种子品牌营

销、质量营销、服务营销等。

(5)掌握种子产品定价的基本原理和方法,能够制订种子产品价格策略方案,并实施。

(6)掌握构建种子销售渠道的基本原理和方法,能够设计和建立种子销售渠道,并能进行管理。

(7)掌握种子促销的基本原理和方法,能够根据不同情况设计切实可行的促销方案,并能组织实施。

(8)能够利用现代网络技术进行种子营销。

(9)能够对种子营销进行科学管理等。

三、个人身体、思想、心理素质及业务素质要求

(一)个人身体素质要求

身体素质主要包括体质、耐力等。强健的身体是营销员保持良好精神状态的基础。种子营销需要到农村种植大户及众多的中小农户进行推销,还要到田间进行技术指导,完成种子试验示范等任务,非常辛苦,所以种子营销员必须有强健的体质,才能胜任这项工作。

(二)思想素质要求

(1)具有强烈的事业心和责任感。营销员的事业心主要表现为:应充分认识到自己工作的价值,热爱营销工作,对自己的工作充满信心,积极主动,任劳任怨,全心全意地为客户服务。营销人员的责任感主要表现为:忠实于企业,忠实于客户。本着对所在企业负责的精神,为树立企业的良好形象和信誉做贡献,不允许发生有损害于企业利益的行为。本着对客户利益负责的精神,帮助客户解决实际困难和问题,满足客户的需要。

(2)具有良好的职业道德。职业道德是指所遵循的特定职业思想、行为准则和规范,以及与之相适应的道德观念、道德意识、道德活动的总和。职业道德主要包括职业态度、严于律己、爱岗敬业、诚实守信、忠实可靠、公正公平、乐于助人、服务热心、吃苦耐劳、职业良心、职业荣誉、职业作风、奉献社会等。营销员单独的业务活动较多,在工作中,应有较强的自制力,不利用职业之便蒙骗客户,不侵吞企业的利益。营销人员必须遵守国家的政策、法律,抵制不正之风,正确处理个人、集体和国家三者之间的利益关系,依照有关法律规范推销产品。良好的职业道德是种子营销员立足于市场和客户的基石,可以增强企业凝聚力,提高企业竞争力,促进企业组织文化的发展,维护和提高企业的信誉,促进个人发展,推动企业、人员及种子品牌快速形成,有利于种子营销业务的开展。

(3)具有正确的营销理念。营销理念是营销员进行营销活动的指南。正确的营销理念要求营销人员在营销工作中要竭尽全力地为国家、企业着想,全心全意地为客户服务,尽可能满足客户的需要。

(三)心理素质要求

心理素质主要包括自信、树立奋斗目标、适应能力、承受压力的能力等。自信是战胜

挫折、赢得机遇的前提。树立奋斗目标，进而制订具体行动计划，做事才能有步骤、有动力，才能实现目标获得成功。营销员只有适应了营销职业、营销生活和企业的内外部环境，才能更好地给自己准确定位，找到适合自己发展的方向。从企业的内部环境来说，营销员首先要能够适应公司，包括适应公司的企业文化、运营理念、营销方针、人文环境等。从企业的外部环境来说，营销人员还应能适应市场的需要、经销商及客户的发展需求、当地的风土人情等。营销员肩上扛着巨大的销售指标，身后有主管经理的反复催促，面临的却可能是客户的冷漠与拒绝。面对困难，一些人感到迷茫和沮丧，或放弃，或消极工作，结果自然是离成功越来越远。因此，摆正自己的位置、端正自己的心态、面对压力、承受挑战是每一名营销人员，尤其是刚走出校门迈上工作岗位的年轻人应具备的能力。

（四）业务素质要求

营销员应具备中职或高职及以上的学历和学识水平，才能胜任种子技术服务、试验示范等营销业务要求。

市场营销职业的性质决定了营销人员所必备的职业知识，做到知己知彼才能成为一个合格的营销员。

(1)行业知识　营销员要熟悉本行业发展历史和背景、行业发展状况、行业规范、竞争情况等。

(2)企业知识　要熟悉本企业的发展历史、企业规模、经营方针、规章制度等。

(3)产品知识　要熟悉种子产品的特性、价格，受外部生物环境因素的影响，贮藏、运输的条件；种子的习性，包括种子的净度、纯度、发芽率、生育期等专业知识；不同时期种子的田间管理技术及病虫害的防治方法；市场上竞争产品的优劣情况等。

(4)客户知识　应善于分析和了解客户的特点，要知晓有关心理学、社会学、行为学的知识；了解客户的购买动机、购买习惯、购买条件、购买决策等情况；能针对不同客户的不同心理状况，采取不同的推销对策。

(5)市场知识　要懂得市场营销学的基本理论，掌握市场调查和预测的基本方法；善于发现现实和潜在的客户需求，了解产品的市场行情和市场趋势。

(6)法律知识　要了解国家规范经济活动的各种法律法规，特别是与推销活动有关的经济规范，如《种子法》《反不正当竞争法》《反垄断法》《产品质量法》《商标法》《专利法》《广告法》《消费者权益保护法》《民法典》(第三编　合同)等。

四、基本能力

一名营销员具有良好的素质固然重要，但更应具有做好营销工作的真实本领。所谓本领就是能力，营销员所需要的能力是由工作性质及任务所决定的，主要包括以下几方面。

（一）观察能力

营销员的观察能力，主要是指其通过顾客的外部表现去了解顾客的购买心理的能力。人的任何行为表现都与内心活动有关，反映着内心活动的一个侧面。顾客也是这样，营销员可以从顾客的行为中，发现许多反映顾客内心购买活动的信息，观察成为揭示顾客购买动机的重要一环。提高观察能力必须从提高观察的质量入手。知识、方式和目的是影响观察质量的3个基本因素。知识是观察顾客、理解顾客的基础，营销人员所具有的知识越精深、越广博，那么对顾客的观察也就会越深入、越周到。例如，掌握心理学知识的营销人员能较快地通过顾客的言行、情绪，了解到顾客的意图和需求。科学的观察方式，要求观察路线正确：先上后下、先表后里、先局部后全部、先个别后整体等；注意力的分布要合理，视觉和听觉要密切配合，观察与判断也要有机地结合起来。

（二）创造能力

营销员需要具有很强的创造能力，这样才能在激烈的市场竞争中出奇制胜。创造过程首先是自我的斗争过程，要无所畏惧，相信自己的创造力，看待问题客观公正，养成独立思考的习惯，不亦步亦趋。在推销活动中，推销人员只有创造性地运用各种促销方式，才能发展新顾客，开拓新市场。

（三）社交能力

营销员应是开放型的，必须具有较强的社交能力。从某种意义上说，推销人员是企业的外交家，需要同各种顾客打交道。这就要求推销人员具备与各种顾客交往的能力，即善于与他人建立联系，互相沟通，取得信任，化解和处理各种矛盾，能在各种场合应付自如，圆满周到。

（四）语言表达能力

优秀的营销员应善于活用语言艺术，启发顾客，说服顾客。良好的语言表达能力的修养标准是：清晰、准确、条理井然、重点突出；富于情感，使顾客听了感到温暖、亲切，起到感染顾客的作用；诚恳、逻辑性强，起到说服顾客、增强信任感的作用；生动形象、风趣幽默，能起到吸引顾客的作用；文明礼貌，热情友善，能引起顾客由衷的好感，起到增进友谊的作用。

（五）应变能力

在各种复杂的特别是突然出现意外的情况下，营销员仅用一种姿态或模式对待顾客是很难奏效的，这就要求营销人员具有灵活的应变能力，在不失原则的前提下，做到灵活实施应变行为，达到自己的目的。营销人员应思维敏捷、清晰，能够快速地分析和综合问题，能够及时察觉顾客需求的变化对推销效果的影响，并针对变化的情况，及时采取必要的营销对策。

（六）分析能力

分析能力包括将问题系统地组织起来，对事物的各个方面和不同特征进行系统地比较，认识到事物或问题在出现或发生时间上的先后次序，在面临多项选择的情况下，通过理性分析来判断每项选择的重要性和成功的可能性，以决定取舍和执行的次序，以及对前因后果进行线性分析的能力等。

（七）沟通能力

沟通能力包含表达能力、说服能力、倾听能力和设计能力（形象设计、动作设计、环境设计）等。高效的沟通可以快速实现销售目标，提升销售业绩；有效的沟通可以消除人与人之间的隔阂，使人际关系更加融洽、和谐，更有力地推进营销业务。沟通能力看起来是外在的东西，而实际上是个人素质的重要体现，它关系着一个人的知识、能力和品德。

（八）执行能力

执行能力是指落实公司、部门等的制度、计划或落实上级分配的任务的能力。现代企业对员工执行能力的要求越来越高。松下幸之助说：一个企业的成功，20%在策略，80%在执行。杰克·韦尔奇说：企业目标达成的关键就在于企业的执行力。没有执行力，一切都是空谈。这些知名管理大师用他们切身的经验告诉我们：一个高效能的单位一定是个执行力强的单位。企业执行力是靠每个员工的执行力去实现。对营销人员更是如此，只有不折不扣地执行制度、任务或计划，才能实现企业预期的营销目标。

五、营销职业精神

（1）执着坚韧、愈挫愈坚、坚持不懈的精神。

（2）不怕吃苦、乐观向上、积极进取的精神。

（3）真诚忠实、爱岗敬业、忠诚企业的精神。

（4）豁达自信、热情友善、团队合作的精神。

第二节　营销员学徒岗位培养目标

通过营销员学徒岗位培养，可以使学生掌握种子行业及种子市场现状、种子企业管理制度与企业文化、岗位规范；掌握种子营销基本知识；培养学生学会开展种子企业调研，确定销售种子类型和品种，了解竞争品种及销售对象，确定种子包装规格及风格，针对市场合理定价，确定分销渠道，做好与客户沟通工作，制订种子企业具体的促销方案；完成种子展示、种子现场会、农户技术服务、促销活动等具体工作，确保达到种子营销员岗位的任职要求，在岗位工作中业绩突出，业内外口碑良好。

入职培训专题 7
制订营销员学徒培养计划

我们根据农作物种子生产规律、农业人才职业能力认知规律和种子企业用人规律，以种子生产、销售任务为载体，按照农作物种子生产经营过程，依托校内外生产性实训基地（种子企业等），采用生产现场“理实一体、教学做合一”教学组织形式和教学方法，强化学生生产实践、经验积累的学习环节，突出学生学农爱农、吃苦耐劳的品质培养，作物种子生产技术动手操作、种子营销等能力的学习和作物种子生产、营销经验的积累，最终实现毕业后直接上岗工作的专业顶层设计思路，研究制定了种子生产与经营专业“一轮半”工学结合人才培养模式。其中，学生在第 1～3 学期在校内生产性实训基地完成“教学做合一”完整生产过程、生产技术教学实训，第 4～5 学期在合作企业进行一个完整生产季节的顶岗实习，第 5 学期返校后进行职业拓展知识、能力的学习，第 6 学期直接进入预就业顶岗实习，在“三导师”指导下完成毕业论文的撰写与答辩。按照《种子生产与经营专业现代学徒制人才培养方案》中的安排，在第 4～5 学期，学生要进入种子企业完成顶岗实习，根据农作物种子营销员工作岗位内容及能力的要求，在学徒期间，由企业师傅带领重点学习与掌握种子市场调研、种子片区销售（或店面销售）工作过程中选择经销商、客户管理、种子产品展示、现场观摩会、促销活动、技术服务、货款回收等种子营销策略与技能。

第一节 种子营销员学徒岗位实训内容

种子企业营销员学徒岗位主要是片区销售代表和店面营销员 2 个工作岗位。学徒在种子企业实训的项目和内容见表 2-7-1、表 2-7-2。

表 2-7-1　片区销售代表学徒岗位实训项目与实训内容

序号	学徒实训项目名称	学徒实训内容
1	种子市场调研	1. 能够制订合理的调研方案； 2. 实时调研； 3. 分析整理资料； 4. 撰写调研报告，提出有效建议，如公司分销渠道建立的建议等
2	选择合作伙伴（渠道成员）	1. 能够进行充分的调查，全面了解经销商种子经营情况及信誉度和口碑等； 2. 对经销商进行考察，并按照一定的标准选择种子经销商（合作伙伴）
3	渠道成员（客户）管理	1. 制订有效的客户管理方案； 2. 能够及时、准确地提供详细的客户资料，建立长期稳定的客户关系； 3. 销售季节（11 月—次年 4 月）每月对每个客户拜访 3～5 次，其他季节每月 1～2 次，客户拜访有书面的文字记载，记载中有具体的内容或存在的具体问题及解决办法； 4. 能够及时为客户协调各方面的工作，客户信誉好； 5. 市场井然有序，无混乱、窜货现象，客户间不相互压价，市场价格稳定
4	种子展示示范	1. 制订种子展示计划； 2. 在春播时依据本区域的特点，分不同的作物、种子、地区重点选定农户作为本销售区域的新产品展示点，并建立完整的信息资料记载档案，有详细的示范工作总结
5	现场观摩会	1. 制定现场观摩会流程； 2. 做好各项准备工作； 3. 利用新产品示范、展示点，在销售年度内，自行组织由农户参加的 30 人以上的新的农资产品展示现场会 3 次以上并有记载档案； 4. 做好会议总结
6	促销	能够制订区域种子促销方案并实施
7	技术服务	1. 利用科技之冬（11—12 月）针对农民集中进行技术培训、企业发展前景介绍，发放技术手册； 2. 作物播种、各生育时期技术服务上门，指导农民正确使用种子、农药、肥料。如果存在产品质量问题，经有关部门鉴定后视责任及时给予赔偿，以保护农户的利益
8	货款回收	1. 在选择经销商、开拓新客户、销售前都要注意防止货款收不回来，呆账、坏账； 2. 及时回收货款，确保总货款回收率在 100%

表 2-7-2 店面营销员学徒岗位实训项目与实训内容

序号	学徒实训项目名称	学徒实训内容
1	保持良好心态	树立顾客就是上帝，全心全意为顾客服务，从而实现自我价值的思想
2	注意着装和仪容	着装整洁大方、讲究礼仪礼貌。树立形象，获得信任
3	迎客	微笑、真诚迎客
4	询问、介绍产品	掌握并运用沟通技巧，获得顾客认可，如采用 FAB 表达法
5	处理异议	销售人员必须正确地对待并妥善处理顾客异议，才能最终说服顾客，促成交易
6	开票	确定顾客购买产品的数量、价格、质量
7	包装	销售员小心、快速地包装顾客购买的商品
8	交货	商品交给顾客
9	柜台产品展示	精心设计柜台产品摆放或 POP 广告，独特、新颖、有吸引力和竞争力
10	促销活动	制定并实施促销政策
11	盘点	为了了解门店在某个营业周期内的经营情况，合理安排库存，加速资金周转、利用而开展的一项对商品的清点工作。盘点流程大致可分为 3 个部分，即盘前准备、盘点过程、盘后工作
12	店面整理及售后	1. 店面整理包括整理、整顿、清扫、清洁、素养 5 个工作环节； 2. 建立顾客档案； 3. 售后服务，包括询问使用情况，解决问题等

第二节 种子营销员学徒培养计划

根据农作物种子生产具有时间性的特点和职业岗位要求从业者具有较强的综合能力的情况，学徒在学校完成前 3 个学期基础知识、专业理论知识的学习后，在第 4～5 学期的 3—10 月在企业开展学徒制学习。按照学徒制人才培养教学计划，学生在学徒制企业师傅指导下制订工作计划、学习计划、专题报告研修计划。营销员岗位学徒的这“3 个计划”就构成营销员学徒的培养计划，指导学徒完成学徒学习工作任务，达到培养目标。

一、营销员学徒工作计划

首先面对的问题是：要学习什么。营销员学徒也是要学习思考如何做人、如何做事。具体任务包括：如何做好工作；工作中引起了我的哪些思考，如何学习自己感兴趣的东西；工作中发现了什么有价值的问题，在现有条件下如何解决。要完成这 3 个基本任务，就要对它们有个整体的把握(或想法)，才不至于在完成过程中出现混乱，失去方向。要做到这一点，就需要制订相应的计划。

顶岗实习开始，营销员学徒就进入一个新的学习、工作、生活的环境。为了明确营销员学徒工作任务，把握片区营销工作方向和程序，学徒在企业师傅指导下，根据企业片区销售代表（或店面营销员）岗位工作制订顶岗实习工作计划，并完成岗位工作任务。工作计划提纲如下：

(1)对顶岗实习的认识；

(2)销售代表、店面销售工作任务和预期目标；

(3)完成工作任务的态度、方法和措施；

(4)营销能力提升的方法、措施；

(5)社会能力提升的方法、措施(工作纪律、人际交往、团队协作、诚实守信等)；

(6)其他。

二、营销员学徒学习计划

在实习期间，学徒如果发现了哪些有价值的东西还没有掌握，必须通过学习而掌握。比如，种子销售中发现如下问题：采取怎样的栽培技术措施才能发挥某品种产量、品质的潜力？通过回顾在校学习过的内容，学徒筛选出一个方法：配方施肥。如果学徒还不会该方法，就应该制订一个配方施肥方法的学习计划。再比如，做农药销售工作，可以学习如何做到对环境的污染最小，可以学习如何不用化学农药防治病虫草害，也可以学习如何减少化学农药的使用量。学徒学习计划提纲如下：

(1)承担公司营销员岗位工作的任务、目标；

(2)分析自我知识、技能水平与营销岗位工作要求的差距，明确要学习的专业知识和技能；

(3)自我学习计划，包括专业理论知识和技能学习计划、学习时间安排计划、不同阶段阅读书籍和资料计划、参观观摩、学习笔记等；

(4)学习的阶段目标和总目标；

(5)其他学习内容与方法。

三、营销员学徒专题报告研修计划

在学校指导教师、企业师傅的共同指导下，学生确定顶岗实习期间的研究课题，并制订实施方案，顶岗实习结束后撰写一份专题报告(或调研报告)。

(1)确定专题报告题目。题目可针对目前存在的问题，比如：企业营销策略比较；影响企业在某区域(某县)种子销量的因素探讨；某县不同乡镇种子品种采用的探讨；农民购买行为特点分析等。

(2)专题报告研究的目的和意义。

(3)研究的内容。

(4)研究的方法，包括素材收集内容和方法、实验方案等。

The third part

The third part

第三部分

学徒实践项目

The third part

The third part

项目一
种子市场调查

任务1　撰写种子市场调查方案

【任务目标与质量要求】

(1)充分了解所在种子企业经营状况以及种子市场现状,确定种子市场调查的主题和目的。

(2)在种子企业师傅的指导下,根据市场调查主题,为开展的种子市场调查活动制订一份具体、可操作性强的市场调查方案。要求调查目的正确、可行,调查方法选择正确、可行,调查计划制订具体且可操作。

(3)在种子市场调查方案制订中,必须明确种子市场客户的要求,面向种子市场撰写种子市场调查方案。

【学习产出目标】

(1)熟知市场调查的相关概念、作用;掌握种子市场调查的一般方法;熟知市场调查方案的格式、内容及撰写技巧。

(2)制订种子市场调查方案。

【工作程序与方法要求】

编制一个种子市场调查方案时,操作流程如下:

确定调查目的 → 明确调查方法 → 确定调查人员及进度安排 → 编制调查费用预算 → 编制市场调查计划表

1. 确定调查目的

种子市场调查可以有不同的目的。调查的整个过程是一个沟通的过程,要把你想了解的问题传递给被调查者,并且能够让被调查者乐于接受,最终得到有效、有用且真实的调查结果。

下面以公司新品种上市前的一次综合调查为例,说明如何确定调查目的。如果你想了解目前一些农场或种植合作社、农户对采用的品种的看法,就要把问题详细分类,比如包装、价格、服务等,其中最重要的就是他们(顾客)的建议。调查目的就是为新品种的下一步营销决策提供依据,为新品种的营销在市场上的表现提供可能性方案。

由此可见,为了保证调查的成功和有效,调查目的确定首先要明确所调查的问题(问题既不能过于宽泛,也不能过于狭窄),然后在确定问题的基础上,提出调查目标和调查内容。

当种子企业对出现的市场营销问题认识不明时,为找出问题的症结,可以采取种子市场探测性调查,即非正式的初步市场调查,收集一些有关的资料进行分析,以便尽早、尽快地发现问题和提出问题,明确进一步调查的目标、内容和重点,为种子市场调查工作的开展指明方向。

当种子企业对市场营销问题已有了初步了解,应进一步调查问题的详细情况,以便统计和分析一些问题的特征,为解决问题提供依据。这时需要采取种子市场描述性调查。

当种子市场调查的目的是弄清楚种子市场变量之间的因果关系,需要收集有关种子市场变量的数据资料,运用统计分析和逻辑推理等方法判断何者是自变量(原因),何者是因变量(结果),以及它们变动的规律。这时采取的方式就应该是种子市场因果关系调查。

目前种子市场营销面临的最大问题仍是需求问题。以未来市场需求为调查的目的时,所需要采取的方式就是种子市场预测性调查。

不同的调查目的会导致不同的调查内容,因此所设置的问题和目标也会有所不同;针对不同的调查对象,如批发商、零售商、农户和区域种子市场,调查的目的也是不一样的,因此调查内容和方法也不相同。

2. 明确调查方法

(1)确定资料来源　依据调查目的来确定具体资料的来源。列出第一手资料有哪些,它们分别在什么地点,找什么人,用什么方法调查收集;列出第二手资料有哪些,通过什么途径(农业局、图书馆、网络等)收集。

(2)确定地点　调查地点首先要从种子市场调查范围出发,确定在一个区域调查还是在几个区域调查;其次要考虑调查对象居住的分布,确定是在不同地区还是集中于某些地区。

(3)确定调查对象　市场调查对象是指市场调查的总体,它决定了市场调查范围的大小。调查单位就是调查总体中的各个个体单位,它是调查项目的承担者或信息源。根据调查对象和调查单位确定收集资料的来源、性质和数量。

(4)确定调查方法　收集二手资料应采用案头调查法,收集一手资料应采用实地调查法。实地调查法有访问法、观察法、实验法、问卷调查法等,应根据具体条件,针对不同的对象,采用不同的方法。

3. 确定调查人员及进度安排

首先,要最终计算调查人员和经费的数量,并落实出处。这是确保市场调查顺利进行的基础和条件,也是设计市场调查方案不可忽视的内容。其次,还要对市场调查人员的工作量进行合理安排,使市场调查工作有条不紊地进行。

4. 编制调查费用预算

编制调查费用预算的基本原则是:在坚持调查费用有限的条件下,力求取得最好的调查效果,或者是在保证实现调查目标的前提下,力求使调查支出最少。费用支出的细目包括劳务费、资料费、交通费、问卷处理费、杂费等,应根据每次调查的具体情况而定。

5. 编制市场调查计划表

(1)编制工作进度日程　对调查的工作程序、时间、工作方法等做出具体规定。例如,何时做好准备工作、由谁负责等。

(2)编制工作进度的监督检查　对工作进度的监督检查是及时发现问题、克服薄弱环节、保证整个调查活动顺利进行的重要条件。

根据以上内容编制种子市场调查计划表,作为种子市场调查活动实施的指导。模板见表 3-1-1、表 3-1-2。

表 3-1-1　市场调查计划表　　　　日期

调查地区		调查时间	
调查目的			
影响调查效果的因素分析			
调查方法设计			
预计调查进度	时间安排	进度情况	
调查预算			
调查人员安排			

表 3-1-2　竞争对手调查表

调查区域		调查人员姓名		调查时间	
企业基本情况	竞争对手名称				
	企业地址				
	营销方针及做法				
	主要销售方式				
销售人员情况	销售员姓名		学历、年龄		
	服务时间		销售员特长		
	待遇水平		主要客户		
	其他				
产品情况	种子种类				
	品种特性				
	种子质量				
	价格				
	市场占有率				
补充说明					

【业务知识】

一、种子市场调查的类型

种子市场调查就是运用科学的方法，有目的、有计划、系统地收集有关种子市场营销信息及与种子市场需求等相关的信息和资料，分析种子市场情况，了解种子市场的现状及其发展趋势，为进行种子市场预测、确定营销方针、制定营销策略、编制营销计划等决策提供科学依据。

(1)根据调查问题、目的、性质和形式的不同，种子市场调查可以分为以下 4 类。

①探测性调查：花费少量的时间和成本，对种子经营环境进行初始调查，以便确定问题及与问题相关的变量的总体特征(它具有灵活性，但一般没有固定的计划)，适合于明确公司所要解决或研究的问题，如新品种、代理商、经销商等，找到问题的基本假设。

②描述性调查：是为了对种子市场营销活动的某个方面形成客观、详细描述而进行的调查，如市场潜力和市场占有率的调查、品种购买群体结构的调查、竞争对手状况的调查等。

③因果关系调查：是公司为了验证对某些问题的假设是否正确，同时找出市场营销中关联现象或变量之间的因果关系而进行的调查。

④预测性调查：是公司为了给营销策划和营销决策提供依据而进行的调查，它的目的是为推断和测量市场的变化提供事实证据。

(2)根据调查目的和调查对象的不同，种子市场调查可分为以下 3 类。

①开拓种子营销市场的全面调查：与种子市场相联系的所有信息的调查，包括种子市场环境(法规政策、农业经济结构、产业结构、自然条件、技术条件等)、竞争情况、农村社会购买力、市场需求、种子市场商品供应量、种子市场销售、种子价格、种子销售渠道、老品种及新品种等全方位的调查。

②针对性种子营销单项因素调查：对种子营销市场中某个单项因素进行针对性信息调查，如种子企业针对营销中出现的某个具体问题进行市场调查(种子销售渠道、服务等，当然在实际调查中其他因素可能与之相关)。

③种子营销市场组合因素调查：对种子营销市场中某几个相关因素进行调查，如“种子市场需求+购买力+品种+价格”等。

二、种子市场调查的作用

(1)种子市场调查为企业制定科学的种子营销规划及战略提供依据。种子企业在制定科学的种子营销规划及战略过程中需要依据各方面的资料，其中种子市场统计资料是很重要的内容。具体来说，一方面，种子企业的营销规划及战略必须依据可靠的统计资料和数据信息，即必须根据过去和现在的各种种子市场发展的统计指标(能最集中地反映种子商品生产的数量、结构和种子的供求关系等)，结合实际来制定营销规划和战略，否则就会脱离实际，缺少科学性和可行性。另一方面，企业种子营销规划及战略必须依据市场预测结果，即根据对未来一定时期市场情况的预计，来制定种子营销规划及战略，否则也会脱离实际。

(2)种子市场调查对提高企业效益起着积极的促进作用。通过种子市场调查，种子企业能够掌握种子市场需求、种子品种等情况，根据市场调查结果进行种子生产和种子营销活动，明确了企业生产方向和营销的目标，有目的地进行种子生产和市场营销，大大减少了盲目性，增强了企业生产和营销的有效性，提高了种子生产和营销的效率，从而为企业带来较高的经济效益。

(3)种子市场调查提供市场种子营销信息，避免种子企业拟订错误的营销策略，及时发现问题，并调整战略和策略，避免造成巨大财务损失。常见错误营销策略有：市场区隔错误或市场定位错误、客户购买行为截然不知、销售通路选择错误、不符实际之定价、广告媒体选择不当或广告诉求错误等。

(4)种子市场调查提供正确的市场信息，了解市场趋势，发现客户潜在购买动机和现实需求，为企业发展提供新契机。

(5)市场调查是企业改进技术和提高管理水平的重要途径。当今世界，科学技术发展迅速，新发明、新创造、新技术和新产品层出不穷，日新月异，新的管理理念、方法及先进的管理技术不断涌现。通过市场调查所得到的情况和资料有助于企业及时了解有关科技、管理等信息，为本企业的管理部门和有关决策人员提供科技、管理等情报。

(6)市场调查是增强企业的竞争力和应变能力的重要手段。市场的竞争是激烈的，情况也在不断发生变化。市场上的各种变化因素包括“可控因素”(如产品、价格、分销、广告和推广等)和“不可控因素”(如国内环境和国际环境所包括的有关政治、经济、文化、地理条件、战争与国外分支机构等)。这两类因素的关系是相互联系、相互影响，而且不断发生变化的。及时调整“可控因素”以适应“不可控因素”的变化情况，才能应对市场上的竞争。只有通过市场调查才能及时了解各种“不可控因素”的变化情况，从而有针对性地采取某种应变措施去参与竞争。通过市场调查所了解的情况或所获得的资料，除了解市场目前状况外，还可预测未来的市场变化趋势。

如果一家处在激烈竞争的市场上的企业不做市场调查，将会怎样？那就等于丧失了该企业营销业务活动的“耳”和“目”，就像是“聋人”和“盲人”一样，对市场变化毫无警觉，反应迟钝，甚至一无所知、无所适从，这是十分危险的。

当然，市场调查虽有上述作用，却也有不少限制。企业在进行市场调查时，必须采取适合的调查方式，才能产生正确有效的调查结论及营销建议。此外，市场调查的数据为估算值，仅代表市场状况的可能情况，且由于市场调查方法的不同，将有不同结论，故调查之中应避免非统计抽样误差，慎作预测结论。

三、种子市场调查的内容

种子市场调查的内容十分广泛。从广义上说，凡是涉及影响种子公司经营活动的资料，都应该收集、整理，凡是涉及有关种子部门经营活动的信息，都应该调查了解。具体来说有如下 7 个方面。

1. 种子购买力及需求调查

种子主要购买对象是农户或土地承包大户，其购买能力及需求直接影响企业种子营销。种子购买力调查有 3 个方面：①调查农村居民的家庭收入构成及其变化；②调查农村居民家庭的购买力投向，调查农民的吃、穿、用、住、行以及文化生活等方面的需求比例变化等；③调查农业生产方面的需求，主要调查耕地面积、种植面积，农业生产需求的品种、数量、规格、质量、价格、价格对销售额的影响以及变化趋势和各种影响因素等，不至于造成积压而出现亏损。

2. 农户购种行为调查

了解农户的购种行为有利于调整品种和服务方向，以满足农户的需求。调查内容主要有：①农民购买动机，包括理智动机、情感动机和偏好动机；②对品种偏爱的原因、持续性以及各种影响因素；③购买品种的主要决定人、具体购买人等；④农民购种时间、地点及购种习惯和方式；⑤农民每次购买数量及对品种的态度；⑥新品种进入市场，哪些农民最先购买；⑦潜在购种者等。

3. 种子市场供需调查

种子市场供需调查包括种子市场需求情况调查和种子市场供应情况调查两个方面。前者是指调查一定时期、一定市场范围内的种子市场需求量、市场规模以及市场占有率的大小，从而制定出有效的经营策略。具体内容包括：品种在现有市场上的需求量和销售量；品种的市场潜在需求量；不同市场对品种的需求状况；品种的总体市场占有率等。后者是指调查一定时期和一定市场范围内可以投放市场的种子数量。要在探明种子的生产量、商品量、社会储备量和进口量的前提下，再调查种子的供给量，并对总供应量中各类种子的比重进行调查。

4. 竞争者调查

在竞争激烈的市场环境中，需要充分了解同类品种竞争者的情况，做到知己知彼，才能在竞争中占据优势。竞争者调查的内容主要有：直接或间接竞争对手的数量、规模及其市场占有率；竞争对手的地理位置和交通运输条件；竞争对手的生产方式、生产能力、成本、盈利能力;竞争对手所采取的经营策略和竞争策略;竞争对手生产经营的种子品种、品质、价格、服务的情况及在农民中的信誉和形象;竞争对手的技术水平和新品种开发动向、新品种在市场上的水平;竞争对手的品种价格策略、广告策略、销售策略、营销网络、特定的购种群体;潜在的竞争对手等。通过以上调查,可将本公司现有条件与竞争对手进行对比,以便扬长避短,为制定有效的竞争策略提供科学依据。

5. 营销因素分析

市场调查既要分析公司外部的各种因素,也要了解和研究公司内部的各种市场营销因素。

(1)价格因素　主要包括农民对本单位和其他单位销售种子的价格反应;在品种生命周期的各阶段的定价原则;价格策略对种子销售量的影响等。

(2)渠道因素　主要调查营销渠道结构、代理商、投放品种地点等,如基层农业推广站、种子商店等单位的销售情况;农户对销售单位的评价;种子储存、运输的成本;进一步拓展销售网络、增设代理商(代销点)的可能性等。

(3)广告因素　广告投放的媒体、费用、投放时间和地点等。

(4)促销因素　促销组合、手段及费用控制等。

(5)服务方面　了解公司目前所提供服务在经销商数量、服务质量上能否满足农民的需求,农民对目前服务的意见反映;调查了解提供给用户的技术指导是否有针对性、适应性及满意度等;调查了解竞争对手所提供服务的内容、形式和质量情况。

6. 市场营销环境调查

市场营销环境包括宏观和微观两个方面:①宏观环境包括政策和法规(种子营销有关的价格、税收、财政补贴、银行信贷政策等)、自然环境(气候条件、种植面积、农业生态类型、耕作制度等)、农民素质、经济技术水平、风俗习惯等因素;②微观环境包括代理商、零售商、购种习惯、广告影响、物流速度、市场管理、竞争对手等。

7. 企业形象调查

一是了解用户对本公司种子产品和商标形象的反映,即了解本公司的知名度;二是了解用户对打造本公司形象的一系列公共关系工作、公司全体职员服务形象和公司环境状况等社会声誉的反映;三是了解用户对本公司在资金信誉、品质信誉和服务信誉等方面的反映。

四、种子市场调查的程序

建立一套科学合理的市场调查程序,有助于提高工作效率和调查质量。开展调查之前必须明确调查目标,目标越清晰,就越容易确定调查范围,从而降低调查费用,保证调查结果的准确性、适用性。

种子营销人员进行市场实地调查收集第一手资料的调查程序，一般可分为 3 个阶段，6 个步骤(图 3-1-1)。

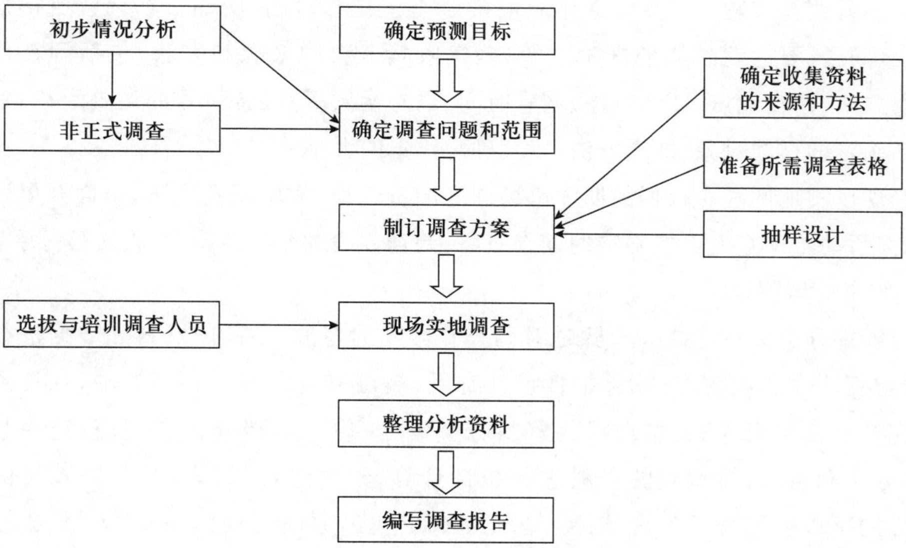

图 3-1-1　市场调查程序示意图

1. 预备调查阶段

种子市场调查的主要目的是通过收集与分析资料，解决种子营销中存在的问题，针对问题寻求正确可行的改进措施。因此市场调查首先要确定问题之所在及其调查范围。例如，某种子经营单位本年度经营期间某一玉米品种的种子销售量较上一个经营期有大幅度下降，究竟是什么原因造成的？是顾客对种子质量不满意，是该品种在上一个生产季节里表现不好，被新品种所取代，还是本地区玉米面积减少以及经营该玉米品种种子的单位增加造成的？为了弄清和确定问题之所在及其调查范围，通常先进行初步情况分析和非正式调查。

(1)初步情况分析　调查人员可收集单位内外部有关情报资料，进行情况的初步分析，初步掌握和发现各因素之间的相互关系，探索问题之所在。

(2)非正式调查　也称试探性调查。调查人员根据初步情况分析，设定影响今年种子销售量的因素，向本单位内部有关人员、精通本问题的专家和人员以及个别有代表性的用户咨询，听取他们对这个问题的看法和意见。通过非正式调查，假如可以找出问题和产生问题的原因，提出改进方案，那么就可以省略之后的几个步骤。实行非正式调查有两个好处：一是非正式调查费用较少，如果所得信息能够满足决策人对于信息的需要，就不必再进行正式调查；二是如果正式调查所得信息不能满足营销决策人对于信息的需求，非正式调查也有助于更深入地了解调查问题，从而缩小调查范围，节省费用。

2. 正式调查阶段

由预备调查阶段进入正式调查阶段有两个步骤：

(1)制订调查方案　调查方案中要明确调查主题和目的，明确市场调查所得信息是解决什么问题、要达到怎样的准确度等；确定收集资料的来源和方法，包括调查什么资料、调查方法、调查地点、调查对象、调查时间、调查次数等；准备所需的调查表格；抽样设计，包括确定抽样的对象、抽样方法，以及确定样本的大小等。

(2)现场实地调查　根据前期的市场调查准备工作，实施调查方案，全面开展营销市场的调查活动。调查人员按确定的调查对象、调查方法进行实地调查，收集第一手资料。

3. 结果处理阶段

(1)整理分析资料　这一步骤是对调查收集到的零散、杂乱的资料和数据进行编辑整理的过程。主要内容有：剔除抽样设计有误、被调查者回答错误等资料，保证资料的系统、完整和真实可靠；将整理后的资料分类编号，便于归档查找和利用；选择和运用有效的方法和工具，对调查的资料进行统计计算，绘制统计图、表，并加以系统的分析(有条件的可以使用统计处理软件)，在此基础上找出原因，得出调查结论，提出改进建议或措施。

(2)编写调查报告　编写调查报告时，应注意报告内容要紧扣调查主题，突出重点，力求客观扼要；文字简练，观点明确，分析透彻，尽可能使用图表说明，便于经营决策者在最短时间内对整个报告有一个概括的了解。

【业务经验】

一、调查资料收集的方法

调查资料收集方法有两种：一种是案头调查收集，另一种是实地调查收集。案头调查收集可获得第一手资料，实地调查收集可获得第二手资料。两种资料收集的方法、来源及优缺点的比较见表 3-1-3。

二、种子市场调查方法

种子市场调查的方法很多，鉴于种子服务对象主要是农民，考虑到他们的接受方式，应尽量采取简便、可行、有效的方法。

表 3-1-3　调查资料收集的方法、来源及优缺点

资料的分类	收集方法	资料来源	优点	缺点
第二手资料	案头调查	内部资料查询	费用成本低、快捷方便	缺乏针对性，可靠性、准确性、客观性需进一步验证
		外部资料查询		
第一手资料	询问法	问卷调查	信息资料准确可靠，针对性、有效性强	成本高、周期长
		访谈调查		
		电话调查		
		会议调查		
	观察法	人工观察、机器观察		
	实验法	无控制实验、有控制实验		

1. 访问调查法

访问调查法是以口头询问的方式作为收集资料的手段，将所要调查的事项，以当面、电话或书信的方式向被调查者询问，以获得所需要的资料。它是市场调查中最常用的一种。

（1）个别访问法　是指调查者面对面地向被调查者询问有关问题，被调查者的回答可当场记录。调查可采用走出去、请进来的方式召开座谈会或以个别访问的形式进行。调查可根据事先拟定的询问表或调查提纲提问，也可以采用自由交谈的方式进行。个别访问法的优点是直接与被调查者见面，能当面听取意见并观察反应；能相互启发和较深入地了解情况，对问卷中不太清楚的问题可以给予解释；可根据被调查者的态度灵活掌握调查方式和进程；资料的真实性较大，回收率较高。缺点是运行成本较高，调查结果易受调查人员主观影响。

（2）电话调查法　是由调查人员根据抽样设计要求，用电话向调查对象询问收集资料的一种方法。其优点是资料收集较快，成本低；可按拟定的统一问卷询问，便于资料统一处理。缺点是调查总体不够完整；不能询问较为复杂的问题；时间不能太长，不允许长时间深入交谈。

（3）邮寄调查法　又称信函调查法，就是将设计好的询问调查表、信函等调查资料邮寄给被调查者，待填好后寄回。这种方法的优点是调查区域广，被调查者有充分的时间来回答，资料真实度高。缺点是调查表等资料的回收率较低，回收时间长。

2. 问卷调查法

问卷调查法指根据调查目的，精心设计调查问卷，事先印制好固定格式的表格，逐项填写、汇总分析。该方法目的明确，针对性强，调查地点和调查对象的正确选择是调查结果真实可信的保证。

3. 实地观察法

实地观察法简称观察法，它是观察者有目的、有计划地运用自己的感觉器官或借助科学的观察仪器，能动地了解处于自然状态下的社会现象的方法。其优点是可以比较客观地收集资料，直接记录调查的事实和被调查者在现场的行为，调查结果更接近实际。其缺点是观察不到内在因素，只能报告事实的发生，不能说明其原因；比访问调查法花费多，调查时间长，要求观察者有较高的业务水平。

(1)直接观察法　这种方法常用来研究种子的外观品质、种子包装的设计和效果等。

(2)店铺观察法　这种方法是调查人员亲自站柜台或参加展览会、展销会、订货会等活动，观察并记录种子的实际销售情况、同类产品的发展情况、新品种的认可程度、种子的价格、广告宣传以及顾客的活动情况，及时发现本单位种子销售好坏的原因，为改进市场营销管理提供可靠依据。

(3)实际痕迹测量法　这种方法是通过对某项活动留下的实际痕迹来观察调查情况。例如，某一种子公司在几种报纸杂志上刊登同一农作物的广告，在广告下面附有一张表格或调查回执单，请阅读者填写并寄回企业有关部门，便于企业了解在哪种媒体上刊登广告最为有效，为今后选择广告媒体和测定广告效果提供可靠资料。为了增加信息反馈的数量，可以把寄给企业的回条作为购买种子的优惠卡。

4. 实验法

实验法是从营销调查问题的许多因素中选出一个或两个因素，将它们置于一定条件下进行小规模的实验，然后对实验结果做出分析，研究是否大面积推广。实验法是种子市场调查工作中经常使用的一种调查方法，如新品种推广、种子包装、价格、广告、陈列方法等因素，都可应用这种方法。它包括5个基本要素：实验者(主持实验的人员)、实验对象、实验环境、实验活动、实验监测。该方法具有科学性强、可重复等优点，但也有成本高、实验环境难以控制等缺点。

5. 文献调查法

文献调查法又称文献法，它是利用文献间接收集资料的方法，即种子市场调查人员从农业的各种档案、报纸、刊物、报表以及网络等社会信息中采集与种子市场相关的资料。文献调查法比较适合市场调查初步情况分析。

6. 现代信息技术法

现代信息技术法是充分利用现代网络技术和通信设备进行调查的方法，即利用现代电子邮件、QQ、手机信息等进行调查。

三、调查抽样的方法

在组织市场营销调查的具体方式方面，抽样调查最为常用。抽样调查，即在调查总体单位中，按照随机取样的方法，抽取一定数目的单位，并以其调查结果推断总体的调查方式。调查抽样采取的是随机取样方法。其形式有简单随机取样、等距抽样、分层抽样和分群抽样。简单随机抽样是在总体单位中完全按纯粹偶然的机会抽取样本。等距抽样是将总体单位编号后，用样本单位数去除总体单位数，获得抽样距离，从总体单位编号中任抽一个号为起点，再按照抽样距离定样本。分层抽样是将总体单位按一定标志分层，然后从每层中随机抽取样本的形式，每层取样数目＝该层个体数×总抽样数/总体中个体数。分群抽样是将总体单位按一定的标准(如地区、单位)划分为若干群，然后从各群中抽取样本，抽中的群内所有单位均为所抽的样本单位。

四、调查方案设计

调查的总体方案设计是对调查工作各个方面和全部过程的通盘考虑，包括整个调查工作过程的全部内容。调查总体方案是否科学、可行，是整个调查成败的关键。市场调查总体方案设计主要包括下述几个内容：确定调查目的、确定调查对象和调查单位、确定调查项目、制订调查提纲或调查表、确定调查时间和调查工作期限、确定调查地点、确定调查方式和方法、确定调查资料整理和分析方法、确定提交报告的方式、制订调查的组织计划。

1. 确定调查目的

明确调查目的是调查设计的首要问题，只有确定了调查目的，才能确定调查的范围、内容和方法，否则就会列入一些无关紧要的调查项目，而漏掉一些重要的调查项目，无法满足调查的要求。例如，1990 年我国第四次人口普查的目的就规定得十分明确，即准确地查清第三次人口普查以来我国人口在数量、地区分布、结构和素质方面的变化，为科学地制定国民经济和社会发展战略与规划，统筹安排人民的物质和文化生活，检查人口政策执行情况提供可靠的依据。可见，确定调查目的，就是明确在调查中要解决哪些问题，通过调查要取得什么样的资料，取得这些资料有什么用途等问题。衡量一个调查设计是否科学的标准，主要就是看方案的设计是否体现调查目的的要求，是否符合客观实际。

2. 确定调查对象和调查单位

明确了调查目的之后，就要确定调查对象和调查单位，这主要是为了解决向谁调查和由谁来具体提供资料的问题。调查对象就是根据调查目的、任务确定调查的范围以及所要调查的总体，它是由性质上相同的许多调查单位所组成的。调查单位就是所要调查的社会经济现象总体中的个体，即调查对象中的一个个具体单位，它是要调查登记的各个调查项目的承担者。例如，为了研究某市各种子门店的经营情况及存在的问题，需要对全市种子门店进行全面调查，那么，该市所有种子门店就是调查对象，每一个种子门店就是调查单位。

3. 确定调查项目

调查项目是指对调查单位所要调查的主要内容，确定调查项目就是要明确向被调查者了解些什么问题。调查项目一般表述为调查单位的各个标志的名称。例如，在消费者调查中，消费者的性别、民族、文化程度、年龄、收入等可归类为品质标志和数量标志。品质标志说明事物质的特征，不能用数量表示，只能用文字表示，如上例中的性别、民族和文化程度；数量标志表明事物的数量特征，它可以用数量来表示，如上例中的年龄和收入。标志的具体表现是指在标志名称之后所表明的属性或数值，如上例中消费者的年龄为30岁或50岁，性别是男性或女性等。

在确定调查项目时，除要考虑调查目的和调查对象的特点外，还要注意以下几个问题：

(1)确定的调查项目应当既是调查任务所需，又是能够取得答案的。凡是调查目的需要又可以取得的调查项目要充分满足，否则不应列入。

(2)项目的表达必须明确，要使答案具有确定的表示形式，如数字式、是否式或文字式等。否则，会使被调查者产生不同理解而做出不同的答案，造成汇总时的困难。

(3)确定调查项目应尽可能做到项目之间相互关联，使取得的资料相互对照，以便了解现象发生变化的原因、条件和后果，便于检查答案的准确性。

(4)调查项目的含义要明确、肯定，必要时可附以调查项目解释。

4. 制订调查提纲或调查表

当调查项目确定后，可将调查项目科学地分类、排列，制订调查提纲或调查表，方便调查登记和汇总。

调查表一般由表头、表体和表脚3个部分组成。

表头包括调查表的名称、调查单位(或填报单位)的名称、性质和隶属关系等。表头上填写的内容一般不作统计分析之用，但它是核实和复查调查单位的依据。

表体包括调查项目、栏号和计量单位等，它是调查表的主要部分。

表脚包括调查者或填报人的签名和调查日期等，其目的是明确责任，一旦发现问题，便于查寻。

调查表分单一表和一览表两种。单一表是每张调查表只登记一个调查单位的资料，常在调查项目较多时使用。它的优点是便于分组整理；缺点是每张表都注有调查地点、时间及其他共同事项，造成人力、物力和时间的耗费较大。一览表是一张调查表可登记多个单位的调查资料。它的优点是当调查项目不多时，能使人一目了然，还可将调查表中各有关单位的资料相互核对；其缺点是对每个调查单位不能登记更多的项目。

调查表拟订后，为便于正确填表、统一规格，还要附填表说明。内容包括调查表中各个项目的解释、有关计算方法以及填表时应注意的事项等。填表说明应力求准确、简明扼要、通俗易懂。

5. 确定调查时间和调查工作期限

调查时间是指调查资料所属的时间。如果所要调查的是时期现象，就要明确规定资料所反映的是调查对象从何时起到何时止的资料。如果所要调查的是时点现象，就要明确规定统一的标准调查时点。

调查工作期限是规定调查工作的开始时间和结束时间，包括从调查方案设计到提交调查报告的整个工作时间，也包括各个阶段的起始时间。其目的是使调查工作能及时开展、按时完成。为了提高信息资料的时效性，在可能的情况下，调查工作期限应适当缩短。

6. 确定调查地点

在调查方案中，还要明确规定调查地点。调查地点与调查单位通常是一致的，但也有不一致的情况，当不一致时，尤有必要规定调查地点。

7. 确定调查方式和方法

在调查方案中，还要规定采用什么组织方式和方法取得调查资料。收集调查资料的方式有普查、重点调查、典型调查、抽样调查等。具体调查方法有文案法、访问法、观察法和实验法等。在调查时，采用何种方式、方法不是固定和统一的，而是取决于调查对象和调查任务。在市场经济条件下，为准确、及时、全面地取得市场信息，尤其应注意多种调查方式的结合运用。

8. 确定调查资料整理和分析方法

采用实地调查方法收集的原始资料大多是零散的、不系统的，只能反映事物的表象，无法深入研究事物的本质和规律性，这就要求对大量原始资料进行加工汇总，使之系统化、条理化。目前这种资料处理工作一般已由计算机进行，这在设计中也应予以考虑，包括采用何种操作程序以保证必要的运算速度、计算精度及特殊目的。

随着经济理论的发展和计算机的运用，越来越多的现代统计分析手段可供我们在分析时选择，如回归分析、相关分析、聚类分析等。每种分析技术都有其自身的特点和适用性，因此应根据调查的要求，选择最佳的分析方法并在方案中加以规定。

9. 确定提交报告的方式

主要包括报告书的形式和份数、报告书的基本内容、报告书中图表的数量等。

10. 制订调查的组织计划

调查的组织计划是指为确保实施调查的具体工作计划，主要是指调查的组织领导、调查机构的设置、人员的选择和培训、工作步骤及其善后处理等。必要时，还必须明确规定调查的组织方式。

任务2　市场调查前的准备

【任务目标与质量要求】

(1)根据种子企业市场调查的主题,为将开展的种子市场调查活动设计一份市场调查问卷。要求问卷结构、格式设计规范,问卷设计正确可行。

(2)学徒在师傅的指导下,能够完成调查问卷设计,掌握实施市场调查前的人员组织工作的流程。

【学习产出目标】

(1)熟知种子市场调查问卷设计的基本程序和技巧。了解正确选择市场调查人员的要求、人员的分工及职责;了解培训内容和方法。

(2)设计一份较高质量的种子市场调查问卷。

(3)协助种子企业组建市场调查队伍和进行人员培训。

【工作程序与方法要求】

正式进行种子市场调查前的准备工作有设计种子市场调查问卷、组建市场调查队伍、进行人员培训等。工作程序如下:

1. 设计种子市场调查问卷

问卷设计质量的高低,将对信息或数据的准确性、可靠性产生影响,最终影响种子市场调查的质量。一般问卷设计应该包括8个步骤,见图3-1-2。

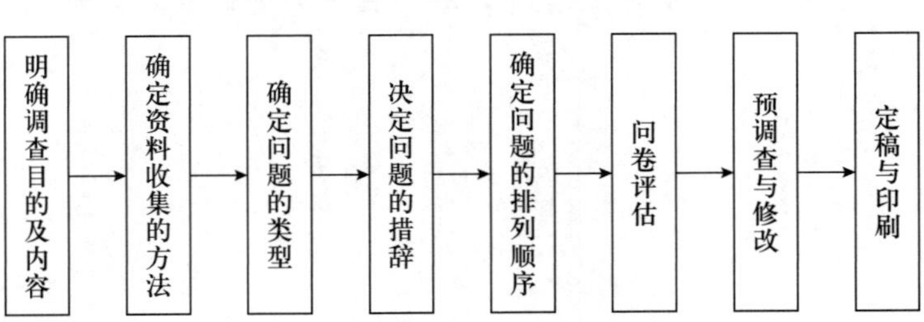

图3-1-2　问卷设计的步骤

第一步：明确调查目的及内容。

首先要明确调查的目的和内容，这一步骤的实质其实就是规定设计问卷所需的信息，这同时也是方案设计的基础，然后才能准确地设定调查问题。调查问题需要包括受调查人的分群（批发商、代理商、零售商、农民、农场、合作社等）、消费需求（主要有种子产品、价格、促销和分销的需求）、竞争对手的情况等。

第二步：确定资料收集的方法。

不同的调查方法决定了不同的问卷设计。拦截访问、电话调查、面谈访问、网上调查等不同的调查类型，其问卷设计就不一样，或问题简短，或问题较长、较复杂。

第三步：确定问题的类型。

一般来说，调查问卷的问题有两种类型：开放性问题和封闭性问题。

开放性问题，又称无结构的问答题，即被调查者用他们自己的语言自由回答，不具体提供选择答案的问题。例如：您为什么喜欢华西种子的电视广告？您对我国目前的国有种子企业体制改革有何看法？开放性问题可以让被调查者充分地表达自己的看法和理由，并且比较深入，有时还可获得研究者始料未及的答案。它的缺点有：收集到的资料中无用信息较多，难以统计分析；面访时调查员的记录直接影响到调查结果；由于回答费事，可能遭到拒答。因此，开放性问题在探索性调查中是很有帮助的，但在大规模的抽样调查中，它就弊大于利了。

封闭性问题，又称有结构的问答题，它规定了一组可供选择的答案和固定的回答格式。例如：您购买新品种时最关注什么？ (A)价格 (B)种子质量 (C)品种品质 (D)抗病性 (E)其他________(请注明)。封闭性问题的优点有：答案是标准化的，对答案进行编码和分析都比较容易；回答者易于作答，有利于提高问卷的回收率；问题的含义比较清楚。因为所提供的答案有助于理解题意，这样就可以避免回答者由于不理解题意而拒绝回答。封闭性问题也存在一些缺点：回答者对题目理解不正确的，难以觉察出来；可能产生“顺序偏差”或“位置偏差”，即被调查者选择答案可能与该答案的排列位置有关。研究表明，对陈述性答案，被调查者趋向于选第一个或最后一个，特别是第一个；而对一组数字（数量或价格），则趋向于取中间位置的。为了减少“顺序偏差”，可以准备几种形式的问卷，每种形式的问卷答案排列的顺序都不同。

按照方便被调查人回答和愿意回答的问卷设计原则，问卷问题应以封闭性问题为主，开放性问题可以没有或不超过1～2题，且放在问卷最后。封闭性问题有单项选择题、多项选择题、顺序题、评判题等，常用的是单项选择题和多项选择题。

第四步：决定问题的措辞。

问题的内容：行为性问题、动机性问题、态度性问题。

提问的方式：直接性提问、间接性提问、假设性提问。

答案的设计：封闭式、开放式、半开放半封闭式。

问题设计应注意:①问题要提得清楚、明确、具体;②要明确问题的界限与范围,问句的字义(词义)要清楚,否则容易误解,影响调查结果;③避免使用贬义词,避免用词含糊不清,避免一个问题包含二问,避免使用冗长复杂的句子;④避免问题提法中包含没有根据的假设;⑤避免用引导性或倾向性的问题;⑥避免直接提出困窘性问题;⑦考虑被调查者回答问题的能力。

第五步:确定问题的排列顺序。

问卷每一部分的安排都具有一定的逻辑性,主要遵循的原则是:①简单易答的问题放在前面;②激发兴趣的问题放在前面;③对方熟悉的问题放在前面;④先问行为,再问意见看法;⑤个人背景资料放在后面;⑥开放式问题放在最后面。

第六步:问卷评估。

问卷草稿制订出来后,应回过头来做一些批评性评估。如问题是否必要、是否太长,问题是否满足调查目标信息需求,问题是否排列合理,后续统计和分析是否易于操作,开放性问题是否留有足够空间,问卷字体和外观是否简洁雅观。

第七步:预调查与修改。

当问卷获得企业管理层的认可后,还必须进行预先测试,发现问卷中存在的错误、不连贯的地方,封闭性问题是否有遗漏的选项以及回答者的一般反应。

第八步:定稿与印刷。

测试得到认可后,问卷就可以正式定稿,并进行印刷。

2. 组建市场调查队伍

包括项目负责人、督导、调查员、复核员等。

3. 进行人员培训

通过适当的培训,培养调查员市场调查的工作兴趣,提高工作技能,降低拒访率,使调查工作更加高效。

(1)培训内容　主要是种子市场调查业务培训和职业道德培训。种子市场调查业务培训包括项目方案介绍、问卷的熟悉和试填写、调查实施的技巧(接近技巧、提问及谈话技巧、记录技巧等);职业道德培训包括思想道德方面(实事求是、不弄虚作假,诚实守信、保守秘密,谦虚谨慎、礼貌待人等)和性格修养方面(耐心细致、不急不躁等)的内容。

(2)培训方式　集中讲授、以会代训、以老带新、模拟训练、实习锻炼等。

【业务知识】

一、调查问卷的概念

调查问卷又称调查表或询问表,是指调查者根据一定的调查目的和要求,按照一定的理论和假设设计出来的向被调查者收集资料的一种工具。调查问卷由一系列的问题、调查项目备选答案及说明所组成。采用问卷进行调查是国际通行的一种调查方式,也是我国近年来推行最快、应用最广的一种调查手段。

二、调查问卷的功能

(1)能正确反映调查目的,问题具体,重点突出,能使被调查者乐意合作,协助达到调查目的。

(2)能正确记录和反映被调查者回答的事实,提供正确的情报。

(3)统一的问卷便于资料的统计和整理。

三、调查问卷的特点

(1)简便易行较经济。

(2)数据客观,信息真实可靠。

(3)调查结果易量化,便于统计处理与分析。

四、调查问卷的种类

按调查方式划分,调查问卷包括自填式问卷和代填式问卷。

自填式问卷由被调查人员自己填写,代填式问卷由调查人员代为填写,二者的区别见表 3-1-4。

表 3-1-4　自填式问卷与代填式问卷调查的区别

项目	自填式问卷调查			代填式问卷调查	
	网络问卷调查	邮寄问卷调查	发送调查问卷	面谈问卷调查	电话问卷调查
调查范围	很广	较广	窄	较窄	可广可窄
调查对象	难控制和选择,代表性差	有一定控制和选择,但回复问卷代表性难以估计	可控制和选择,但过于集中	可控制和选择,代表性较强	可控制和选择,代表性较强
影响回答的因素	无法了解、控制和判断	难以了解、控制和判断	有一定了解、控制和判断	便于了解、控制和判断	不太好了解、控制和判断
回复率	低	较低	高	高	较高
回答质量	较高	较高	较低	不稳定	很不稳定
投入人力	较少	较少	较少	多	较多
调查费用	较低	较高	较低	高	较高
调查时间	较长	较长	短	较短	较短

五、调查问卷的结构

1. 调查问卷的基本结构

一份完整的问卷,一般包括标题、引言、正文、附录、结束语等内容。

(1)标题　概括说明调查的研究主题。

(2)引言　①问候语,也叫问卷说明,包括称呼、问候,访问员介绍调查目的、回答的意义和重要性、所需时间,致谢等,作用是引起被调查者的兴趣和重视,消除顾虑,激发调查对象的参与意识,在说清内容的情况下尽量简短;②填写说明,在自填式问卷中必须详细,包括如何填写问卷,如何提交问卷;③问卷编号以便于校对检查、更正错误。

(3)正文　是调查问卷的主体部分,主要由一个个精心设计的问题和答案组成。

(4)附录　对调查过程中有关人员和事项的记录,一般包括调查时间、地点,调查员姓名,被调查者的姓名、地址、联系方式,审核员姓名等信息的记录。

(5)结束语　最后告知被调查者调查活动已经结束,并对被调查者的配合再次表示感谢。

2. 问卷问题的形式

调查问卷提问的方式可以分为以下两种:

(1)封闭式提问　也就是在每个问题后面给出若干个选择答案,被调查者只能在这些备选答案中选择自己的答案。封闭式问题的答案要具有穷尽性和互斥性,一方面要包括所有可能的回答,不能有所遗漏;另一方面各种答案互不相容,不能出现重叠。

(2)开放式提问　就是允许被调查者用自己的话来回答问题。由于采取这种方式提问会得到各种不同的答案,不利于资料统计分析,在调查问卷中不宜过多。

一般来说,大规模正式调查所用的问卷通常以封闭式问题为主,开放式问题常常用在小规模的探索性调查的问卷中。

3. 问题的种类、结构

(1)问题的种类　①背景性的问题,主要是被调查人个人的基本情况;②客观性问题,指已经发生和正在发生的各种事实和行为;③主观性问题,指人们的思想、态度、感情、愿望等主观方面的问题;④检验性问题,指为检验回答是否真实、准确而设计的问题。

(2)问题的结构　①按问题的性质和类别排列;②按问题的复杂程度和困难程度排列;③按问题的时间顺序排列。

4. 问题排列原则

先封闭式问题,后开放式问题;先一般性问题,后敏感性问题;先简单的问题,后复杂的问题;先总括性问题,后特定性问题。

5. 问题答案设计原则

(1)互斥性原则　同一问题若干个答案之间的关系是相互排斥的,不能出现重叠、交叉、包含等情况。

(2)完备性原则(穷尽性原则)　所排列出的答案应包括问题的全部表现,不能有遗漏。

(3)明确性原则　答案设计应明确。如果是非此即彼类的,采用二选一;如果是问频率类的,最好有具体量化的选择,比如“一天一次”,而不要用“经常、有时”这类笼统的词汇。

六、市场调查人员

1. 市场调查人员挑选的必要性

在市场调查中,调查人员本身的素质、观念、条件、责任心等都在很大程度上制约着市场调查作业的质量,影响着市场调查结果的准确性和客观性。因此加强市场调查人员的组织管理是市场调查过程中的一项重要工作。

2. 优秀调查人员的条件

(1)形象好,有礼貌,沟通能力强。

(2)性格外向,精力充沛,自信心强,勤劳勇敢,勇于挑战异议,具有抵抗挫折的能力。

(3)诚实可靠,办事一丝不苟。

【业务经验】

调查问卷设计技巧

(一)调查问卷设计的原则

(1)问卷上所列问题应该都是必要的,可要可不要的问题不要列入。

(2)所问问题应是被调查者所了解的,不应是被调查者不了解或难以答复的问题。使人感到困惑的问题会得到“我不知道”的答案。在“是”或“否”的答案后应有一个“为什么”。回答问题所用时间最多不超过半小时。

(3)在询问问题时不要转弯抹角。如果想知道顾客为什么选择你的店铺买种子,就不要问:“你为什么不去张三店铺购买种子?”你这时得到的答案是他们为什么不喜欢张三店铺的种子,但你想了解的是他们为什么喜欢你店铺的种子。根据顾客对张三店铺种子的看法来了解顾客为什么喜欢你店铺的种子可能会导致错误的推测。

(4)注意询问的措辞和语气。在询问的措辞和语气方面,一般应注意以下几点:问题要提得清楚、明确、具体;要明确问题的界限与范围,问句的字义(词义)要清楚,否则容易误解,影响调查结果;避免用引导性问题或带有暗示性的问题,诱导人们按某种方式回答问题以得到你想得到的答案;避免提使人尴尬的问题;对调查的目的要有真实的说明,不要说假话;要尽可能理解他们所说的一切;利用问卷做面对面访问时,要注意给回答问题的人足够的时间讲完要讲的话;为了保证答案的准确性,应将答案向调查对象重念一遍;不要对任何答案做出负面反应,如果答案使你不悦,不要显露出来。如果别人回答“从未听说过你的产品”,那说明他们应该没听说过。这可能正是你要做调查的原因。

（二）调查问卷的设计要求

在设计调查问卷时，设计者应该注意遵循以下基本要求：

(1)问卷不宜过长，问题不能过多，一般控制在20分钟左右回答完毕。

(2)能够得到被调查者的密切合作，充分考虑被调查者的身份背景，不要提对方不感兴趣的问题。

(3)要有利于使被调查者做出真实的选择，因此答案切忌模棱两可，使对方难以选择。

(4)不应使用专业术语，也不应将两个问题合并为一个，以至于得不到明确的答案。

(5)问题的排列顺序要合理，一般先提出概括性的问题，逐步启发被调查者，做到循序渐进；先封闭式问题后开放式问题。

(6)将比较难回答的问题和涉及被调查者个人隐私的问题放在最后。

(7)提问不能有任何暗示，措辞要恰当。

(8)为了有利于数据统计和处理，调查问卷最好能直接被计算机读取，以节省时间，提高统计的准确性。

（三）调查问卷提问技巧

(1)避免一句多问现象；

(2)避免做出假设前提；

(3)避免使用专业词汇；

(4)避免提一般性问题；

(5)避免使用不确切的词；

(6)避免提诱导性问题；

(7)避免存在过多计算；

(8)避免提时间久远的问题；

(9)避免直问敏感问题。

【典型案例】

问卷名称的确定：新疆种子市场调查问卷(农户专用)

问卷前言内容的设计：

您好！

为了加强新疆职业技术学院学生的实际操作技能，进一步了解新疆种子市场状况，特做此次调研，希望您能予以配合，非常感谢！

正文内容设计：

1. 您种植的农作物主要以(打√)为主。

粮食作物、经济作物、饲料作物

2. 您种植的农作物品种包括：(打√)

小麦、玉米、黄豆、蚕豆、豌豆、向日葵、油葵、棉花、马铃薯、孜然、洋葱、葫芦、西瓜、甜瓜、黄瓜、苦瓜、番茄、(甜)辣椒、茄子、白菜、萝卜、花卉等。

3. 您家种植的农作物面积一般是：(打√)

A. 10 亩　　B. 10～20 亩　　C. 20～30 亩　　D. 30～40 亩

E. 40～50 亩　　F. 大于 50 亩

4. 您制种的面积是：(打√)

A. 小于 1 亩　　B. 2～3 亩　　C. 3～5 亩　　D. 5～8 亩

E. 8～10 亩　　F. 大于 10 亩

5. 您制种的面积占您耕种总面积约：(打√)

A. 1/20　　B. 1/15　　C. 1/10　　D. 1/8

E. 1/5　　F. 1/3　　G. 1/2　　H. 全部

6. 您选择种植品种时主要考虑的因素是(限选择 1～4 项)：(打√)

A. 公司信誉　　B. 价格　　C. 产量　　D. 用工

E. 用水　　F. 质量要求　　G. 其他投入　　H. 操作难易

7. 您经常购买种子的方式是：(打√)

A. 直接到种子公司　B. 别人代买　　C. 很随意　　D. 别人介绍

E. 买(兑换)当地自留种子　　F. 外地寄种

8. 您制种的作物有：(打√)

玉米、番茄、(甜)辣椒、西葫芦、南瓜、西瓜、甜瓜、黄瓜、苦瓜、萝卜、胡萝卜、甜菜、油菜、生菜、莴苣、甘蓝、菜心、茼蒿、花卉、苜蓿、豌豆、四季豆、豇豆__________等。

9. 您制种的收入每年为：(打√)

A. 少于 3 000 元　　B. 3 000～5 000 元　　C. 5 000～8 000 元　　D. 8 000～1 万元

E. 1 万～2 万元　　F. 2 万～3 万元　　G. 大于 3 万元

10. 您家每年平均每人制种收入为：(打√)

A. 2 000～3 000 元　B. 3 000～4 000 元　　C. 4 000～5 000 元

D. 5 000～6 000 元　E. 大于 6 000 元

11. 您认为玉米种子多大包装是合适的？(打√)

A. 3 千克　　B. 5 千克　　C. 6 千克

D. 8 千克　　E. 10 千克

12. 您喜欢与何种性质的种子商打交道:(打√)

A. 国有种子公司　　B. 涉外种子公司

C. 私营种子公司　　D. 熟悉的种子生产个人

结束部分:

被调查者年龄:(打√)

A. 20岁以下　　B. 20～30岁　　C. 31～40岁

D. 41～50岁　　E. 50岁以上

被调查者性别:(打√)

A. 男　　B. 女

请填写您的姓名:________

时间:____年__月__日

访问地点:______________

调查员声明:

在调查中我按照规定(即调查程序)向被询问者如实询问了相关问题,并如实记录了所有答案。调查中所有信息,我们保证不对外公开。

调查员签名:______________

任务3　实施调查

【任务目标与质量要求】

根据种子市场调查计划和调查问卷,能够进行种子市场调查访问,有效收集实地调查资料。要求调查安排周密、可行,案头调查资料全面、有效,能够有效完成调查任务。

【学习产出目标】

(1)熟知种子市场调查的实施过程,熟悉访问调查的具体应用,能够胜任访问调查员工作。

(2)能够进行有效的实地访问收集调查资料,并对资料进行整理统计。

【工作程序与方法要求】

实施调查的操作流程包括调查准备、实施调查、过程监控。

调查准备 → 实施调查 → 过程监控

1. 调查准备

（1）熟悉调查提纲。调查人员必须对调查内容进行全面了解，只有熟悉内容，才能清晰、熟悉地进行介绍，赢得调查对象的信赖。

（2）了解相关知识。依据调查内容不同要了解相关知识，有时还要实地考察一番。

（3）安排时间、地点和路线。依据调查方案的要求，选择调查时间、地点和路线，以便进行实地调查。

（4）准备调查工具。需要带问卷、笔、笔记本、硬板、照相机、录像机等。

（5）了解有关执业规则。尊重被调查者的权利：自愿、匿名，让其了解调查人员的真实身份、目的，对未成年人调查需要监护人的同意等。

2. 实施调查

（1）首先进行案头调查。调查时首先考虑案头调查，因为实地调查虽然有利于企业获得客观性、准确性较高的资料，但是周期长、费用大。而案头调查可以以较快的速度和较低的费用得到二手资料，是一般市场调查不可缺少的基础和前道工序（初步情况分析）。

（2）实施调查。实施要点有：①如何接近经销商或农户；②如何提出问题；③如何记录答案；④如何结束调查；⑤如何处理现场问题；⑥如何对待拒访者。

进行调查访问的一般顺序是：首先自我介绍，说明来意，作为对话的开始；其次调查人员开始提问或要求被调查者填写调查问卷，做好记录，这是调查的主体；再次与被调查者就前面一些未得到满意回答的问题展开简短而非正式的自由讨论，引导和鼓励对方回答之前不愿意提供答案的问题，并记录被调查者背景资料与电话；最后感谢被调查者的配合，并送出礼品，调查才能结束。

3. 过程监控

（1）进度监控　根据每天完成的问卷数及调查进度安排来判断调查是否符合进度要求，提出针对性的意见和建议。督导应该将每天的监督检查情况进行详细记录，并向调查项目负责人报告。如果可能无法按预期的进度完成的话，要事先通知有关部门和单位。调查项目负责人根据每天的调查实施情况做出反应，提出反馈意见。如有必要，应对调查计划加以调整。

(2)质量监控　对调查实施过程来说,最重要的是收集到高质量的数据,所以除了进行认真而严格的培训外,还要采取充分的措施以保证调查员确实能按照培训中所要求的方法和技术进行调查访问。

【业务知识】

一、种子市场调查资料的收集

种子市场情报资料一般也分为两类。第一手资料,又称原始资料,是调查人员通过现场实地调查所收集的资料。第二手资料是他人为某种目的而收集并经过整理的资料。种子市场第二手资料的来源有:

(1)种子经营企业内部资料,包括企业内部各有关部门的记录、统计表、报告、财务决算、用户来函等。

(2)政府机关的统计资料,如统计公报、统计资料汇编、农业年鉴等。

(3)公开出版的报纸、杂志、书籍等。

(4)种子市场研究机构、广告公司等公布的资料。

(5)种子行业协会公布的行业信息。

(6)政府公开发布的有关政策、法规、条例规定以及规划、计划等。

(7)信息网络或情报网、供应商、分销商提供的情报资料。

(8)农业展览会、展销会公开发送的资料。

二、调查进度监控

调查进度监控就是为了保证调查工作严格按进度进行,避免出现前紧后松或前松后紧的现象,做到每天的调查工作均衡进行,以确保调查工作质量。

调查人员所要完成的工作量既要保证进度又要保证质量,也应有一个限制范围。确定调查员每天应完成的工作量主要从以下几个方面考虑:①调查员的工作能力;②调查员的责任心;③调查问卷的复杂程度;④调查的方式;⑤调查的区域和时段。

三、调查质量监控

调查质量监控以调查结果为对象,以消除调查结果的差错为目标,通过一定的方法和手段,对调查过程进行严格控制,对调查结果进行严格审查和订正。

质量控制包括设计阶段的质量控制、调查实施阶段的质量控制、资料整理阶段的质量控制。调查实施阶段的质量控制,首先要做好调查前的准备工作,如对调查对象进行初步了解,收集调查背景资料以及准备好调查工具等;其次要对调查员进行严格的选择和培训,建立一支在思想上和业务上过硬的调查队伍;最后在调查过程中,根据不同的调查方法，采取相应的控制措施。

调查实施进度与质量控制见图 3-1-3。

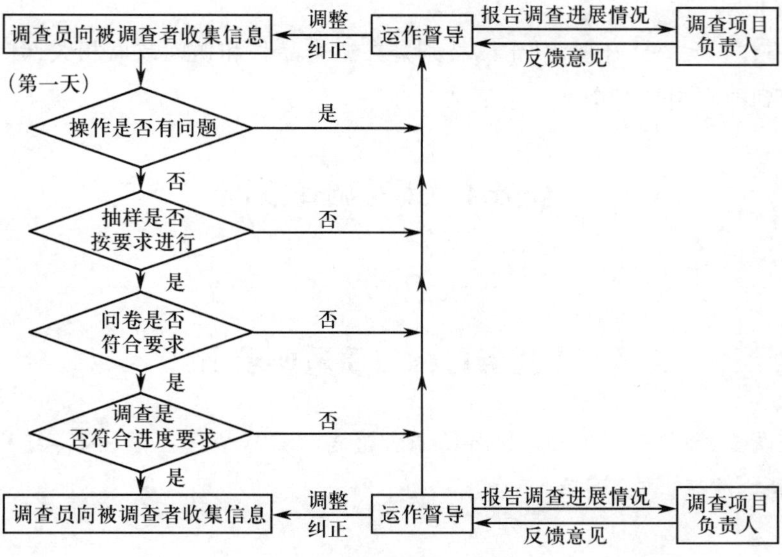

图 3-1-3 调查实施进度与质量控制

【业务经验】

种业信息采集应注意的问题

1. 采集真实信息

市场调查是为了更准确地采集真实的信息，供企业分析决策，因此，调查时一定要选择忠诚、可靠的个人和相关组织，以免提供虚假、错误信息，影响调查结论，给决策带来负面影响。

2. 选择有代表性的调查目标和目标市场

(1)市场调查要选择具有代表性的个人或组织，才能使获得的信息具有代表性。

(2)市场调查要选择具有代表性的目标区域市场，并对该目标区域市场的种植而积、市场容量、购种时间、种植习惯进行初步了解，以便反馈信息进行正确分析和利用。

3. 做好调查信息收集准备工作

(1)进行相关培训和制度管理。市场调查时，对相关人员要进行必要的培训和制度管理，并给予一定的激励以提高忠诚度和可信度，从而提高信息的准确度。

(2)了解基本情况。适当了解当地风土人情、种植品种、产量水平、种植习惯、主要病虫害等。

(3)准备好调查记录等必用器材(笔、记录本、录音设备等)。

4. 注重调查过程管理

注意人员和时间的合理安排，要求调查人员集中精力、认真负责地完成任务。

5. 保存记录

除了“望、闻、问”外，还要多“记”，特别是在调查品种和访问政府相关部门时，要把看到、听到、想到的有用情况全部记录下来。

任务4 撰写调查报告

【任务目标与质量要求】

根据调查资料撰写种子企业市场调查报告。要求立题正确，内容结构合理，资料正确，表达准确，结论明确。

【学习产出目标】

(1)熟知种子市场调查报告撰写的基本格式和技巧。

(2)撰写种子企业的一份市场调查报告。

【工作程序与方法要求】

撰写市场调查报告的操作流程如下：

构思选题 → 选取数据资料 → 拟定提纲 → 撰写报告初稿 → 修改定稿

1. 构思选题

种子市场调查报告的构思过程是将收集到的资料进行判断推理，根据调查目的，确立主题思想，进而确立观点，列出论点、论据。选题即市场调查报告的题目，题目要与主题一致。

2. 选取数据资料

种子市场调查报告的撰写必须根据数据资料进行分析。介绍情况要有数据作为依据；反馈问题要用数据做定量分析；建议和措施同样要用数据来论证其可行性及效益。恰当地选用数据可以使报告主题突出、观点明确、论据有力。因此，有无丰富、准确的数据资料做基础，是撰写报告成败的关键。

3. 拟定提纲

拟定提纲，即报告撰写者根据种子市场调查报告内容要求对其框架进行设计，也是对调查资料进一步分析研究的过程。提纲应围绕主题，从层次上列出报告的章、节、目，集中表现出报告的逻辑网络。提纲可以细化到目或更深层次，尤其要列出每层的小论点和主要支撑材料，这样在撰写报告时思路会比较清晰。

4. 撰写报告初稿

按照拟定好的提纲，在把握观点的基础上，运用恰当的表达方式和文字技巧，充分运用调查中的材料撰写调查报告初稿。初稿可以分层分段撰写，也可以由几个人分工合作撰写。

5. 修改定稿

修改定稿是对撰写好的种子市场调查报告反复进行修改和审定，包括整体修改、层次修改，文字润色，保证调查报告的质量和水平。修改好后就可以定稿，定稿的种子市场调查报告就可以提交给种子企业的决策者了。

【业务知识】

市场调查报告撰写

（一）市场调查报告的概念

市场调查报告是市场调查的最后成果，是用事实材料对所调查的问题做出系统的分析说明、提出结论性意见的一种表现形式，调查报告是调查结果的集中表现。

（二）撰写调查报告的意义

能否撰写一份高质量的调查报告，是决定调查本身成败与否的重要环节。市场调查报告撰写的意义归纳起来有 3 点。

(1)市场调查报告是市场调查所有活动的综合体现，是调查与分析成果的有形产品。调查报告是将调查研究的成果以文字和图表的形式表达出来，因此调查报告是市场调查成果的集中体现，并可以用作市场调查成果的历史记录。

(2)市场调查报告是通过市场调查分析，透过数据现象分析数据之间隐含的关系，使我们对事物的认识能从感性上升到理性，更好地指导实践活动。

(3)市场调查报告是为社会、企业、各管理部门服务的一种重要形式。市场调查的最终目的是写成市场调查报告呈报给企业的有关决策者，以便他们在决策时参考。一个好的调查报告，能对企业的市场活动起到有效的导向作用。

（三）种子市场调查报告的基本结构

种子市场调查报告一般由标题、概要、正文、结尾、附件等部分构成。

1. 标题

(1)标题的要求　标题就是调查报告的题目，由报告内容来决定，是画龙点睛之笔。它必须准确揭示调查报告的主题思想，做到题文相符；高度概括，具有较强的吸引力。

(2)标题的写法　标题的写法灵活多样，一般有两种：单标题与双标题。单标题就是调查报告只有一行的标题，一般是通过标题把被调查单位和调查内容明确而具体地表现出来。双标题就是调查报告有两行标题，采用正、副标题形式，一般正标题表达调查主题，副标题用于补充说明调查对象和主要内容。这种标题形式优点很多，正标题突出主题，副标题交代形势、背景，有时还可以烘托气氛，二者互相补充，因此成为调查报告中最常用的形式。

(3)标题的形式

①直叙式，即反映调查意向、调查项目或地点的标题。这种标题简明、客观，一般调查报告多采用这种标题。

②表明观点式，即直接阐明作者的观点、看法，或对事物进行判断、评价。

③提出问题式，即以设问、反问等形式，突出问题的焦点和尖锐性，吸引读者，促使读者思考，如“种子品牌问题说明了什么”。

2. 概要

概要即调查报告的内容摘要，主要包括以下 3 方面内容：第一，简要说明调查目的，即简要说明调查的原因；第二，简要介绍调查的对象和调查内容，包括调查时间、地点、对象、范围、调查要点及所要解答的问题；第三，简要介绍调查研究的方法，并说明选用该方法的原因，这有助于保证调查结果的可靠性。

3. 正文

正文是调查报告的主要部分。正文部分必须准确阐明全部有关论据，包括问题的提出，引出结论，论证的全部过程，分析研究问题的方法等。

(1)引言　引言即调查报告的开头，“万事开头难”，好的开头，既可使报告顺利展开，又能吸引读者。开头部分的写作方式很多，可根据情况适当选择。但不管怎样，开头部分应围绕这样几个问题：为什么进行调查；怎样进行调查；调查的结论如何。开头的形式有以下几种：

①开门见山，揭示主题。文章开始先交代调查的目的或动机，揭示主题。例如，2011 年 3 月我们对××区的服务进行满意度调查研究，目的是要有针对性地提高售后服务质量，稳定客户。

②结论先行，逐步论证。即将调查结论写出来，然后再逐步论证。这种开头形式观点明确，使人一目了然。

③交代情况，逐层分析。文章开头可先介绍背景，然后逐层分析，得出结论；也可交代调查时间、地点、对象、范围等情况，然后分析。这样可使读者先有一个感性认识，然后

再深入分析研究。

④提出问题,引入正题。用这种方式提出人们所关注的问题,引导读者进入正题。

(2)论述

①论述部分的重点。论述部分是调查报告的核心部分,它决定着整个调查报告质量的高低和作用的大小。论述部分的重点:通过调查了解到的事实,分析说明被调查对象的发生、发展和变化过程;调查的结果及存在的问题;提出具体的意见和建议。

②论述部分的写法。由于论述一般涉及的内容很多,文字较长,有时也可以用概括性或提示性的小标题,突出文章的中心思想。

③论述部分的主要内容。不管用多少个标题,论述部分大致可分为基本情况和分析两部分内容。基本情况部分要真实地反映客观事实,对调查资料做客观的介绍说明,或者是提出问题,其目的是要分析问题。分析部分是调查报告的主要部分,要对资料进行质和量的分析,通过分析了解情况,说明问题和解决问题。分析一般有3类情况:第一类是成因分析;第二类是利弊分析;第三类是发展规律或趋势分析。

4. 结尾

结尾部分是调查报告的结束语,一般有3种形式。①概括全文:综合说明调查报告的主要观点,深化文章的主题;②形成结论:在对真实资料进行深入细致的科学分析的基础上,得出报告结论;③提出看法和建议:通过分析,形成对事物的看法,在此基础上,提出建议或可行性方案。

5. 附件

附件是对正文报告的补充或更详尽的说明,包括数据汇总表及原始资料、背景材料和必要的工作技术报告。例如,可以把相应的问卷选一部分作为调查报告的附件。

【业务经验】

市场调查报告撰写的基本要求和技巧

(一)市场调查报告撰写的基本要求

(1)报告主题鲜明,结构合理;

(2)文字流畅,富有说服力;

(3)选材恰当,论据充分;

(4)重点突出,详略得当;

(5)版式简洁,便于阅读。

(二)撰写技巧

1. 叙述技巧

市场调查的叙述主要用于开头部分,通过叙述事情的来龙去脉表明调查的目的、过程和结果。通常的技巧如下：

(1)概括叙述　将调查的过程和情况概括地陈述，不需要对细节加以陈述。这是一种浓缩型的快节奏叙述，文字简略，以适应市场调查报告快速及时地反映市场变化的需要。

(2)按时间顺序叙述　按时间顺序交代调查的目的、对象和经过，前后连贯。

(3)叙述主体的省略　叙述主体在报告开头部分出现，在后面即可省略，这样不会导致误解。例如，报告的主体通常是报告撰写者，叙述中用第一人称即可。

2. 说明技巧

(1)数字说明　使用数字揭示事物之间的数量关系，是市场调查报告的主要特征。通常用表格和图形来说明数字。

(2)分类说明　根据主题的要求，将资料按一定的标准分为若干类，分别说明。

(3)举例说明　列举具体的、典型的事例来说明市场发展变化情况。

3. 议论技巧

(1)归纳论证　运用归纳法对市场调查过程中掌握的若干具体的事实进行分析论证，得出结论。

(2)局部论证　将市场调查的项目分成若干部分，对每一部分分别进行论证，得出结论。市场调查报告不同于论文，不可能形成全篇论证，只是在情况分析和对未来预测中做出局部论证。例如，对市场情况从几个方面进行分析，每一方面形成一个论证过程，用数据等资料作为论据去证明其结论，形成局部论证。

4. 语言运用技巧

市场调查报告不是文学作品，而是一种说明文体，有着自己语言风格，其常用的语言技巧如下：

(1)用词技巧　市场调查报告用得比较多的是数词、介词(“根据”“为”“对”“从”等)和专业词(“市场竞争”“价格策略”“市场细分”等)，撰写者应当灵活适当地使用。报告用词除了生动形象、通俗易懂外，还应该严谨和简洁，切忌使用“大概”“也许”“差不多”之类的词，给人产生不确切、不严谨的感觉。

(2)句式技巧　市场调查报告以陈述句为主，陈述调查的过程和市场情况，表示肯定或否定的判断，在建议部分可使用祈使句表示某种愿望。

此外，从整体上说，撰写者还要注意语言表达的连贯性和逻辑性。

【典型案例】

中国种子集团有限公司市场营销环境分析

背景:企业营销活动成败的关键,很大程度上取决于企业能否适应不断变化的市场营销环境。现代企业是社会经济组成的成分之一,是一个开放的系统,它在营销活动过程中必然与社会的其他系统、与它所处的市场环境的各个方面,都有着千丝万缕的联系,因此环境因素必然对企业的营销活动有重大影响。这些营销环境因素对企业的营销管理来说是不可控制的变数,许多企业的发展壮大,就是因为善于变化而适应市场。而在市场经济发展中,也有部分企业由于对市场环境的变化预测不及时,或者虽然预测到,但没有采取相应的对策,从而造成企业的极大被动。

中国种子集团有限公司在市场经济的大潮中,面临国内种业企业纷纷重组、强强联合,跨国种子集团纷纷进入中国市场,整个种子市场诸侯割据的局面。作为国内种业的龙头企业,中国种子集团有限公司如何面对已近白热化的市场竞争,如何与来势汹汹的外资企业争抢有限的市场份额,如何适应纷繁多变的市场营销环境并制定相应的战略规划,如何引领国内众多中小种子企业为广大农民服务,有效地解决“三农”问题,将是中国种业未来发展的关键所在。

一、公司介绍及营销现状分析

(一)公司介绍

中国种子集团有限公司(简称“中种集团”)是经国家经贸委批准,国家工商行政管理局核准注册的,以种子及其优质农产品的科研、开发、生产、经营为主业,国内外贸易相结合的大型国有企业。公司成立于1978年,1988年和1994年分别加入国际种子贸易联合会和亚太地区种子协会,是这两个国际组织的正式会员并拥有执委席位,也是中国国际贸易促进委员会和中国食品土畜进出口商会及中国种子贸易协会的正式会员。公司主要从事农业种子、苗木、优质农副产品、饲料、草坪、花卉、农业生产资料、农用和种子机械设备、仪器仪表、农用运输工具等进出口及其国内经营业务,以及上述商品的技术进出口、代理进出口、补偿贸易、对销贸易、转口贸易业务和上述范围的自行进出口产品、易货换进商品、国内生产的替代进口产品的国内销售。

公司已与世界上40多个国家和地区的100多家种子和商贸公司建立有业务联系,每年出口大量的蔬菜种子及其他粮食、经济作物种子和优质农副产品,从国外进口相当数量的优质粮、棉、油、糖类作物、蔬菜、瓜果、花卉、绿化草坪以及牧草等种子和种苗及农资产品。公司还利用我国地域广阔、气候类型多样、技术力量雄厚和劳动力资源丰富等优势，与国外种子公司合作生产蔬菜种子、花卉种子和粮食作物种子，以满足国内外种子市场的需求，对促进我国农作物品种的改良及农业的增产起到了重要作用。公司拥有直属全资企业5个、控股企业9个、中外合资企业3个、本部综合管理及经营和服务部门14个、1个科研试验开发中心、12个育种试验基地，在国内建有30多万亩直属生产基地和完善的试验试种网络及销售体系，是我国集种子及优质农副产品的科研开发、生产、经营于一体的行业龙头企业。

（二）公司营销现状

自1995年国家实施“种子工程”以来，按照种子产业化发展的要求，公司改变了以往单一的进出口贸易和对外制种为主的经营格局，形成了以大田作物为主的产业态势，开始致力于建设专业化制种基地，充分发挥自身优势，根据不同作物和不同品种的特性，利用全国地域广阔、气候类型多样、劳动力资源丰富、技术力量雄厚的优势，在甘肃、新疆、内蒙古、宁夏、河南、四川等地建立了30多万亩以玉米、水稻、向日葵、棉花、蔬菜、油菜为主的生产基地。深入围绕做强“6＋1”业务（玉米、水稻、蔬菜、棉花、向日葵、油菜、农资），集中发展玉米、水稻、蔬菜种子三大核心业务，使公司在我国种子产业领域的整体影响力得到了提升。

公司以品牌营销为基础，按产品分类建立了全国性的销售网络，网络遍及全国29个省市自治区。“中种连锁”营销网络已经初步建立，在全国设立了几百家连锁经营店。新的网络系统进一步整合各地资源，打造公司整体营销渠道品牌，其中玉米、水稻、蔬菜种子在国内销售量中分别占到了11％、6％、4％，作为国内唯一的国家级种子企业，真正起到了龙头的作用。由于公司起步较晚，和国外众多知名种子企业相比，公司还存在较大的差距，在全球种子市场中所占的比例较小，在国际上的知名度和地位相对较低。以下以蔬菜种子为例了解中种集团的国内外市场状况（表3-1-5、表3-1-6）。

表3-1-5 中种集团销售及进出口在全国所占比例

项目	销售量	销售额	进口量	进口额	出口量	出口额
中种	135吨	6 436万元	131吨	3 200万元	62吨	1 850万元
全国	23 000吨	800 000万元	5 597吨	29 479万元	5 500吨	21 865万元
中种占比	0.59％	0.8％	2.3％	10.9％	1.1％	8.5％

表3-1-6 中种集团国际、国内贸易比较

项目	国际贸易	国内贸易	国际贸易 占国内国际总贸易比例	国际贸易占 全国国际贸易比例
质量/吨	193	4	98％	1.7％
金额/万元	5 050	60	98.8％	9.8％

企业的营销环境是不断变化的，这种变化会给企业造就新的市场机会或构成环境威胁，因此企业必须建立适当的系统，配备相关的人员，采取适当的措施，监测其营销环境的发展变化，善于分析和鉴别由于环境变化而带来的机会和威胁，使企业营销工作既能与环境变化相适应，又能充分发挥企业内部优势，以取得良好的营销效果。市场营销环境是指影响企业营销活动及其目标实现的各种外在因素和动向。就企业而言，市场营销环境主要是指企业外部环境，企业外部环境又分为宏观环境和微观环境。宏观环境是指那些给企业带来市场机会和环境威胁的主要社会力量，包括人口环境、经济环境、技术环境、社会文化环境、政治法律环境、自然环境；微观环境包括供应商、营销中介、顾客、竞争者、公众。

作为国内最大的种子企业，围绕其进行的市场营销环境分析主要是研究环境的不确定性，即研究环境的变化度和复杂度两个方面。通过对营销环境的分析，企业才能及时抓住市场机会，避开市场威胁，充分发挥自身优势，避开自身劣势，选择正确的经营方向和营销策略，以取得良好的营销效果，进一步壮大自身的力量，巩固自身在市场上的地位。

二、宏观环境分析

（一）人口环境

市场营销学认为，企业必须密切注意人口环境方面的动向，因为市场是由具有购买动机和购买能力的人构成的，而且这种人越多，市场的规模就越大。作为从事农业生产资料销售的企业，人口的分布、人员的构成对企业制定相应的营销策略有重要的意义。目前国内种子市场的格局主要是中西部需求量大，东部沿海需求量较小，主要原因是东部沿海城市较发达，人口密集，可耕种的土地较少，所以对农业生产资料的需求量比较少，而中西部由于工业欠发达，可耕种土地较多，从事农业的人口多，从而对农业生产资料的需求量比较大。

（二）经济环境

市场不仅需要人口，而且更需要有购买能力的人。面对国内经济环境的不同，公司制定了相应的价格策略，根据各地经济情况，制定不同的价格区间。在中东部，由于经济发展较快，而且农产品需求量小，市场对产品的价格不敏感，特制定较高的市场价格。而对于中西部，由于经济不发达，多数以农业种植为主，对农产品需求量大，对农产品价格较为敏感，根据这个特点制定相对低的市场价格，以此激发购买者的购买欲望。由于市场比较大，利润总额并没有降低。

（三）技术环境

转基因技术是指将某些生物的基因转移到其他物种中，改造生物的遗传物质，使被改造的生物在性状、营养和消费品质等方面向人类需要的目标转变。面对日益发展的新技术,公司积极加大科研力度,引进高科技人员,在国内的种子行业率先引进了转基因大豆和转基因棉花,并对转基因植物品种的选育、试验、审定和推广进行了安全性评价,采取严格的安全控制措施。公司分别在河北、山东、江苏等地设立了直属的研发机构,拥有育种试验基地近千亩,分布在北京、河北、山东、江苏、海南、四川、甘肃和内蒙古等地,有专职的科研人员近百人,基本形成了布局合理和运作规范的试验基地网络,能够较好地满足科研发展的需要,确保在第一时间为全国的农民用户提供最优质、最安全的农业产品。

(四)社会文化环境

人类在社会中生活,久而久之必然会形成某种特定的文化,包括一定的态度和看法、价值观、道德规范及世代相传的风俗习惯等。社会文化影响是影响人们欲望和行为的最重要的因素,不同的国家、不同的民族,由于文化背景各异,有着不同的风俗习惯和不同的风格。企业应对以下社会文化环境因素予以密切关注:生活方式、价值观念、风俗习惯、购买行为以及地域差异。作为以农产品销售为主的企业,公司根据国内不同地区不同民族的习惯实行不同的营销策略,在甘肃、宁夏、新疆等少数民族聚集的地区,由于人们日常所吃的蔬菜以洋葱和番茄为最多,公司积极推出适合三地生长的洋葱和番茄品种,并对当地的农民进行技术指导,很快在当地打开了市场。在湖南、四川、重庆等地,为适应当地的饮食习惯,公司研发出适合当地的辣椒品种。因人而异、因地而异,公司就是在这种人性化的营销策略下一步一步壮大的。

(五)政治法律环境

企业的市场营销决策还要受政治法律环境的制约和影响,企业必须懂得本国和有关国家的法律和法规,才能做好国内和国际市场营销管理工作,否则就要受到法律制裁。发达国家的经济立法,有些是为了保护竞争,有些是为了保护广大消费者利益,还有些是为了防止环境污染,保护社会利益。我国的经济立法,尤其是涉外经济立法还不完备。随着中国全面加入 WTO 和《种子法》的颁布执行,为了应对日益复杂的市场环境,确保公司在国内外的各种权利不受侵犯,公司专门成立了法律事务部,为公司的合法经营和健康发展保驾护航。

(六)自然环境

自然环境是指能够影响社会生产过程的自然因素,企业自然环境的发展变化也会给企业造成一些环境威胁和市场机会。对企业经营有影响的自然环境的主要动向有:自然资源日益短缺、能源成本趋于提高、环境污染日益严重、政府对自然环境管理的干预不断加强、气候变动趋势及地理环境特点。所有这些都会直接或间接地给企业带来威胁或机会。作为农业企业,自然资源日益短缺和政府对自然资源管理的干预不断加强对公司的影响较大。由于我国可供耕种的土地面积较小,同时由于城市和建设事业发展快,耕地面积迅速减少,近 30 年间我国耕地面积平均每年减少 810 万亩。此外,由于粮食和其他农产品价格低,农民种地的积极性不高。面对这种情况,公司积极引导农民多种植一些收益高的农作物。在西北地区,为了防止土地荒漠化,积极响应国家的号召,努力引导农民做好"退耕还林,退耕还草"的工作,公司开发出适合西部种植的防旱保沙的草坪种子,为我国农业的可持续发展做出了巨大的贡献。

三、微观环境分析

(一)供应商

供应商是指向企业及竞争者提供生产经营所需资源的企业或个人。供应商对企业营销活动具有实质性的影响,其所提供的原材料数量和质量直接影响产品的数量和质量。此外,原材料的价格也会直接影响产品的成品、利润和价格。这就要求企业首先认真选择合作伙伴,确认哪些材料是自己生产,哪些材料需要采购,需要采购材料的质量标准、数量规模、价格限度和交货时间;其次根据这些需要选择供应商。从营销角度分析,处理与经销商的关系主要有两种方式:一是采用复数原则,从多家供应商那里分头采购,避免对某一家供应商的过分倚赖,从而运用采购数量调控,对供应商施加影响,以保证采购物品的质量稳定和交货及时;二是通过技术纽带、技术标准,尽量把供应商、生产、技术体系纳入公司的控制范围,建立稳定长期的合作关系。

作为国内最大的种子经营企业,面对国内市场,公司采取合作育种和技术转让等方式,根据市场的需求,培育和开发拥有自主知识产权的品种。另外,公司利用信息和技术优势,获得了多家国际著名种子企业在中国的独家代理权。在供应商的选择上,国外客户选择知名度高、信誉度好的大型种子企业;国内客户在种子生产上采取"公司+农户"的产业化运作方式,选择适宜的集中成片的种植区域向农户提供亲本种子、技术指导等服务,通过签订合同,按合同价收购农户种植的种子,使该区域成为公司稳定的、有质量保证的种子供应地。这种分散地向生产者提供亲本种子、技术服务的"虚拟工厂"式的生产组织形式,有利于降低规模化生产风险,增加农户收入,实现低成本扩张和扩大市场份额。

(二)营销中介

营销中介是协助公司推广、销售和分配产品给最终购买者的企业,它包括中间商(批发商、代理商、零售商)、实体分配企业(运输、仓储)、营销服务机构(广告、咨询)和金融中介机构等。中间商主要是更好地满足顾客所感兴趣的产品,并在最方便的地点、最方便的时间供其购买,同时顾客还希望能同时购买到其他的相关产品。事实上,中间商创造了地点效用、时间效用、数量效用、品种效用、持有效用,创造了价值。营销中介是营销工作不可缺少的中间环节,产品所有权的转移,产品实体的分配、结算及货款的回收,信息的沟通,广告促销的推行,以上这些单靠企业的自身力量是不够的,企业必须利用一切可以利用的营销中介,最大可能地使本企业的产品以适当的方式、适宜的价格推销出去。

通过营销中介进行市场调研、促进销售、开拓市场、实体配送、资金融通，生产者可以节约费用，降低风险，提高市场占有率，更好地满足目标市场的需求。

在营销中介上，公司采取连锁经营的模式，在全国各地选择有实力、有信誉的中间商，实行分散经营、统一管理、集中配货、区域经营的品牌管理方式。当今种子行业的竞争是品种的竞争，但据相关人士预测，随着中国农业的对外开放，种子行业的竞争会在3～5年的时间转变为品牌竞争。开创具有竞争力的品牌是中种连锁的最终目标，凭借公司多年来形成的品牌和信誉、高度共享的信息平台，中间商在最大的范围内获得利润并受到广大客户的好评，从而使公司的营销活动进入一个良性循环的轨道。公司在营销中介的选择和管理过程中，始终坚持做到以下几点：

(1)积极研究有哪些适合本企业产品的分销方式和中介机构。

(2)根据公司的产品特点、中介机构的能力和信誉，设计营销渠道的宽度和长度，从而选择中介机构。

(3)设计实体分配的方式，选择实体运营的企业。

(4)根据货款的回收方式，选择不同的中介机构。

(5)进行分销渠道管理。

（三）顾客

企业将产品或服务销售给顾客以取得补偿和盈利。企业所面对的市场主要有以下几种：消费者市场，即为了个人消费而购买的个人和家庭所构成的市场；生产者市场，即为了生产、取得利润而购买的个人和企业所构成的市场；中间商市场，即为了转卖、取得利润而购买的批发商和零售商构成的市场；政府市场，即为了履行职责而购买的政府机构所构成的市场；国际市场，即由国外的消费者、生产者、中间商、政府机构构成的市场。

公司主要面对的是生产者市场、中间商市场和国际市场。在国内市场，公司积极响应国家的号召，抓住退耕还林、退耕还草和国家重视“三农”问题的大好时机，发展在各地有影响力的企业作为公司的中间商，扩大公司在业界的影响。在国际市场上，公司充分发挥我国种子价格低、品种多的优势，增加种子的出口，不但增加了公司的利润，同时也为国家创汇做出了贡献。

（四）竞争者

企业的营销系统总会受到一群竞争对手的包围和影响，因此必须识别这些竞争对手，时刻关注他们，设法超过他们，保持客户对自己企业的信赖关系。识别企业的竞争者，关键在于以下几个方面：

(1)辨别谁是竞争者。

(2)确认竞争者的目标战略。

(3)了解竞争者的目标。

(4)判断竞争者的反应模式，从而选择对策。

从客户的角度来看,企业主要面临4种不同层次的竞争者:

(1)欲望竞争者　主要指提供不同产品以满足不同需求的竞争者。

(2)类别竞争者　指能够提供满足同一需求的不同产品的竞争者。

(3)形式竞争者　指生产同种产品但不同规格、型号、款式的竞争者。

(4)品牌竞争者　指产品相同,规格、型号也相同,但品牌不同的竞争者。

作为从事农业(主要是种子销售)的企业,公司也同样面临不同层次的竞争者。

(五)公众

企业营销所面对的公众,是指对实现企业目标有实际或潜在利害关系和影响力的一切团体和个人。在企业推行CIS(corporate identity system,企业形象识别系统)战略中就特别强调企业和自己的公众保持良好的关系,以便树立企业形象、树立产品品牌、扩大产品销售收入。从事农业产业的公司所面临的公众主要有以下几个方面:

(1)融资公众　指影响公司获取资金能力的财务机构,包括银行、投资公司、财务公司、保险公司等。

(2)媒介公众　主要指报社、电视台、出版社等大众传播媒体。

(3)政府公众　指有关的政府部门,如工商、税务等。

(4)群众团体　指消费者组织、环境保护组织及其他的群众团体。

(5)社会公众　指企业所在地附近的居民和社区组织。

(6)一般公众　指一般社会公众,既是本企业产品的潜在购买者,又是本企业的潜在投资者。

(7)内部公众　即企业内部所有的工作人员。

为了更好地处理企业和公众的关系,公司专门成立了企划部、法律事务部等相关部门,并积极推行CIS系统,通过企业内部员工形象来影响外部的社会公众,使中种在公众中保持良好的品牌形象和信誉度。

四、公司的SWOT分析

公司的SWOT分析表见表3-1-7。

表3-1-7　公司的SWOT分析表

相对竞争对手的优势(strength)	相对竞争对手的劣势(weakness)
1. 知名度大,信誉好。 2. 资金实力雄厚,研发水平高。 3. 品牌价值高,品种资源充足。 4. 与国际较大的种子公司合作好,具有独立的进出口权。 5. 国家级企业,享有部分的优惠条件。 6. 公司历史长,有比较发达的营销网络。 7. 公司吸引全行业的精英人才	1. 生产基地的建设起步较晚。 2."浮空"现象比较严重。 3. 生产研究不多,对产量、质量机理研究不够。 4. 种子加工水平低,科技含量不高。 5. 机制不灵活,管理相对粗放,市场意识不足

续表3-1-7

外部环境的机会(opportunity)	外部环境的威胁(threat)
1. 供应商信息化程度不断提高。 2. 可供合作的国外种子企业数量增多。 3. WTO的加入,减少了对出口的诸多限制。 4.《种子法》的颁布,对种子企业的要求更加严格。 5. 国家对"三农"的重视,使种子企业获得了前所未有的机会	1. 国外大型种子企业纷纷进驻中国,竞争加剧。 2. 国家对种子企业政策的进一步放开,使一些资金雄厚的非农企业进入种子行业,蛋糕越分越小。 3. 地方种子企业渐成气候,初步形成诸侯割据的局面。 4. 外资及民营企业高薪吸引高技术人才。 5. 民营企业灵活的市场运作方式

五、营销对策及建议

面对纷繁复杂的营销环境,公司积极调整营销模式,采取相应的营销对策,使公司的业务始终在国内保持较高的市场占有率。企业的营销对策主要有以下几个方面。

(一)根据品种的生命周期制定相应的营销策略

任何产品都有它的生命周期,作为特殊商品的农作物种子,其品种的生命周期一般分为4个阶段,即试销期、增长期、成熟期和衰退期。

试销期:品种育成后的试验、示范阶段。此时品种刚投放市场,还没有知名度,生产量小,成本较高,销售渠道不畅,需要有一个试验、示范的认可过程。在这个阶段,公司集中力量,采取相应的手段,提高品种的知名度,使品种迅速推广。

增长期:品种经过试验、示范,具有推广价值,开始扩大生产进行推广。此时销售渠道已基本形成,销售量增加,成本下降,就该品种来说,激烈的市场竞争还没有出现。由于有较高的利润吸引力,许多生产型种子公司很快挖掘亲本种子,投入生产,使企业利润增长的势头受到抑制。在这一时期公司尽最大努力控制亲本种子外流,加强质量管理,降低成本,提高竞争力。

成熟期:种子供给量逐步达到最大化,市场逐步扩大直至饱和,潜在的用种户都已认识并接受了这个品种,农业生产的需要量达到最大。持续一定年限后,由于新品种的投入生产,原品种的销售量开始下降,生产量减少。这一时期,公司主要的工作是提高种子质量,加强售后服务,尽量延长品种的生命周期。

衰退期:随着技术进步和市场需求的转移,品种的市场缩小,销售量急剧下降,新的替代品种增长较快。此时,品种或者衰退到一定程度后保持一部分市场和销售量,或者彻底地退出市场。这一时期,公司采取的策略是果断地收缩促销活动,调整目标市场,生产推广新品种。

在实际营销过程中,公司认真分析研究每个品种所处的市场生命周期。一方面,使自己所生产经营的品种分别处在不同的市场生命周期,达到不同品种间有互补、有接应,定期更新换代。另一方面,将各品种的生产规模与其市场生命周期联系起来:对处在增长期的品种，可适当扩大生产规模；对处在成熟期的品种，要本着以销定产的原则，合理安排生产规模；对处在衰退期的品种，要本着宁缺毋滥的原则，严格控制生产规模，避免滞销积压，造成损失。

（二）根据不同的市场环境采取相应的定价策略

各个种子公司对种子销售价格的制定，要根据当时市场产品的具体情况，利用各种策略，吸引购买者，扩大市场，实现自身的经营目标。在种子营销活动中，价格是最为敏感的因素，它直接影响着种子的生产和经营，因此制定科学的种子定价策略至关重要。我国的种子市场已经初步开放，基本进入竞争状态，影响销售价格制定的因素主要有需求因素和竞争因素。在这个市场上，种子公司几乎没有定价的主动权，即任何一家种子公司事实上没有权力确定种子销售价格，只能按照市场的流动价格销售自己的种子。因此，对种子公司来说必须搞好市场调查，分析市场行情，了解竞争者的情况，以制定好种子销售价格。

面对日益变化的市场需求和日趋激烈的市场竞争，公司从实际出发，根据不同的供求状况采取不同的定价方法和定价策略。就自身情况和当前国内种子市场状况而言，公司采取了两种不同的定价策略：一是着眼于即期市场的定价策略；二是着眼于长远发展的定价策略。对于大部分市场共有品种，在种子丰收供过于求的年份，销售者之间的竞争主要是价格上的竞争，此时应该以应对竞争为定价目标。在定价之前，广泛收集情报资料，将本公司的生产情况、品种、质量等与竞争者进行认真比较，并主要以对市场有决定影响的竞争者的价格作为定价基础，采取与竞争者相同的价格，也就是追随定价法，这样有利于保持和扩大市场占有率，避免激烈的竞争。同时，公司还采取一些促进销售的定价策略，如折扣和折让策略、产品差价策略和数量差价策略等。

而在种子歉收供不应求的年份，种子销售形成缺口，价格不是竞争的主要矛盾，关键看占有的种子数量的多少。此时作为种子供应方的企业在市场中处于有利的地位，可实行高价策略，以获取高额利润。在定价方法上采取理解价值定价法，因为缺种年份客户急需得到的是种子，对价格高低反应不很敏感，这时定价应本着既能通过提高价格增加利润，又不至于引起客户反感而丢掉市场的原则，把价格定到客户可以理解和接受的程度。

（三）根据不同的市场结构确定销售渠道策略

公司的销售渠道策略主要是结合自身的实际情况，同时考虑目前国内种子市场的销售结构。首先，公司选择在种子销售区信誉好、有实力的县级种子公司作为自己的加盟分销商，避免因为分销商引起用户对自己产品的不信任感。其次，公司还结合自己的目标市场，针对不同的目标市场制定相应的销售渠道策略，如在国内市场占有率较低的省份设立自己的独家经销商，以利于调动经销商开拓市场的积极性。

（四）根据各个经营区域的特点确定促销策略

作为特殊商品的种子，科技含量高，销售季节性强，公司结合自身的特点，主要采用人员推销，再辅之以营业推广中的品种栽培示范现场会，以及媒体广告等促销策略。在搞好经营管理和保证种子质量的基础上，公司还采取各种公关策略以增进社会各界特别是农民朋友对自己的信任和支持，树立良好的信誉和企业形象。

小结：

农业是国民经济的基础，粮食是关系国家安全的战略资源，种子处于农业和粮食生产的源头，因而农作物种业是国家战略性、基础性核心产业，对国计民生、“三农”问题意义重大，是一个必须发挥国家宏观指导和调控作用的特殊行业。作为国有企业，中种集团必须充分发挥自己对国有经济的影响力、控制力和带动力，充分发挥支柱作用。当前我国种业正处于分化重组的整合期，一方面跨国种子企业纷纷进入中国，另一方面民营种子企业异军突起，中国种子企业正步入一个历史拐点。作为国内种子领域的龙头企业，公司的重要战略选择就是认真分析市场环境，整合种业新生力量，共同发展，共同壮大，共同迎接跨国公司的挑战，为发展农业和农村经济、乡村振兴做出更大的贡献。

项目二
种子分销渠道设计与管理

任务1　制订种子分销渠道设计方案

【任务目标与质量要求】

(1)深入调查掌握所在种子企业的经营背景资料,制订本企业具体的渠道设计方案。

(2)依据种子分销策略要求,根据当前种子市场需求状况,分析竞争对手的分销策略,选择最佳的分销渠道,确定渠道设计目的,制订渠道选择方案和渠道评估方案。

(3)确保本企业种子品种通过渠道迅速抵达终端,实现企业的营销目标。

【学习产出目标】

(1)熟知种子分销渠道的概念及功能,掌握分销渠道模式、分销渠道的选择方法。

(2)制订本企业种子分销渠道设计方案。

(3)种子渠道选择方案和渠道评估方案切合实际并可操作;整个方案得到本企业管理层的认可。

【工作程序与方法要求】

种子企业分销渠道设计工作程序如下：

分析客户需求 → 确定渠道设计目标 → 制订渠道选择方案 → 渠道选择方案评估

1. 分析客户需求

学徒在种子企业设计分销渠道的时候，必须对目标客户（经销商）和区域农户进行调查，收集各类渠道信息。通过对这些信息的分析处理，确定中间商或农户所在区域“适合种植的作物种类”“喜欢什么品种”“在哪里买”“何时购买”等。种子营销渠道要以农民需求为导向，根据农民购买的时间、习惯和种植需求，通过最短的路线，将种子尽快、尽早，以尽可能优惠的价格送达农民的手中。种子企业应该尽量提高分销效率、降低渠道费用。同时，要保持渠道信息的畅通，及时解决销售过程中出现的问题，满足农民的需要，掌握市场的变化情况。

2. 确定渠道设计目标

设计分销渠道需要达到以下 3 个目标：市场覆盖率、渠道控制度及渠道的灵活性。

(1)市场覆盖率　市场覆盖率是由市场性质与企业的市场定位所决定的，可以分为密集分销、独家分销和选择性分销 3 种类别。

①密集分销。是指种子企业在同一渠道层次中选用尽可能多的中间商经销自己的产品，使产品在目标市场形成铺天盖地之势，达到使自己产品品牌充分显露，路人皆知和随处可买，最广泛地占领目标市场的目的。

②独家分销。是在某一层次上选用唯一的一家中间商进行产品销售的分销模式。这是一种常见的专营型分销渠道。种子企业与分销商通过合同的形式，规定经销商不得经营种子企业竞争对手的产品，经销商的单位回报率较高。种子企业通过独家分销可以控制经销商的业务经营，调动其经营的积极性，从而占领市场。

③选择性分销。是在某一层级上精心挑选少量的中间商进行商品分销的模式，它介于密集分销与独家分销之间。

(2)渠道控制度　渠道控制度是指企业需要保持的对渠道中间商销售行为进行控制的程度的高低或大小。为了实现种子企业的经营目标，种子公司需要经常控制渠道中间商，以促进其更加努力地销售种子或进行有效的技术服务。但事实上，中间商则不然，中间商希望更多地控制种子公司，以保证稳定的畅销品种、高质量种子、较低的种子价格等。种子企业与中间商之间为了各自的利润产生的这种“博弈”，促使种子企业对渠道中间商采取一定的控制措施，以降低企业的经营风险。

(3)渠道的灵活性　渠道的灵活性又称为渠道的可伸缩性，是指企业分销渠道结构变化的难易程度。渠道灵活性对于新的作物类型种子或种苗的市场尤为重要。目前，中国 IT 市场营销渠道结构迅速发展变化的事实很好地说明了这一点。每种渠道都有自己的优势和劣势。

种子企业在大多数情况下只能在一定的市场覆盖率下去追求最大的渠道控制度，或在一定的渠道控制度下追求最大的市场覆盖率，也就是说，市场覆盖率和渠道控制度成反比关系。道理很简单，因为独家分销对于种子企业来讲，是最容易控制渠道的销售行为的，但却只能是较低的市场覆盖率；而密集分销对于渠道中间商的控制存在较大困难，但却能达到较高的市场覆盖率。由此看来，作为种子企业，必须在市场覆盖率和渠道控制度之间有所取舍，试图两者兼得的想法不是很切合实际。

2014—2015 年新疆某种业公司实行的销售政策就是密集分销，在种子销售过程中，公司尽可能多地选用代理商经销种子，在新疆各地州都设立办事处。以办事处为中心，在全疆范围内大规模地建立销售网络，使公司的品牌路人皆知，随处可见，种子销售形成铺天盖地之势，最大程度、最广泛地占领市场。但从经济角度来看，这种密集分销所产生的费用较大，同时，由于中间商数目众多，无法控制渠道行为，容易出现中间商互相窜货、砸价。尽管这种分销方式对公司的种子销售起了很大的促进作用，但最终因弊大于利而被取消。

3. 制订渠道选择方案

(1)分销渠道选择策略　分销渠道选择是指种子公司对所需中间商的数目和种类的决策。可供选择的策略主要有 3 种：

①普遍性策略。种子公司广泛利用中间商经销自己的种子。

②专营性策略。指种子企业只选择某一中间商经销其种子，通常由种子企业和中间商双方签订合同，规定这家中间商不能再代销其他竞争性种子。对于此种策略种子企业用得较多。企业在销售、储运、促销、服务等方面能够提供优良的条件，使中间商有大利可图；中间商也能全力为企业推销种子，促进销售，顺利实现企业的营销目标。

③选择性策略。种子企业从愿意合作的众多中间商中选择条件好的批发商和零售商经销其种子。它介于普遍性策略与专营性策略之间。

(2)选择分销渠道要考虑的因素　选择分销渠道要考虑的因素有种子特性、市场特性、竞争特性、企业特性、中间商特性、相关政策等(详见本部分的【业务知识】)。企业对影响因素进行综合分析后进入下一步工作。

(3)选择最佳分销渠道设计方案　企业分销渠道的设计就是在综合考虑分销渠道各影响因素的基础上进行的。分销渠道设计具体内容包括确定分销渠道的长度和分销商的级次、确定分销渠道的宽度、评估中间商、确定渠道成员的责任。

①确定分销渠道的长度和分销商的级次。通过对渠道影响因素的综合分析，首先确定分销渠道的类型是直接渠道还是间接渠道，是长渠道还是短渠道，其次长渠道应明确分为几级分销。种子市场多采用一级分销渠道。

②确定分析渠道的宽度。根据具体情况可以考虑选择密集分销、选择性分销、独家分销等形式。渠道宽度的选择取决于企业的战略目标、产品特点、顾客分散程度。

分销可分为代理和经销两类。代理和经销均可能选择密集分销、选择性分销和独家分销等多种经销方式。

③评估中间商。中间商选择是否合理对种子企业的种子产品进入市场、占领市场、巩固市场和培育市场有着关键性作用。而中间商的选择是否合理完全依赖于对每一个中间商的评估。所以在评估中间商时应认真分析中间商的服务对象、地理位置、经营范围、销售能力、服务水平、储运能力、财务状况、管理水平、合作诚意等方面。

④确定渠道成员的责任。种子企业和中间商需要在每一个渠道成员的条件和责任上达成一致协议。他们应当在价格政策、销售条件、区域权力、各自应执行的具体义务方面协商一致。如企业应该为中间商制订价格目录和公平的折扣体系,必须确定每一位渠道成员的销售区域;谨慎制订明确的服务与责任条款,尤其是确定特许经销商和独家经销商时,更应该考虑企业的现状、未来等各方面的因素。

4. 渠道选择方案评估

种子企业完成渠道选择方案制订后,还要对各种可供选择的渠道进行评估,即对各种分销渠道进行分析比较,从中遴选最佳的、有利于实现企业长远目标的分销渠道。

(1)渠道选择方案评估方法　财务法和交易成本分析法是两个具有数理知识支持的常用评估方法。不过,营销实战的经验显示,用得较为广泛的是经验法。经验法是依照营销实战中积累的管理经验来判断并选择分销渠道设计方案的一种方法。

经验法又细分为 3 种方法:

①直接的定性判断法。根据比较重要的决策因素对渠道结构选择的渠道变量进行评估、比较。这些决策因素包括:短期或长期的成本及利润、渠道控制度、渠道灵活性、企业发展总体规划等。

②权重因素计分法。包括 5 个基本步骤:第一,明确列举渠道选择的决策因素;第二,标注每个决策因素的权重;第三,每个渠道选择以每个决策因素按 1～10 的顺序打分;第四,通过权重 a 与因素分数 b 相乘计算出每个渠道选择的总权重因素分数(总分);第五,将备选的渠道因素总分排序,获得最高分的渠道选择方案即最合适的选择。

③分销成本法。该方法估算不同分销渠道的成本及收益,并通过这些数字的对比找出成本低、收益大的渠道结构作为最合适的选择。

(2)渠道选择方案评估内容　种子分销渠道评估主要从以下几个方面进行:

①环境匹配方面。种子营销渠道应当与渠道的内外环境相匹配。种子营销渠道的内部和外部环境影响着种子营销渠道的建立模式,不同的营销渠道环境要求与之相适应的营销渠道模式。只有与市场环境相匹配的营销渠道才能有效运转。

②畅通高效方面。种子营销渠道要以农民需求为导向,根据农民购买的时间、习惯

和种植需求，通过最短的路线，将种子尽快、尽早，以尽可能优惠的价格送达农民手中。从种子企业的角度讲，应该尽量提高分销效率、降低渠道费用。同时，要保持渠道信息的畅通，及时解决销售过程中出现的问题，满足农民的需要，掌握市场的变化情况。

③终端控制方面。种子营销渠道的终端直接面对广大的农民，农民对种子的需求以及市场的变化最先反映在终端。种子企业在推广新品种或开发新市场时，对终端的控制尤为重要。市场决战在渠道，落脚点则是对终端经销商的占领。如果一个企业没有掌控终端，也就没有真正掌握市场的主动权。

④扁平化方面。扁平化的真正含义是减少渠道环节，将现有人员更多地集中在最有价值的营销工作中。种子市场面对的主要用户是居住非常分散的农民，多层次的渠道格局不仅使种子企业难以有效控制渠道，阻碍渠道效率的提高，而且使信息不能准确、及时地反馈，不利于形成种子价格竞争优势。如果一味地强调降低分销费用，而没有达到足够大的市场覆盖面，必然会影响到种子品种的市场占有率，达不到经济利益和社会利益最大化。

⑤适度稳定方面。种子营销渠道一旦建成，就应该具有相对稳定性，一般不宜进行较大幅度的调整。相对稳定的营销渠道有利于培养渠道成员的忠诚度。但当某一渠道成员不再符合渠道要求或阻碍渠道的发展时，就要考虑渠道成员的除旧纳新，调整后的渠道应保持适应力和生命力，在可控制的范围内保持基本的稳定状态。

⑥互惠互利、共同发展方面。现在种业企业的竞争已经不是单个企业间的竞争，而是企业所处的价值链体系与另一个价值链体系的竞争，种子企业与其渠道成员是一荣俱荣、一损俱损。因此，在构建营销渠道时要综合考虑各个渠道成员的利益，协调各方的利益，达到渠道成员之间互惠互利、共同发展的目的。

(3)企业分销渠道设计方案要求　分销渠道目标设立合理，明确中间商的类型、每个分销渠道成员的条件及其相互责任，确定合理的中间商数量，分销渠道选择方案符合经济性、可控性和适应性原则。

【业务知识】

一、分销渠道的基本模式

（一）直接渠道与间接渠道

按流通环节的多少，可以将分销渠道划分为直接渠道与间接渠道，直接渠道与间接渠道的区别在于有无中间商。直接渠道就是生产企业不通过中间商环节，直接将产品销售给消费者。直接渠道是工业产品分销的主要类型。例如，大型设备、专用工具及技术复杂的产品，需要提供专门服务的产品，都采用直接渠道。消费品中有部分也采用直接渠道，如种苗等鲜活商品。

间接渠道就是生产企业通过中间商环节把产品传送到消费者手中。间接渠道是消费品分销的主要类型,农业上各类农作物种子等都采用间接渠道。

（二）长渠道和短渠道

间接渠道又分为短渠道与长渠道。分销渠道的长短按照流通环节的环节数或中间商层次多少来划分,大致包括以下几层:

(1)零级渠道,即制造商—消费者。

(2)一级渠道,即制造商—零售商—消费者。

(3)二级渠道,即制造商—批发商—零售商—消费者,多见于消费品分销。

(4)三级渠道,即制造商—代理商—批发商—零售商—消费者。

可见,零级渠道最短,三级渠道最长。

（三）宽渠道与窄渠道

渠道宽窄取决于渠道的每个环节中使用同类型中间商数目的多少。企业使用的同类中间商多,产品在市场上的分销面广,称为宽渠道。例如,一般的日用消费品(毛巾、牙刷、热水瓶等)和各类农作物种子(玉米种子、瓜菜种子、棉花种子、水稻种子、小麦种子等)都是由多家批发商经销,又转卖给更多的零售商,最后到达农民手中,可大批量地销售产品。企业使用的同类中间商少,分销渠道窄,称为窄渠道,它一般适用于专业性强的产品或贵重耐用消费品,由一家中间商统包,几家经销,生产企业容易控制分销,市场分销面受到限制。

（四）单渠道和多渠道

当企业全部产品都由自己直接所设门市部销售,或全部交给批发商经销,称为单渠道。多渠道则可能是在本地区采用直接渠道,在外地则采用间接渠道,在有些地区独家经销,在另一些地区多家分销。

二、影响种子分销渠道的因素

影响种子分销渠道的因素有很多,从影响层次来看可以分为微观因素和宏观因素,外层为宏观因素,内层为微观因素。微观因素主要有种子特性、种子用户、公司状况、竞争者渠道等。宏观因素包括法律因素、经济政策因素、社会技术因素等。

（一）种子特性

1. 自然特性

①种子使用的短期时效性;②种子使用的地域有限性;③种子具有科技承载的密集性;④种子的生命特性;⑤种子生产的季节性和周期性等。

2. 市场特性

(1)种子具有生产资料的属性　农民购买种子的目的是以一定的代价取得对自己有用的、合算的使用价值,希望在将来能为其带来更大的收益,即购种目的是非直接盈利的。而在现阶段，农业生产成本不断加大，农民增收困难，农业的预期收入并不乐观，这使得农民对种植的品种、数量、成本等有了更慎重的考虑。

(2)种子具有消费品的属性　我国种子消费具有以下特点。①小型、分散。目前，我国的农业生产更多是以家庭为基本单位的，土地承包规模较小，用种量小，因而种子的购买多属于小型交易。②广泛、复杂。我国农民数量多且分布广泛，同时我国土地辽阔，气候变化大，生态类型多，种子种类繁多，而且农民有种植的自主性，以上造成即使同一地区，种植同一种类的农作物，其品种差异性也非常大。③非专家购买。普遍而言，农民缺乏对种子的专门知识，多数情况下受个人感情和印象的支配，易受舆论和广告宣传的影响。

（二）种子用户

营销渠道成员通过执行货物运输、刺激需求、实体分销、售后服务、质量保证等职能满足消费者对服务的需要。这些服务包括：空间上的便利性（或市场分散化）、一次购买商品的数量、减少等待或交货时间、品种的多样化（产品的深度和广度）。而这些服务受消费者的素质、购买行为、购买习惯影响。换言之，消费者的素质、购买行为、购买习惯会影响到渠道成员所执行的渠道职能和渠道结构。种子营销渠道也不例外。种子营销渠道受农民自身因素的影响，特别是受农民文化程度、种植水平、获取信息的能力及种植收入等的影响。

（三）公司状况

种子公司作为种子生产者和经营者，是种子营销渠道的重要成员，种子公司的经济实力、人力资源、服务和种子品牌都会对渠道产生重大的影响。

1. 种子公司的经济实力

公司的经济实力是影响营销渠道的一个重要因素。它不仅影响到渠道的组织形式、长度、宽度和广度，而且还影响到公司在渠道中所扮演的角色。

不同渠道的销售收入和渠道成本不同，对公司规模的要求存在差异。每一种营销渠道方案的实施都会实现一定产品的销售量，但也要为此付出一定的代价，因此公司在对渠道进行决策时，要根据公司的实力和市场需求来评估每个渠道的利润，即每个渠道的销售额扣除渠道成本后余额的大小。一般来说，利用营销代理商所需要的固定成本投入小于公司自己组建销售队伍，但公司付给代理商的佣金往往要高于支付给自己销售队伍的费用，所以，随着销售量的增长，利用代理商的费用增长很快，总的销售成本会高于公司的直接销售。

选择代理商还是组建自己的销售队伍，这一问题的实质是“购买还是建立”的组织方式问题，即在什么情况下组建自己的销售队伍（通过自建或收购来“建立”自身的渠道）是一种合理的选择，在什么情况下依靠代理商独立运作（“购买”第三方服务）更为理智。因此，要在分析公司经济实力、行业规模经济状况以及市场需求的基础上，选择渠道的类型。一般而言,代理商适用于小型公司或者大公司的某一个销售额很小的区域。公司在发展到一定规模后要组建自己的网络渠道。

2. 人力资源

人力资源是企业的重要战略资源,是企业在规划战略时必须要考虑的因素。设计种子营销渠道亦如此。我国种业的科技人才储备较为雄厚,但既懂种子知识,又善于经营的复合人才相对匮乏。

种业企业一般都需要组建自己的营销网络。这就要求公司市场营销人员了解农民的真正需求,找出合适的销售渠道,提出良种研发的改进意见,从而维持公司在种业市场的竞争性。种业市场营销人员必须能够对目标市场进行渠道设计、定期评估及修正,以及制订策略性的营销计划和特定营销活动,完成种业公司核准的长期销售与利润目标,研究不同品牌良种的营销问题。同时,对渠道要有强有力的驾驭能力,能够激励渠道成员发挥最高的创造力和生产力,对渠道成员的困难给予指导和帮助,协调成员间的活动,弱化渠道冲突。既懂良种技术,又精通市场营销的高素质人才将是种业企业人才竞争的焦点。

营销人员对种子公司的发展起着举足轻重的作用,但并不是每一个种子公司都拥有这些营销精英人才,因而不同人力资源结构选择的营销渠道模式也不相同。例如,由科研院所转化而来的种子公司的科研人员充裕,但市场营销力量相对不足,通常采用代理渠道模式,利用代理商的渠道资源;原有的县级种子公司不具备科研实力,但在当地拥有丰富的渠道资源,在未来发展中,可充当其他种子公司的代理商或经销商。

3. 公司的服务

服务是影响渠道构建的重要因素。如何把公司服务交付给农民和这种服务应该在什么地方进行,是设计渠道时必须要考虑的因素。

种业服务影响渠道终端的位置。对于种业服务来讲,位置的重要性取决于种子公司与农民相互作用的类型和程度。一般来说,服务提供者与消费者之间的相互作用方式有3种:顾客来找服务提供者、服务提供者来找顾客、服务提供者与顾客在随手可及的范围内进行交易。种业的服务是属于第一种。农民等消费者来找种子公司属于第二种,特别是在售中服务过程中,农民在播种季节,不得不到种子公司来购买良种,这就使种子公司的位置变得特别重要,种子公司努力做到方便到达、畅通无阻的服务,是企业营销实力的象征。例如,美国泛美种子公司能够利用高效物流系统快速供货,比其他种子供应商能更及时地把订购的种子送到农户手中,不会超过2小时,在加拿大所订购的良种会在2天之内到达,该公司发货及时率达到99%。

4. 公司的种子品牌

种子品牌对种业营销渠道的影响主要表现在以下两个方面。首先,通过品牌能辨认出销售者或制造者。由于通过种子的外观难以辨认其质量高低，品牌就成了一个较为方便的评判标准，农民会根据以往的经验和品牌的吸引力到指定的种子公司或经销点购买种子。其次，品牌对经销商有重要的影响。一般而言，经销商对于名牌产品有较高的积极性，会增大名牌种子的存货量，贯彻供应商的市场政策，提高资金回流率。相反，对不知名的种子，经销商可能有比较苛刻的要求，比如要求供应商提供广告、展览等促销活动的全部费用，较高的上架费，实行零风险销售等。

对于经销商来讲，一个响亮的种子品牌是利润、是销量、是形象，最关键的还是销售的效率。一般来讲，畅销种子需要经销商做的市场推广工作较少，所以经销商的销售成本较低，还会带动相关产品的销售。这样可以从整体上增加公司的利润，同时因为销售速度比较快，提高了经销商资金的周转速度。

（四）竞争者渠道

一般来讲，种子公司要尽量避免和竞争者使用一样的营销渠道。如果竞争者使用和控制着传统的渠道，种子公司就应当使用其他不同的渠道或途径推销其种子。其原因在于同一渠道中资源的稀缺性。例如，在某一区域种子经销商同时经营着两家种子公司的种子，就会将其有限的人力、物力投入能为其带来更多利益的品种上，而另一个公司的种子可能遭到冷落。如果种子公司为避免采用竞争者渠道而采用其他渠道，会造成成本过高，得不偿失，也可以采用与竞争者一样的渠道。在采用竞争者的渠道时，要了解目前的营销渠道状况和发展趋势，特别要研究竞争者的盈利水平以及掌控的经销商。

（五）法律因素

法律因素主要是国家与种子有关的法律法规。对我国种子营销渠道构成直接影响的主要是《种子法》《植物新品种保护条例》《农作物种子生产经营许可证管理办法》《进出口农作物种子（苗）管理暂行办法》，以及 WTO 制定的《实施卫生与植物卫生措施协定》（简称《SPS 协定》）等与种子（苗）相关的法律法规。

（六）经济政策因素

直接和间接影响我国种子营销渠道的经济因素有很多，主要有"绿箱"政策、农村生产结构调整政策和地方政策等。

中国加入 WTO 后，虽然减少了对农业和农民的直接价格补贴等形式的国内支持，但可以采用"绿箱"政策扶持国内农业。所谓"绿箱"政策是指那些对生产和贸易不造成扭曲影响或影响非常微弱的政策。由于种子具有公共物品的属性，国家应对种子育种、科技成果推广等方面进行投资。影响到种子渠道的政策具体包括对新品种的培育或老品种的改良研究的支持、良种的推广和咨询服务、检验服务、营销和促销服务等。

（七）社会技术因素

这里的技术因素是从整个社会的角度来讲的，是指社会各成员都可以享用的生物技术、信息技术等。生物技术的广泛应用提高了种子的适应能力，降低了种子对运输、储存、栽培技术等方面的要求，也降低了对种子渠道成员资金、技术等方面的要求。例如，分子标记技术、转基因技术在油菜育种方面的应用，提高了油菜抗病能力，降低了农民对相关服务的需求，进而减少了技术服务的需求，降低了渠道成本。

信息技术的快速发展为渠道的信息沟通提供了有利条件。网络技术使农民和中间商足不出户就能够获得种子市场信息、种子公司经营状况等。同时，信息技术的运用为种子营销渠道提供了全新发展模式——网络渠道。

【业务经验】

种子营销的主要模式及存在的问题

1. 种子营销的主要模式

当前，我国种子营销的主要模式有直销渠道和经销商渠道。

(1)直销渠道　直销渠道即零级渠道，指由生产商(种子企业)直接将产品销售给客户(农民或农场用户)(图 3-2-1)。这是一种产销结合的营销渠道，通常由生产商自己设置销售机构，配备销售人员，将企业产品直接销售给客户。目前，邮购销售和用种户直接上门到企业购种是直销渠道的主要形式。

图 3-2-1　直销渠道

(2)经销商渠道　经销商渠道是指种子企业通过中间商(经销商)将种子出售给用种户(农民或农场用户)的方式(图 3-2-2)。中间商的层级有一级、二级不等。

图 3-2-2　经销商渠道

经销商渠道的主要形式有以下两种：

①经销制。指在交易双方协商的基础上，种子企业以较低的价格将产品卖给经销商，然后由经销商加价转卖给其他分销商或农民，其加价部分形成经销商的经营毛利。目前我国绝大多数蔬菜种子企业使用这种形式。

②代理制。种子企业通过合同等契约形式把产品销售权交给经销商，从而形成企业与经销商之间长期稳定的代理关系。国外种子企业在我国国内多采用这种形式。

2. 我国种子分销渠道存在的主要问题

(1)种子渠道成员服务不到位，技术服务滞后，是一个普遍存在的现象。各地区气候不同，环境存在差异，即使再好的品种也难免会出现这样那样的问题。如果技术服务跟不上，农民首先认为是种子质量问题，这会给种子企业造成很大的负面影响。这种滞后的服务将极大地影响种子企业在农民心目中的形象，使其减少或不购买该企业的种子，直接影响到这一区域的种子代理商或经销商的经营状况，进而影响到整个企业的业绩。

(2)过分依赖经销商，产生企业销售惰性。许多种子企业过分依赖大经销商，业务员也不去跑二、三级经销商，更不关心终端种植户，甚至同大经销商联合起来“对付”企业(为多拿提成)，不思进取，人为限制了销量，造成企业销售惰性。

(3)经销商只强调短期利益，不考虑合作伙伴关系的建立，不注重品牌、品种推广、客户关系、顾客满意等战略问题，渠道成员似乎成了“永远吃不饱的孩子”。

(4)渠道成员忠诚度低。经销商和种子企业是两个利益主体，种子经销商一般会经销多个品牌的种子，受利益的驱动，可能会出现以下情况：谁允诺的利润提成或“返点”高，就主推谁的产品，贬低利润低的产品，有时还会“一不小心”把商业机密泄露给竞争对手。

(5)渠道信息不畅。随着种子供求关系的变化，农民过去那种担心买不到种子的心理已不复存在，种子销售的季节性更加突出，种子销售的时间更短，一般在 2 个月左右，有时甚至更短。这就要求种子企业能更快、更准地掌握市场信息，充分了解农民的需求。但目前，许多企业把销售重点放在批发商，而农民的信息至少要通过 2 个以上的环节才能到达企业，造成一些市场信息反馈的迟钝或失真，甚至有的经销商出于私利的考虑，可能给企业提供虚假的信息，严重影响企业营销目标的实现。

(6)渠道结构单一。目前许多种子企业在选择渠道模式时很少考虑种子产品营销的特殊性和复杂性，如不少企业在选择营销渠道时不论目标市场规模的大小以及中间商的状况，一律采用独家分销模式，不仅浪费了渠道资源，而且给竞争对手留下了较大的发展空间，最终导致产品铺货率低，市场占有率下降。

(7)渠道终端薄弱。产品的销售全过程，最终要在营销终端上完成。在竞争激烈的市场中，谁掌握了终端，谁就掌握了市场。现在许多种子企业并没有意识到渠道终端销售的重要性，很少有企业根据自身和市场的实际情况做好终端宣传和产品服务，销售人员也很少下到田间地头了解自己所售种子的生长情况。企业没有直接控制的市场，一旦产品不能为经销商创造更多利润，市场很容易丢失。

(8)渠道冲突现象严重，主要表现为窜货。现在，即使是经销品牌种子的经销商也经常抱怨赚不到钱，究其原因就在于窜货。各经销商为了抢市场、抢销量，经常低价出售种子，市场窜货滥价的现象比较严重。这严重损害了营销渠道的有效性，造成渠道利润下降，经销商对经营的产品失去信心和兴趣，用种户对品牌失去信任，导致企业的销售政策不能得到有效的执行和落实。

从以上分析可以看出，随着种子市场竞争的加剧，传统的渠道构建方法已逐渐显现出它的局限性，主要表现在以下几个方面：①企业难以有效地控制整个分销渠道；②渠道效率低，臃肿的渠道不利于形成产品的价格竞争优势；③信息不能准确、及时反馈，这样不但会错失商机，而且会造成人员和时间等资源的浪费；④企业的销售政策不能得到有效的执行和落实。许多种子企业采用各种手段进行促销，也难以达到有效的效果，究其原因就是缺乏有效的分销渠道，经常受制于经销商。

为适应新的市场形势的需要，企业按照自己设定的分销目标和计划，对渠道资源进行重新布点和分配。它使企业能更快地创建一个速度快、费用低、效益高的渠道体系，从而使企业的销售工作更加接近目标市场，更好地满足目标市场的需求。简单地说，这种渠道模式就是“弱化一级经销商，加强二级经销商，决胜终端零售商”。它的核心思想是尽量直接面向零售终端，决胜零售终端。因此，零售终端的选择成为企业设计分销渠道的重中之重。种子企业在选择零售终端时要充分考虑以下 4 方面的问题：①零售商的专业服务水平；②零售商的地点；③零售商销售的产品品牌与目标；④零售商布局的合理密度。

任务 2　渠道成员选择

【任务目标与质量要求】

(1)学徒能够把分销渠道管理理论应用于营销实践，根据所在企业实际，正确选择企业种子分销渠道成员。

(2)学徒运用种子企业分销渠道设计方案，有步骤地开发新的分销渠道成员，并负责审核其资格，负责分销渠道成员的联络、考评、筛选、淘汰和更新。

【学习产出目标】

(1)熟知种子分销渠道成员的选择原则。

(2)熟知评估分销渠道成员的要点。

【工作程序与方法要求】

种子分销渠道成员选择的工作程序包括以下 3 个步骤：

寻找合适的分销渠道成员 → 对照选择标准做出判断 → 评价中间商

1. 寻找合适的分销渠道成员

寻找途径：地区销售组织、中间商咨询、顾客、广告、展销会等。可以通过分销渠道开发进度表（表 3-2-1）来完成此项任务。

表 3-2-1　分销渠道开发进度表

序号	开发步骤	进度日期							
1	寻找新客户资料								
2	取得初步联系								
3	初步拜访								
4	产生意向								
5	报价								
6	主管审核								
7	经理审核								
8	进行具体沟通								
9	签订合同								

2. 对照选择标准做出判断

根据中间商的选择原则来审核这些中间商。

不同的种子生产企业在具体选择渠道成员时可能遇到不同的情况。有的种子生产企业资金雄厚，商誉好，种子产品有很大的潜在市场，这类企业比较容易得到所需的中间商；而有的种子生产企业由于处在初创阶段，品牌知名度不高，产品的市场潜力也不大，这类企业可能要花费很多的精力寻找中间商。由于中间商的经营绩效对产品的销售量影响很大，种子生产企业在具体挑选中间商时，必须全面了解中间商的以下情况：

(1)中间商的规模和财力。通过销售回款额、应收款数量、给企业的回款期限、会计师事务所有关审计报告、银行信誉级别等，挑选在规模和财力上能够承担种子生产企业所要求的销售工作量的中间商。

(2)中间商的稳定性。需要调查中间商的历史情况，销售工作业绩，现在的财务状况，清债能力，有无经营不稳定的因素。

(3)中间商的商誉与种子生产企业的产品品牌是否适宜。种子生产企业的产品如果是知名品牌，就必须寻找能够保证企业品牌形象的商誉非常好的中间商。

(4)中间商有无经营种子产品的经验。如果某个中间商过去长期经营种子以外的其他农业生产资料,现在要做种子经销商,种子生产企业就要考虑中间商是否具有丰富的相关产品知识和技能。

(5)中间商的经营管理水平、员工的素质、整体服务水平以及合同履行态度。如果中间商的经营管理水平比较低,员工的素质差,整体服务水平低,种子生产企业就不能考虑其为中间商。

(6)合作意向与态度。主要是看经销商是否对自己的产品有兴趣,是否有闯劲、激情和进取心。

我们通过中间商登记表(表 3-2-2)来明确此任务的内容。

表 3-2-2　中间商登记表

经销商编号		经销商全称	
主要客户群			
主要销售区域			
渠道销售经验			
门店地点			
财务资信			

3. 评价中间商

种子生产企业要定期对渠道成员进行评估,考查中间商的销售业绩。评估的方法有两种:一种是对每一中间商的销售绩效与上期的销售绩效进行比较,并以整个群体的升降百分比作为评价标准;一种是将各中间商的绩效与该地区的销售增量分析所设立的配额相比较,也就是计算中间商实际销售额与其潜在销售额的比率。在评估中间商时,不仅要看各中间商销售水平的绝对值,而且还要考虑他们面临的各种不同可控制程度的变化环境,考虑种子生产企业的产品大类在各中间商的全部货品搭配中的相对重要程度。

【业务知识】

种子分销渠道的中间商

种子中间商作为联系种子企业与农民的中间环节,是营销渠道中的重要成员,它影响种子营销渠道的结构。目前,我国种子中间商主要由各类种子公司、农技推广中心和个体经营户组成。

（一）中间商的功能

(1)扩大销售范围。中间商力量使生产商能够以较小的成本接触更多的中小客户及消费者。

(2)有效集散产品。中间商通过广泛地接触不同的生产商,可以高效率地采购、配置多种产品,迅速把产品供应给零售商和生产企业,提高顾客的采购效率。

(3)保证产品储存。中间商备有相当数量的库存,减少了生产商和零售商的仓储成本与风险。

(4)提供运输保证。中间商备有充分的库存,可以迅速发货,并且提供相关的运输服务保证。

(5)开拓资金融通。中间商可以为顾客提供便利的财务条件,如准许赊账,还可以为供应商提供供货等方面的资金保证。

(6)承担市场风险。中间商购进产品后,承担了经济风险,如生产供求和价格变动带来的风险,产品运输和保管中的风险,预购和赊账中的呆账风险。

(7)沟通产销信息。中间商向供应商和顾客提供有关竞争者的产品、服务信息,以及服务和价格变化等方面的信息。

(8)为零售商服务。中间商经常帮助零售商改进经营管理,如培训销售人员、建立会计和存货控制系统。

（二）中间商的类型

根据销售对象的不同,种子中间商分为种子批发商和种子零售商。

1. 种子批发商

批发,是指经营单位或个人把自己的种子,或替委托人把种子卖给最终种植户以外的任何购买者。因此,批发商的经济活动是以进一步转卖或加工生产为目的的。

(1)种子批发商的作用

①批发商通过向种子生产企业收购种子或替种子生产企业推销种子,可以帮助种子生产企业实现种子的销售。对于大多数中小种子生产企业来说,无论是自己设立一个销售部门直接销售种子,还是借助众多的零售商销售种子,其在种子分销渠道的投资都非常大,往往得不偿失。如果通过批发商来销售种子,种子生产企业可以大批量、少批次地销售种子,从而节约企业大量的人力、物力和财力,有效降低种子营销费用,顺利地实现种子销售目标。

②批发商通过分类、分等的方式分割大批量种子产品,为零售商提供需要的搭配种子产品。

③批发商还可以通过仓储、运输等经营活动,实现种子在不同季节、不同地区的供求平衡。许多种子的种植生产是有季节性的,批发商可以通过调种或贮存种子来满足当地种植户对种子的需求。

④批发商可以通过提前订货或预付款等方式为种子生产企业提供融资服务,也可以

为零售商提供各种信用条件，提供融资服务。

⑤批发商联系各地的种子生产企业与零售商，可以为种子生产企业和零售商提供产、销市场信息。

⑥批发商可以通过帮助零售商培训销售人员，为零售商提供各种管理咨询服务。

(2)种子批发商的类型　根据种子批发商从事批发活动方式的特点，可将其分为种子批发商、种子代理商以及种子企业销售分支机构。

①种子批发商：是指独立经营，取得种子所有权后再批发售出的批发商。种子批发商按其经营种子的范围可以分为3种：一是经营范围广，产品种类繁多，以普通种子零售商为销售对象的一般种子批发商；二是经营范围仅限于某一类作物种子，而这一类种子的品种齐全，以独立零售商为销售对象的种子批发商；三是专业化程度较高，专门经营某一类作物种子中的某品种种子，以专业商店为销售对象的专业批发商。

②种子代理商：是指促成种子买卖成交，赚取佣金，不取得种子所有权，只提供有限服务的批发商。种子代理商有以下几种：

a. 种子经纪人。种子经纪人通常拿着种子说明书和样品促成买卖双方成交。他们不直接控制种子，成交后，由种子生产企业把种子直接运给购种方，而经纪人向委托方收取一定的佣金。

b. 种子生产企业的代理商。这种代理商类似种子生产企业的推销员。他们和几个种子生产企业签订长期代理合同，在某一地区专卖非竞争而又相关的种子，按照这些种子生产企业规定的销售价格和销售条件替他们代理全部或部分种子，并按销售额的一定百分比向种子生产企业收取佣金。

自己没有推销员的小种子生产企业和新公司，以及种子产品种类很少的生产企业，往往采用这种代理商。大型种子生产企业在潜在买主不多、生意较少的地区也往往委托代理商来开拓新市场。

c. 销售代理商。这种代理商实际上是种子生产企业的独家全权销售代理，他们为种子生产企业销售全部种子，对价格及其他交易可全权处理。种子生产企业一般只能使用一个销售代理商。

除以上3种种子代理商外，还有佣金商、进出口代理商等。

③种子企业销售分支机构：分销部和销售办事处是种子生产企业的销售分支机构，不是独立的批发商。种子生产企业的分销部执行种子贮存、销售、送货和种子服务等职能。销售办事处设有仓储设备，并有一定的种子库存，主要从事种子销售业务。

2. 种子零售商

种子零售商专指以种子零售为其主要销售额来源的商业企业，它所执行的主要职能就是为农户提供直接的种子产品服务。

我国种子销售渠道中的零售商从他们产生的背景来看，主要有4类：一是原国有种子企业的职工，这部分人经营头脑灵活，业务熟悉，经营绩效好，企业规模比较大，已成为经营种子的主力军，其中相当一部分零售商已成长为拥有自己的种子品牌，甚至拥有自己的种子生产基地的种子公司；二是由生产资料、供销等系统的经营人员改做种子经销的人员，这部分人专业知识相对较差，技术服务不如前者，但经营灵活；三是农业专业技术人员，如乡镇农技站人员，包括县、乡聘用农技人员等，这部分人员专业技术素质好，离农民最近，对农民的需求最了解，但经营管理水平有待提高，经营效益大多不佳，规模也小；四是从其他行业新加入的人员，这些人员看到种子经营的利润高、机会多，于是做起了种子经销，他们缺乏经销种子的经验，但对新品种热情高、有闯劲、肯学习。

按种子零售商所有权拥有方式，种子零售商可以分为以下类型。

(1)公司连锁店　连锁店通常表现为两个或多个商店同属于一个种子企业，用同一个价格经销同样的种子。连锁店面采用统一的设计格调和标识，以强化消费者对企业产品的认同，如新疆农资(集团)公司开展的“农佳乐”连锁店经营。

(2)自愿连锁和零售店合作组织　多个独立商店自我发起组成连锁经销组织，从事规模采购和统一管理。也可以由若干零售商成立中心采购组织，同时联合进行促销活动。这些组织能够获得必要的商业规模经济，能较好地应对来自公司连锁的价格挑战。

(3)种植户合作组织　这是一种为顾客自己所有的零售公司，由区域农户自己出资开设，自定办店方针和管理小组，制定较低价格，最后按照个人购买量的大小分配红利。

(4)特许经营组织　是指在特许人和特许经营者之间形成的一种契约式的联合。特许经营组织通常是以特许人某种独特的种子、服务、某种经营方式、某个商标、某项专利或者是特许人的声誉为基础的。

(5)商业联合体　是由几种不同的零售业务和形式联合组成的所有权集中的松散型公司组织，组织内各零售商的分销和管理职能实行不同程度的一体化。

【业务经验】

一、选择中间商的方法

(一)销售量分析法

该法是通过实地考察中间商的顾客流量和销售情况，并分析其近年来的销售额水平及变化趋势，在此基础上，对有关中间商实际能够承担的分销能力，尤其是可能达到的销售量水平进行评估和评价，以控制铺货量。

(二)强制评分法

对拟合作的中间商，就其从事种子分销的能力和条件进行评分。由于各个中间商之间存在分销优势与劣势的差异，每个项目的得分会有所区别，而不同项目(因素)对分销渠道功能建设的影响程度不同，所以可以对不同项目分别赋予不同的权数，然后计算每个中间商的总得分，从得分较高者中择优选择。

（三）销售费用分析法

利用中间商销售是有成本的，主要包括市场开拓费用、给中间商的价格优惠、由于货款延迟支付而带来的收益损失、合同谈判和监督费用。这些费用就构成了分销渠道总销售费用，它实际上会减少种子企业的净收益，降低利用有关分销渠道的价值。销售费用分析法具体包括总销售费用比较法、单位销售费用比较法和费用效率分析法 3 种方法。

二、种子分销渠道选择技巧

目前国内种业产品供应链的基本特征是企业生产、县级分销和乡镇、村终端消费。承担区域种子推销工作的核心是选择种子经销商、建立种子销售渠道。下面就介绍种子经销商的选择和建立区域销售渠道的技巧。

（一）种子经销商的选择技巧

种子经销商可分为批发商和零售商。

1. 选择批发商时应注意考察的问题

(1)多方了解批发商是否诚信、可靠；

(2)了解其是否有较强的销货能力；

(3)注意其与其他经销商和零售商的关系；

(4)要知道其资金实力及回款能力；

(5)看其是否看中了公司的种子产品。

2. 选择零售商时应注意考察的问题

(1)为人是否诚实可靠、销货能力及资金情况；

(2)农民对其信任度如何，是否有“坑害”农民的情况；

(3)与其交易一般是否能做到现款现货，不赊账；

(4)判断其是否有一套适应市场终端销售的有效办法。

案例：合肥丰乐种业股份有限公司是我国最早的一批种业上市公司之一，由于起步比较早，在需大于供的情况下，公司依靠各经销商迅速把种子在全国市场铺开。在经销商的选择上，公司主要看其资金实力和信誉度，因为他们大多采用现款交易，可以为公司的发展以及资金回笼和周转带来很大的好处。但随着种子市场竞争的不断激化，每个地区几乎都有了丰乐的种子，价格战在所难免。为了稳定局势，丰乐种业采取了在各地区分设分公司直接销售的办法，但这项措施损害了经销商的利益，因此他们的种子价格越卖越低，量越来越少。了解到以上决策的失误后，公司采取“一地一商”制，努力在一个地区只选一个中间商，以保护价格。但以前分销商选得太多，铺的面太大，想扭转局面，并非易事。

通过本案例可知，公司在选择经销商时一定要慎重，因为一旦做了选择，事后再取消合作，会给工作带来很多的麻烦。

（二）建立区域销售渠道的技巧

建立区域销售渠道要重点注意以下事项：

(1)系统的市场调查是建设好分销渠道的关键，其中对品种、经销商情况、市场情况一定要做全面的调查。

(2)对于新品种，在市场没有知名度情况下，销售渠道一般选择几个经销商，待产品扩大市场后再增加经销商。

(3)选择经销商时不能急于求成，因为一旦选择后，再放弃会带来很大损失。

(4)一般一个区域选一至两个信誉好、卖货能力强的经销商，多了则会乱价，即使是选两个经销商，也要在销售方面达成一致，否则一个即可。

(5)可以把产品分成几类，让一个地区的经销商来做。一个品种或几个品种只给一个经销商，这样有利于各个经销商为了表现自己的经销能力，真正用心销售公司的产品。

(6)要重视那些销货能力强的零售商。批发商销货也是通过下面的零售商进行，如果一个批发商的货只是由一到两家零售商去销售，那不如直接让零售商去销售，不但可以稳定市场，而且能在价格上给企业带来更大的利益。

(7)本公司的货一定要掌握在自己的手里。如果货掌握在某个大经销商手里，由于是欠款进货，经销商拥有了大量的货，自然也就有了主动权，营销人员甚至整个公司都可能被拖进去。

任务3　种子分销渠道管理方案设计

【任务目标与质量要求】

在种子企业师傅指导下，完成企业分销渠道管理方案制订，标准必须明确以便于执行。

【学习产出目标】

(1)熟知分销渠道成员激励的作用和措施；熟知渠道冲突的表现、原因和控制渠道的措施。

(2)制订种子企业分销渠道管理方案，能执行对分销渠道成员培训等工作，能对分销渠道成员提供持续的支持。

(3)评估并改进分销渠道管理方案，协助解决分销渠道成员营销活动中的问题。

【工作程序与方法要求】

渠道合作是市场营销观念下的必然产物，有利于企业更好地满足目标市场的需求。为了能够顺利实现种子企业的市场营销目标，需要对分销渠道成员进行管理，管理内容包括设立分销渠道管理目标、编制分销渠道管理方案、评估并改进渠道管理方案。工作程序如下：

设立分销渠道管理目标 → 编制分销渠道管理方案 → 评估并改进渠道管理方案

1. 设立分销渠道管理目标

分销渠道管理的目标：一是货畅其流，保证农民能够方便、及时地购买到所需的种子；二是维护合理的价格体系，确保渠道成员有利可图；三是提高企业知名度，扩大产品的市场占有率，使市场最大化。全面有效的渠道管理可以维护既有的渠道结构，保持与现有渠道成员的良好关系。

2. 编制分销渠道管理方案

(1)渠道成员的培训　种子企业对渠道成员进行培训的目的在于增强中间商对本企业的信任度，提高其营销水平，扩大本企业种子产品的销售，提升销售业绩，建立与中间商稳定、持久的战略伙伴关系。围绕这一目标，企业对中间商的培训内容主要包括以下几个方面：①企业形象宣传；②产品知识培训(种子的特征特性、栽培技术、病虫害防治技术等)；③销售政策培训；④营销观念培训等。

培训形式有内部培训和外部培训两种：内部培训包括企业销售人员拜访洽谈，品种试验、示范、宣传、推广，现场观摩会等；外部培训通常是由种子企业专业培训机构来进行，如财务管理培训、销售技巧培训等，用于不断提升经销商素质和内部管理水平。

(2)渠道成员的激励　渠道成员激励的方法主要有以下几种：①销量返利；②终端返利；③各种补贴；④品牌及产品奖励。(详见【业务知识】)

(3)协助解决渠道问题。渠道问题主要指的是渠道冲突。最常见的冲突是种子渠道恶性窜货问题，它会导致品种、品牌、企业形象在农民和终端经销商心中失去地位，给企业带来严重损失。

种子企业预防渠道恶性窜货的措施：

①建立规范、合理和稳定的价格管理体系。在确保销售渠道中各个层次各个环节的种子经销商都能获得相应利润的前提下，积极主动加强监控。如果某区域销量或价格有明显变化，应该及时找出原因，检查有无窜货现象发生。对于自己有零售终端的经销商要严格进行出货管理，根据经销商的出货对象，规定严格的价格，控制好每一层级的利润空间，以防止经销商跨越其中的某些环节进行窜货。

②信息沟通渠道要畅通。最关心窜货的除了种子企业外就数被窜货地区的经销商了,他们往往第一个发现问题,所以应有一个畅通的渠道能让他们及时地反馈、沟通信息,以便及时掌控市场窜货情况。

③种子外包装实行区域差异化。在不同的区域市场上,相同的种子采取不同的外包装形式,通过对产品不同外包装的识别,在一定程度上控制窜货。

④种子推广与种子经销有机统一。蔬菜种子的销售与其他产品不一样,每个新品种一般需要经过2～3年的推广时间才能进入销售成长期,才能获得较大的利润。在实际工作中,经常出现推广新品种的人无法获得以后在该地区的经销权,致使这些人产生一定的报复心理而恶意窜货。因此,在新品种推广期就要确定谁推广谁就获得该品种在该地区的经销权,实现良种推广和经销的有机统一。

⑤允许退货,与种子经销商共担风险。为防止经销商在处理滞销、积压种子时而发生窜货乱价行为,企业应建立与经销商共担风险的制度。在不影响种子价格的情况下,企业可以分品种、分经销商、分销售区域制定相应的政策。

⑥销售任务要合理。销售任务应该根据品种生命阶段、市场开发的实际情况来制定。指标太低,浪费了企业的资源;指标过高,市场消化不了,必然会造成窜货。

⑦经销区域布局合理。根据产品生命阶段、市场规模和容量,合理设计经销区域和经销商密度。按照行政区域或按经销商平均分配是不科学的,会使有能力、有实力的经销商"吃不饱",规模小、分销能力弱的经销商达不到企业的销售目标。只有根据市场、品种、经销商实际情况设计经销区域才是合理科学的。

⑧品种区隔。把所有品种让一个经销商代理,弊大于利。如企业的品种较多,会带来3个问题:一是经销商资金的压力;二是哪个品种赚钱,经销商会主推哪个品种;三是对于市场开发的基础工作经销商不会下力气去做,这样企业又做不过来。企业应当将不同的品种分配给不同的经销商去做,这样既有利于品种的市场发展,又能有效地控制经销商。

⑨地区编码识别。在种子加工时,采用带防伪、防窜货编码,不同地区、不同经销商、不同批次的产品都有各自的明码或暗码。在种子出库时,品种、批次、购种经销商等相关信息应记录在案。如果发现市场有窜货现象,就能及时知道哪个品种、哪个批次、哪个经销商何时窜货及窜货数量,根据掌握的信息迅速采取对策。

3. 评估并改进渠道管理方案

通过定期评估检查分销渠道管理目标的执行情况,及时发现问题,找出差距,进行改进和调整,从而保证渠道畅通和充满活力。

种子企业不能仅限于设计一个良好的渠道系统,还必须根据市场动态、农户购买方式的变化、竞争者的创新营销战略及作物品种生命周期,对渠道系统进行定期改进和调整,优化销售模式以适应市场变化。

市场分销渠道改进与调整可从3个层次上进行研究。从经营层次上看,可能涉及增加或剔除某些渠道成员；从市场规划层次上看，可能涉及增加或剔除某特定市场分销渠道；从企业系统规划层次上看，可能涉及整个分销渠道模式的调整。一般情况下，通过进行种子企业利润的增量分析，弄清增加或减少某个渠道成员后企业利润将如何变化。如果取消落后的中间商，虽然增量分析结果表明企业利润提高，但是可能会对整个渠道系统产生重大影响，因此调整渠道成员还要考虑对其他中间商的销售量、成本和情绪的影响。当通过增减个别中间商不能解决根本问题时，就要采取增减某一特定销售渠道的方式。随着市场的变化，原有销售模式往往会逐渐落伍，这时需要对整个销售模式进行调整。

改进和调整销售渠道不仅是改变渠道，而且会改变营销组合，因此，调整难度往往很大，必须在充分调查市场，反复研究推销模式及企业增量分析的基础上进行慎重改进和调整。

【业务知识】

种子分销渠道的管理

种子分销渠道管理是指种子企业为实现分销目标而对现有渠道进行管理，以保证渠道成员之间相互协调、通力合作的一切活动。

（一）渠道成员的激励

渠道成员的激励是指渠道管理者通过强化渠道成员的需要或影响渠道成员的行为增强渠道成员间的合作精神，提升其工作积极性与经营效率，最终实现企业的目标。对渠道成员的激励有利于提高他们的销售积极性，使他们成为企业信息的传播者、企业信誉的建立者和产品形象的维护者，最终达到渠道成员共同获益的目标。

渠道成员激励的方法主要有以下几种。

1. 销量返利

销量返利即企业根据经销商销售量的大小，确定返利比率。目前，我国大多数种子企业采用这种方式。在企业进入市场初期，销量返利的作用较为明显，是帮助企业尽快提高市场占有率及品牌知名度的有效手段。但当企业的产品进入成熟期，随着竞争的日益激烈，销量返利也可能导致经销商窜货、乱价等短期行为。为提高销量返利的激励效果，此时企业最好是采用“明返”与“暗返”相结合的方法。

2. 终端返利

终端作为渠道的最后一个环节，在企业整个营销活动中扮演着越来越重要的角色，市场决战在终端，其落脚点就是对零售终端的占领。由于种子的最终用户是分布非常分散的农民，目前，还没有一个种子企业能深入每一个乡村或大部分乡村进行宣传、销售。企业用激励政策引导经销商重视终端，利用经销商的力量去做终端，既可以提高经销商的利润，扩大销售，又能够防止经销商的不规范运作，有助于渠道的长久发展。在具体的操作中，种子企业可以在返利设置上增加"终端返利"项目，将经销商终端运作的好坏与他们的返利挂钩。企业针对经销商及其所辖市场设定标准终端网点指标和市场覆盖率指标进行考核，达到指定的数量后，由企业给予经销商物质和精神的奖励。

3. 各种补贴

企业针对经销商在市场推广过程中所付出的种种努力，带有奖励性质地对其中一些活动加以补贴，如广告补贴、种子赠送补贴等，既可加大本企业种子的市场推广力度，也能提升经销商的工作积极性。

4. 品牌及产品奖励

例如，赋予经销商某类种子的独家经营权或其他一些特许权，满足其地位提升的需要，使其产生较强的成熟感和责任感。

（二）种子分销渠道冲突管理

渠道冲突是指渠道成员通过有意或无意的市场行为所触发的各种渠道内外矛盾的总称。当渠道中的某一成员认为另一成员的行为妨碍了他实现自己的目标时，就产生了冲突。渠道成员作为独立经营者，都会最大限度地追求自身利益。因此，在企业经营过程中，渠道冲突的存在具有客观性。长期的渠道冲突不仅危及渠道系统的稳定性，破坏渠道成员的关系，降低整个渠道的效率，而且还直接影响到企业营销目标的实现及客户满意度等。

1. 种子分销渠道冲突的类型

(1)水平渠道冲突　指同一渠道模式中，同一层次中间商之间的冲突。这种渠道冲突往往发生在以区域为划分单位的渠道系统中。目前，国内种子企业大多是以区域为单位划分并且确立渠道系统，因此在我国种子市场上存在广泛的水平渠道冲突。

(2)垂直渠道冲突　指同一渠道中不同渠道层级的渠道成员之间的冲突，主要表现为种子企业与批发商、批发商与零售终端之间的冲突。经销商开发自己的私有品牌与企业的品牌竞争也可能引发这种冲突。

针对垂直渠道冲突，可以采用对渠道成员进行整合，将种子企业与种子经销商之间的关系由松散的、利益相对的关系，转变为紧密的、利益融为一体的关系，将传统的交易型渠道转变为关系型渠道的策略。

(3)多渠道冲突　当种子企业建立多条分销渠道之后，不同的分销渠道之间对同一目标市场的客户进行争夺时所产生的冲突。如种子企业绕过中间商对生产基地进行直销，这样就与当地的中间商产生了冲突。

为了避免多渠道带来的渠道冲突，企业在进行渠道设计时要注意"公平原则"，也就是说要根据渠道成员所创造的价值回报渠道成员，以便形成正确的激励。具体做法有很多，可以是对渠道成员进行补偿，如在业绩考核时把企业直销的量作为用户所在地的独家经销商的销量，或独家经销商可以获得比例不同的交易价格的补偿；也可以通过设置不同的交易条件给予渠道成员一定的独特性，如邮购蔬菜种子的价格高于当地渠道成员的店面零售价，这样既满足了用户的需求，又没有侵蚀当地经销商的吸引力。

2. 种子分销渠道窜货的控制

(1)种子窜货的主要表现形式　窜货又称为冲货，也就是产品跨区销售，是水平渠道冲突的一种典型的表现形式。按种子窜货的不同动机和窜货对市场的不同影响，窜货可进行如下分类：

①良性窜货：是指种子企业在市场或新产品开发的初期，一方面由于人力、物力、财力有限，另一方面由于农民还未完全接受其产品，便有意或无意地选中了流通性较强的种子经销商，使其产品流向非重要经营区域或空白市场的现象。良性窜货可以说是一个“双赢”的行为：种子企业在空白市场上无须投入就可以增加销售量，提高企业的知名度；经销商则获得了相当的利润。这种窜货对产品的销售及推广都起着积极的推动作用。但是，在企业销售业绩达到一定水平，销售网络扩张到原空白区域时，这种销售策略就必须进行调整了。

②自然性窜货：是指种子经销商在获取正常利润的同时，无意中向自己辖区之外倾销产品的行为。这种窜货量一般不大，而且多发生在辖区边界，主要表现为相邻辖区边界附近的农民可能在这一辖区购种，也可能到另外一个辖区购种。只要有市场的分割，这种窜货在市场上就不可避免。

③恶性窜货：是指某些种子经销商为了获取非正常的利润，蓄意向自己辖区之外的种子市场倾销种子的行为。恶性窜货严重扰乱了企业整个市场的价格体系，容易引起价格战，降低渠道利润。它不仅使得其他渠道成员的利益受损，导致他们对该企业产生不信任感，对经销其种子失去信心，甚至放弃经销该企业的种子，而且还将损害企业的品牌形象，使企业失去消费者的信任与支持，同时也给竞争品牌以可乘之机。

(2)渠道恶性窜货产生的原因　造成恶性窜货的原因是多方面的。

①企业盲目追求种子的销量。种子进入市场有一定的周期性，从导入期、成长期到成熟期，至少要经过3年的时间，销量也是慢慢增加。如果企业为了追求市场份额，向业务人员和经销商“施压”、采取“高压”政策，要求他们必须完成一定的销量，业务人员为了获得销售奖励和提成，经销商为了获得销售返点，就可能将自己市场不能消化的种子向周边市场“放水”。

②渠道设计扁平化。由于渠道扁平化，经销商的利润提高，有利于调动经销商的积极性，也有利于新品种快速进入市场。但扁平化的渠道给企业在渠道管理方面增加了难度，给窜货、砸价带来了“机会”。在扁平化的渠道中，分销商相对的市场范围比较小，互相之间的竞争比较激烈。由于渠道成员良莠不齐，种子好销时，都希望自己上销量，地盘越大越好；种子不好销时，都希望把剩余的种子向其他地区倾销。此外，有些企业对渠道

的管理跟不上，措施不得力，窜货、砸价是必然结果。

③销售模式多元化。目前，中国种业有4种渠道销售模式：一是省级总代理销售模式；二是市县级区域代理模式；三是重点乡镇级代理模式；四是合同订货模式，不设区域、不设代理，完全采用合同订货。由于代理级别不一样，在品种销量不畅时，高层级的经销商和订货量大的经销商的利润空间较大，有竞争优势，也有窜货、砸价的“资本”。

④管理不利，政策失控。一是多家经销模式。有的种子企业在经销商选择时，来者不拒，致使渠道成员之间不能严格按照企业的营销政策执行。由于利益的驱使，渠道成员之间各揣心事，造成“你看我、我看你，你防我、我防你，你整我、我整你”的局面。二是承诺不兑现。有的种子企业在与经销商签订合同时，给予了很多承诺，包括宣传推广、广告、赠品、销售促进等方面的大力支持。可是当经销商把种子购进后，企业不兑现承诺，导致市场消化不良，由于资金的压力，经销商不计后果地窜货、砸价。三是管理措施不得力。经销商在经营中，由于利益驱动，窜货是必然的，企业只能采取两种办法：要么不管，由经销商自己去管理；要么严管，拿出一套行之有效的管理措施，明确奖励和惩罚办法，并且要执行到位，才能控制经销商的恶意窜货。

(3)预防渠道恶性窜货的措施(见【工作程序与方法要求】)

（三）不同生命周期的渠道管理

种子的市场生命周期一般为5～10年，随着种子产业的发展和科技进步，种子的市场生命周期有不断缩短的趋势。在渠道管理中配合种子的市场生命周期，适时改变其在某个生命周期的渠道管理，也是使销售效果倍增的有效策略之一。

在种子引入期，农民不熟悉新品种的种植技术和它的特性，不可能广泛接受。此时，需要企业进行强有力的促销活动。在这一阶段，经销商往往表现为忠诚度不高，举棋不定，也很难与之沟通。因此，在该阶段，企业需要强化与经销商的沟通，给予经销商适当的获利空间以建立和维持关系。

种子进入成长期，销量迅速增长，经销商的信心增强。为巩固前一阶段的推广效果，渠道管理主要应关注两个问题：一是确保有足够的渠道成员以保证充分的市场覆盖率；二是注意其他竞争产品对渠道成员的影响。

到了成熟期，由于竞争者的不断加入，种子市场竞争更加激烈，容易造成种子市场的价格混乱，经常出现种子好卖但赚不到钱的情况，经销商的信心开始动摇。此时，渠道管理的重点是增强对渠道成员的激励机制，确保产品对渠道成员的吸引力，减少竞争对手的冲击。

在种子进入衰退期后，甚至在成熟期，种子企业就应开始对下一代新品种进行开发，以占得市场先机。因此，在这个时期，企业要加强与经销商的沟通，稳定营销渠道，保证企业的持续发展。

【业务经验】

区域种子销售渠道的管理技巧

营销人员建设好渠道后，企业还要决策如何管理好渠道。一般来说，企业不可能直接控制分销渠道，因为种子经销商是独立的经营者，他们有自身的利益追求，往往在无利可图或不满意时撤出。

客观上，种子生产企业（制造商）和中间商之间也存在诸多矛盾。如中间商希望存货尽可能少，以节约空间和减少资金的占用，一旦发生断档，又要求制造商提供紧急订货服务，以抓住市场机会；而频繁供货使制造商增加了送货成本，特别是小批量紧急送货。又如，制造商希望中间商全心全意、特别卖力地为自己推销产品，忽视或者干脆拒绝经销其他企业的同类产品；中间商则希望多经销几种可供顾客选择的同类产品，而且要求制造商为自己的产品提供广告促销。这些矛盾导致制造商和中间商相互竞争，在双方的关系中力争取得更大的控制权。但另一方面，从根本上来说，制造商和中间商的利益又是一致的，二者都是通过将商品顺畅地卖给顾客才能获得效益，因此又要加强渠道内部各个成员之间的协调与合作。

在管理销售渠道时，企业应做好以下一些工作：

(1)定期对每个渠道成员的工作效能（包括销售量、销售价格、订货量、回款量等）进行评估。

(2)了解中间商的需求，并制定加强与中间商合作的措施。

(3)调整并减少与中间商在业务上的矛盾，采用“利益分享，风险分担”的原则。

(4)保证对中间商及时供货，加强监督，防其窜货。

(5)必要时对分销渠道做出调整。

(6)对于经销效果好的经销商，应给以奖励或优惠待遇。

(7)对于准备放弃的经销商，一定要谨慎，在取消之前应在当地另选一个经销商，逐渐削弱要放弃的经销商的能力，到一定程度再取而代之。

(8)建立完善的经销商档案。档案中包括每个经销商的个人情况、销售量、利润额、销售品种、销售价格、订货量、服务水平、农民满意程度、销售竞争企业产品情况、与企业合作情况等。

项目三
种子促销活动

任务1　制订种子促销活动方案

【任务目标与质量要求】

根据种子企业销售的具体情况,制订公司某品种促销方案。要求促销目标正确、可行;促销时间合理;费用预算详细、合理;促销活动方案具体、合理、可操作性强。

【学习产出目标】

(1)熟知促销的概念,熟知促销组合策略、广告策略、人员推销策略、营业推广策略、公共关系策略。

(2)制订获得企业认可的某品种促销活动方案。

【工作程序与方法要求】

制订种子企业促销方案时,其操作流程如下:

确定促销目标 → 明确促销时间 → 促销费用预算 → 编制促销方案

1. 确定促销目标

促销目标应该依据企业总体目标拟定，紧扣销售目标，既不能过于宽泛又不能过于狭窄。

促销目标的确定要交代背景，说明原因，即对与此促销目标有关的情况做出描述，如当前市场、消费者和竞争状况、企业目前情况、本次促销动机等。这部分内容设计要求客观、简练。一般常见促销目标：增加销量，扩大销售；吸引新客户，巩固老客户；树立企业形象、提升知名度；应对竞争，争取客户。

2. 明确促销时间

促销时间安排一般以10天为宜，跨两个双休日，从周五开始至下周日为止。如果是大的节庆活动，促销时间可以安排长些，但是一般不要超过1个月。

3. 促销费用预算

对方案设计的促销活动必须进行费用预算。促销方案中凡是涉及费用的部分都要估算列出，尽可能细化，尽可能标准，求得最优效果。促销费用预算一般要考虑的费用有广告费用、营业推广费用、公关活动费用、人员推广费用等。

4. 编制促销方案

“促销活动”是方案设计的核心内容，能够充分体现设计者的聪明才智和创新点子。

【业务知识】

一、种子促销概述

种子促销是种子市场营销的重要内容。现代市场营销不仅要求种子企业开发、经营适销对路的种子产品，还要通过促销活动，塑造良好的企业形象，架起企业和用户之间双向传递信息的桥梁，有效地对种子用户进行外部刺激，扩大需求，诱导购买者买自己企业的种子，把潜在的购买者转变为自己企业的现实购买者。种子营销与一般商品营销并没有本质的区别。种子市场运作同样要遵循市场营销规律和原则，促销仍是种子企业扩大销售、参与市场竞争的重要手段。

种子促销是指种子企业通过各种方式与种子目标市场之间双向传递信息，以推动和创造对企业种子的需求，并引起购买欲望和购买行为的全部活动的总称。

企业要销售或扩大销售必须付出劳动，开展必要的促销活动，不能等客上门。中国种业市场既具有完全市场竞争的零散型特征，同时又具有垄断经营特征。面对种子生产经营单位数量众多，产业聚集度很低，消费群体分散，但市场潜力大的矛盾现象，种子企业应将有关种子信息、可提供的服务信息及所能带给种子用户的利益信息，通过某种方式传播出去，激发他们的购买欲望，同时直接获得用户的反馈信息，从而不断完善企业经营，更好地满足用户需要。

（一）种子促销的作用

现代市场营销要求种子企业不能被动适应需求，而要主动诱导和刺激需求的产生，即创造需求。这一目的的实现需要有效的促销活动与之相配合。这就是种子促销的作用所在，具体有以下几个方面。

1. 沟通信息，传递情报

我国幅员辽阔，各地发展很不平衡，特别是一些相对落后的地区难免会出现“想买的不知道哪里有卖，想卖的又不知道谁要买”的供需矛盾，所以一个类别或一个品种的种子，在已进入市场或准备进入市场的时候，为了使更多的种子消费者和中间商尽快了解有关信息，产生购买欲望，就需要种子企业通过促销活动及时主动介绍种子经销地点、种子性状、特点、价格、适种条件、适种区域、栽培知识、企业可能提供的服务及差别利益等，从而引起购种者的关注，激发购买欲望。同时，种子企业也了解了市场需求动态。因此，沟通信息是争取用户的重要环节，也是密切种子生产者与营销者之间、各级种子营销者之间、种子用户之间关系，强化分销渠道中各环节间的协作，加强种子流通的重要途径。

2. 增加需求，开拓市场

种子需求本身是有弹性的，既可以扩大，也可以缩小，既可以诱发，也可以抑制。有效的促销活动不仅能诱导和激发需求，而且能在一定条件下创造需求。例如，很多地区引进了国外的蔬菜品种，菜种上市时就应着力宣传该品种蔬菜的特性，诸如富含某些元素、具有食疗保健等特殊功能、优点。这样，在刺激消费者购买蔬菜的欲望的同时，一方面调动了农民种植蔬菜的积极性，另一方面也调动了中间商经营种子的积极性。

种子用户需求主要决定于他们的种植习惯，但也常受外界因素影响。尤其是对于那些多数年份供求平衡或供大于求的种子，若不善于宣传，往往造成种子积压。当企业营销的种子处于低需求时，促销可以招徕更多的用户；当需求处于潜在状态时，促销可以加快实现需求；当需求出现波动时，促销可以吸引用户稳定需求；当需求衰退销售量下降时，促销可以在某种程度上恢复需求。

这里指出一点，种子的需求具有派生性。因为种子的需求首先是社会对农业植物有需求，如人们喜欢吃某种蔬菜、粮食，喜欢种植某种花卉，就派生了对这种蔬菜、粮食、花卉种子的需求。种子需求有时又缺乏需求弹性，因为单位面积用种量是一定的，决定购种量的变化因素一般是种植面积和种植户数。种植户不会因为种子价格过高而少买，也不会因价格较低而多买。

3. 树立种子企业形象，突出种子品种特色

种子市场竞争不仅是种子产品的竞争，更多是种子企业信誉和企业形象的竞争。在种子刚进入市场时，用户难以了解其特点，企业可以通过促销活动，宣传本企业营销品种范围及种子的优良品质特性、强化品牌形象，宣传企业特点、生产（营销）状况、供货保证、优质的服务等,使购种者充分认识到购买本企业的种子会给他们带来特殊利益,从而提高企业在购种者中的声誉和信誉。所以,良好的企业形象也是营销取胜的重要方面。

4. 稳定和扩大销售,增强竞争能力

商品社会已经几乎没有一块不被分割的商品市场。在种子市场上,规模不等、种类不同、形式不一的种子企业也很多,追求稳定的市场份额成为种子企业营销的重要目标之一。事实上,由于心理、价格、宣传、服务、技术、竞争等因素的作用,种子市场销量波动很大,这不利于企业稳定市场地位。对此,有效的促销活动,可以提高企业在用户心目中的地位和影响,扩大企业营销种子的知名度,从而抵御和击败竞争者,激发购种者购买本企业种子的信心,稳定销售形势,增强竞争能力。在这一方面,种子企业应该把眼光放远一点,不能只满足于地区市场。

（二）种子促销组合

种子促销组合是指种子企业根据促销需要,对各种促销方式进行适当选择和有机搭配、综合运用所形成的一个整体促销策略组合,也就是从人员推销、广告宣传、公共关系、营业推广 4 种促销方式中选择对本企业最有利的几种方式,并将其有机组合起来综合运用。

1. 促销方式

种子促销方式一般分为两大类,即人员促销和非人员促销,具体分为人员推销、广告宣传、公共关系、营业推广 4 种方式。

(1)人员推销　是指种子企业派推销人员直接与种子目标用户接触、洽谈、宣传,以达到促进销售目的的活动过程。人员推销由于直接沟通信息,可当面促成交易,同时反馈意见及时,可以根据用户需求和市场动态调整企业生产经营结构、方式、服务范围,增强企业竞争能力。

(2)广告宣传　是种子企业通过一定媒介物,公开而广泛地向社会介绍企业营销形式、种子产品及服务信息的一种宣传方式。随着我国市场经济体制的不断完善,种子企业作为独立的商品生产者或经营者,科学地运用广告宣传,对传播信息、促进生产、指导消费、扩大销售、加速流通和提高经济效益有着十分重要的作用。

(3)公共关系　是种子企业通过各种活动使社会各界公众了解本企业,以取得他们的信赖和好感。公共关系的核心是交流信息,促进相互了解,宣传本企业的经营方针、经营宗旨、经营项目、产品特点和服务内容等,从而提高企业的知名度和社会声誉,为企业创造良好的舆论环境和社会环境。

(4)营业推广　是种子企业在比较大的目标市场中,为刺激需求而采取的能够迅速产生激励作用、促进种子销售的一些措施。营业推广大致可分为 3 类:第一类是直接对种子消费者的营业推广;第二类是直接促成交易的营业推广;第三类是鼓励种子推销人员的营业推广。企业根据目的选择不同的营业推广形式。

2. 促销策略

所谓促销策略，是促销组合中侧重几种促销手段的综合使用。在传统的种子营销观念指导下，种子经营主要依靠种子的储存与运输、推销与促销等手段来实现扩大销售。现代种子市场营销观念则通过协调市场营销，围绕目标市场需要的变化来综合运用各种促销策略，并加以优化组合，不断创新，通过比竞争对手更加有力有效地满足目标市场的需要来实现企业产值的增长和利润的增加。这就要求种子企业充分运用现代市场促销策略。

(1)“推式”策略　“推式”策略就是运用人员促销和各种销售推广手段把种子推向目标市场，即从种子生产者推向中间商，再推向种子用户(图 3-3-1)。运用“推式”策略要根据不同情况采用不同推销方法，具体有：

①访问推销。种子推销人员带样品或种子商品目录走访市场或用户，征求意见，了解需求，收集各种信息。这种促销可以在种子旺销前采用，也可以在种子旺销中采用，它属于一种上门服务。为了增强信誉和推销实效，种子推销人员访问推销时一定要带好有关证件，如种子经营许可证、种子检验合格证、种子产品说明书、种子推销人员有关身份证明等。

②网点推销。即在目标市场设立销售网点，通过一定促销手段吸引用户前来选购，或等用户登门选购时尽快促成购买交易。种子销售一大特点是种植户每次购买量少但户数多，所以营销者应广设销售网点，以方便购买。即使是种子批发企业店铺，也应该设在交通便利、用户相对集中的地带。

③演示推销。即通过举办技术讲座、提供咨询、试用宣传、例证等方法，把给种子使用者带来的好处和利益充分展示出来，达到指导使用、刺激购买的目的。

④服务推销。即通过搞好售前、售中、售后服务促进种子销售。售前服务包括品种用量调查、栽培技术讲座、购种资金融通等。售中服务包括购种接待、公平交易、付款条件、付款方式、交货时间地点、包装、咨询服务、运输等。售后服务范围正在不断拓宽，有条件的企业可以根据植物生长周期巡回走访种植户并进行技术服务。在有些交通不便、信息不灵的地区，愁卖不愁种的地区，种子企业应积极帮助种植户寻找农产品销路，与有关方面联系建立产供销联合体，以解决他们的后顾之忧。这些都是值得探讨的售后服务新形式。另外，推行承诺制也是搞好服务推销的重要内容。

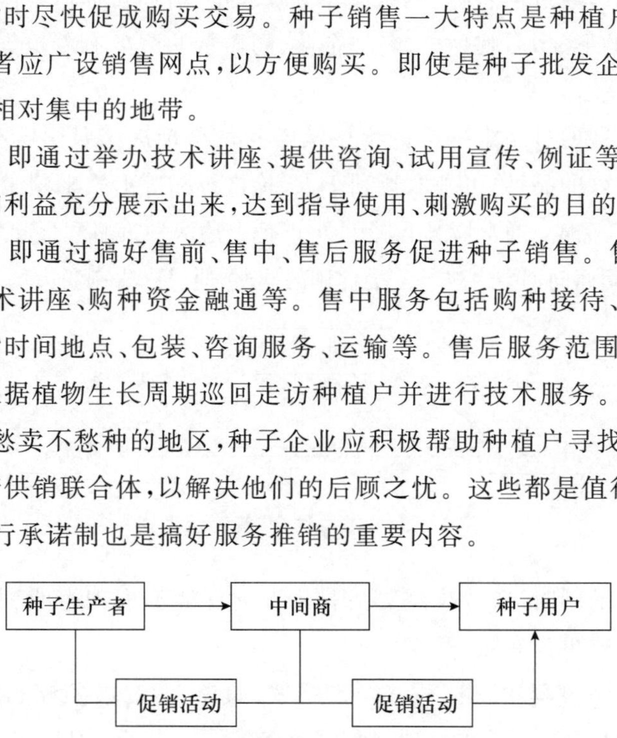

图 3-3-1　“推式”策略示意图

(2)"拉式"策略　"拉式"策略就是大量运用广告和其他宣传措施激发购种者对种子企业经营的种子发生兴趣,产生购买行为,见图3-3-2。

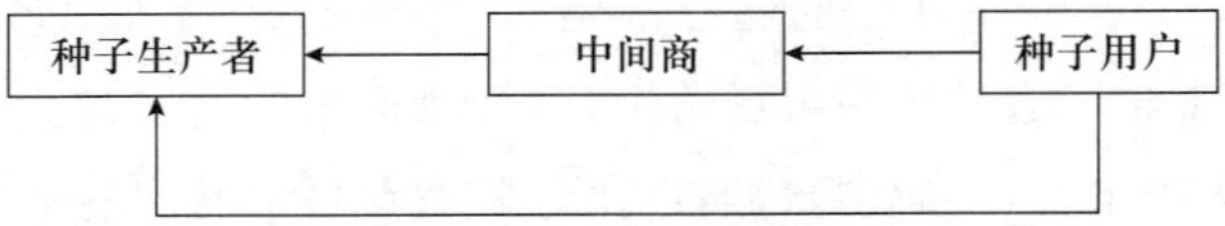

图3-3-2　"拉式"策略示意图

运用"拉式"策略的具体方法有:

①广告、信函销售。通过广告、信函、订货单等向目标市场的中间商、农户及时传递种子信息,说明订货方法,并征询意见,以扩大销售。

②邀请销售。即种子企业组织或参加专业性或综合性的种子展销会、订货会及各种形式的会议节庆,邀请目标市场的单位代表及个人前来参观选购。如花卉节、西瓜节也是宣传和推销种子的有利机会,有一些中药厂选集代表参观原料生产基地,还有一些绿色食品生产(经销)商选集代表参观种植生产基地的方法也值得种子企业借鉴。

③代销、试销。即为了解除目标市场的中间商怕担风险的顾虑,提高其推销种子的积极性,生产者委托其代销、试销,以促进种子尽快进入目标市场。

④信誉促销。即通过创名牌、树信誉、实行"三包"增加目标市场的信任感。这是"拉式"策略中最有效的形式,名牌种子、名牌企业、高质量的服务有着极大的吸引力,其促销效果最佳。

⑤价格促销。即通过制定适当的价格策略和价格标准来吸引购种者。有一些销售前景不被中间商看好的品种,可采取让利于人、价格折扣等形式来刺激购买的积极性。

(3)"推拉结合"策略　通常情况下,企业可以把上述两种策略配合起来运用,在种子生产企业向中间商或中间商向消费者进行大力促销的同时,通过广告刺激市场需求,见图3-3-3。

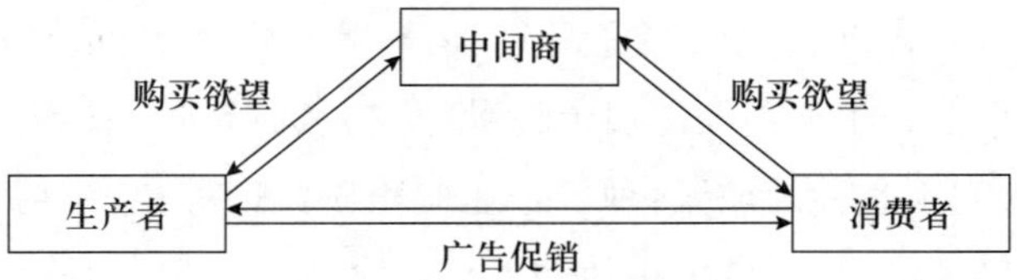

图3-3-3　"推拉结合"策略示意图

在"推式"促销的同时进行"拉式"促销,用双向促销努力把企业种子打入市场,比单独使用其中一种方式更为有效。

种子企业在促销过程中,究竟是实行"推式"策略、"拉式"策略,还是"推拉结合"策略,要根据具体情况而定。一般应二者兼顾,各有侧重。因此,促销组合实质上是综合运用4种促销方式,使之成为一个有机整体,发挥其整体功能,以求达到最佳促销效果的策略组合。

二、种子广告

（一）种子广告的特点

广告同人员推销、营业推广和公共关系 3 种促销方式相比，有它自己的特点。

1. 借助一定的媒体进行信息传播

广告媒体是传播广告的工具，主要有报纸、杂志、广播、电视、广告牌、种子目录、说明书等。广告信息接收者是一个范围广泛的群体，它不仅包括现实用户，而且包括潜在用户，因而必须提高促销信息的传播效果。

2. 促销效用的滞后性

种子商品本身的特性和购买者的心理特性，决定了广告宣传与购买行为往往存在时间差异。因为种子的最终购买者是农民，在没有得到广告宣传的使用效果的成功范例之前，多数农民不肯盲目购买，这也是目前农业科技推广困难的原因之一。

3. 缩短人员推销交易时间

各种推销形式往往是相互补充、相互促进的。广告宣传对于人员推销的补充和促进效果就很明显。通过广告预先了解种子的最新动态、购买地点、价格情况等，在很大程度上能够激发用户的购买兴趣。当推销员与用户面谈时，由于有了广告宣传的促销基础，不仅能缩短介绍过程，而且能强化说服力，加快其购销交易的完成。

（二）种子广告的原则

广告作为一种强有力的促销手段，为广大工商企业传递信息服务。但随着广告业的快速发展，一些不规范甚至违法的行为出现，有的企业利用广告欺骗消费者，利用不实之词误导消费者，所以种子企业的广告宣传必须遵循以下原则。

1. 真实性原则

所谓真实，就是与客观事实相符，在广告中，种子企业应当如实介绍种子或服务，不得有虚假内容，不得搞文字游戏，不能滥用溢美之词做违背科学的结论。真实性原则是一个带有普遍意义的原则，也是广告的生命性原则。《中华人民共和国广告法》特别提出“广告不得含有虚假或者引人误解的内容，不得欺骗和误导消费者”。

2. 思想性原则

广告内容是通过一定的艺术形式反映和表现出来的，无论哪种广告形式都要积极、健康。

3. 效益性原则

在人员推销、营业推广、公共关系、广告宣传 4 种促销方式中，广告宣传促销费用是最高的，因此，在设计和制作发布广告时，先要做好市场调查和预测，根据营销任务和营销环境通盘规划，从竞争对手的广告策略到本企业的广告目标，从广告媒体的选择到广告类型，从广告内容到广告时限，都要从实际出发，讲求效益，有的放矢，进而节省费用，提高效果。

4. 简明性原则

广告要在有限的版面和时间内,输出和传递尽可能多的信息,并使接受者容易读、听、看和记忆。种子广告说服公众的效果,应如凹透镜一样,把种子的所有优点聚合为一个广告焦点——“不仅发光,而且发热”,如此方能引人注目,进而达到目的。不仅如此,种子广告在内容和形式上都要求多样化,突出特色,富有时代性和创造性。

5. 艺术性原则

广告的艺术性越高,感染力越强,效果越佳。要使种子广告能唤起人们的注意,激发购买欲望,应注意广告的艺术形象和表现手法,要求做到主题鲜明、情调高雅、美观大方、生动活泼,画面清晰、色彩柔和、文字简明、语言通俗,要不失为农民大众喜闻乐见。

（三）种子广告设计与管理

1. 广告设计

广告设计一般可分为构思、选择和表达 3 个步骤。

(1)构思　根据广告宣传的目标而构思不同的广告内容,包括推敲词句、语气、格式、体裁和画面等来表达广告的内容。此外,在广告标题的设计上,尤其要注意如何引人注目,使人印象深刻,力求广告创新和精美。

(2)选择　众多的广告构思中,依据引人喜欢、具有特色和让人相信 3 项评估标准,挑选最适宜的内容进行广告创作,使之既能吸引消费促进销售,又符合广告的设计原则。

(3)表达　即具体选用哪种媒体表达方式和艺术形式,向用户传递种子广告信息。

2. 广告管理

为了保证广告的质量与效果,种子企业必须做好广告的管理工作。

(1)企业内部要设立广告部门。广告部门负责组织广告活动,包括确定广告的主旨、设计及管理。他们可以自己搞广告设计,也可以把这方面的工作委托给广告代理机构。

(2)要选择好的广告设计单位。多数企业的广告都是委托专门单位设计的,必须了解这些单位的广告设计水平和制作条件,以及现有的声誉等。

(3)选择最佳设计方案和表达方式。不论是自己设计还是委托他人设计广告,种子企业都必须关心设计过程,分析各种设计方案的效果,参与方案的审定和选择,并注意其表达方式是否能吸引用户,是否有真实性和较强的感染力。

(4)种子企业要与广告代理机构的代表紧密合作,掌握有关情况,根据企业的销售利润和目标,正确估算广告的预算和效益,共同制定广告策略。

（四）种子广告的作用

广告被消费者认为是商品进入市场的入场券,是企业促销的重要手段。在现代经济生活中,广告已经渗透到社会的各个领域,日渐成为人们获得信息的重要途径。在种子营销过程中,广告同样有着其他促销手段不可替代的作用。

1. 提供和沟通供需信息

种子广告一方面及时向购种者提供有关种子商品的信息和企业服务信息;另一方面

向生产者、经营者反馈市场信息。广告能加强生产者(良种繁育企业)、经销商、用户之间的联系,沟通产需、产销、销消之间的联系,使得生产者、经营者尽快销售出种子并回笼资金,用户及时买到所需的种子,买卖双方各得其所。

2. 刺激需求,扩大销售

种子广告宣传可以激发用户的需求欲望,引发购买动机。企业通过真实、新颖、生动、形象的广告,吸引用户的注意力,使其对种子营销企业和种子产品产生浓厚的兴趣,采取购买行为。

3. 介绍种子知识,指导使用方法

种子广告宣传增加用户对种子特性的了解,帮助挑选和使用种子,指导用户科学合理地进行作物栽培、田间管理等,使之达到预期的收获效果,避免资金的浪费。

4. 提高种子企业信誉,打造名牌种子产品

广告不仅传播面广,而且传播速度快,用户通过广告可以了解种子商品信息、购买地点及企业服务项目。同时,广告能使一些优秀的种子品种和企业在用户心中留下深刻的印象,有利于树立名优品牌形象,提高企业知名度,促进营销活动开展。

5. 促进种子企业改善经营管理,提高竞争力

种子企业都希望突出自己的产品,吸引用户购买,这样便展开广告竞争。优质的种子、良好的服务是种子企业竞争的基础。因此,不断改善经营管理,提高种子质量和服务质量,才能不断增强企业竞争力,使企业立于不败之地。

我国种子广告业不如其他商品广告那么繁荣,影响那么广泛。随着我国种子市场由计划经营向市场经营的转化,种子市场已由过去种子公司独家经营变为国家、集体、个人多家经营。种子走向市场很重要的一条是种子生产经营单位要逐步加强自己的广告意识,争创名企业名品牌。

(五)种子广告媒体

广告效果不仅与广告信息有关,也与广告所选用的广告媒体有关。在广告宣传中,所运用的广告媒体不同,广告费用、广告设计、广告策略、广告效果等都不同。因此,种子企业要认真选择广告媒体,以达到最佳广告效果。

1. 广告媒体的主要种类及特点

广告媒体是广告主与广告接受者之间的连接链条。它是广告宣传必不可少的物质条件。广告媒体并非一成不变,科学技术的发展使得广告媒体的种类越来越多。不同类型的媒体有不同的特性和不同的媒介质。目前,比较常用的广告媒体有以下几种。

(1)报纸　报纸这种广告媒体的优越性表现在如下几个方面。①传阅性好。报纸与人民群众有密切联系,一份报纸往往多人传阅,广告费用较低。②传播速度快。因为报纸编辑印刷周期短,广告可以很快刊出。③便于剪贴集册。报纸媒体的缺点:因报纸登载的内容庞杂,易分散读者对广告的注意力;制作不精美,影响广告感染力;广告时效短。

报纸的另一明显弊端是绝大部分农民没有看报纸的习惯，所以这一类媒体尽量不要选择。

（2）杂志　杂志以登载各种专门知识为主，是各类专门产品的良好广告媒体。它作为广告媒体有独特优点。①广告宣传对象具体明确，针对性强，有的放矢。在种子类专业杂志（如《中国种业》《种子科技》《种子世界》）刊登农作物种子广告和介绍种子企业的广告，在园林花卉类杂志刊登花卉种子广告，在中国园艺类杂志刊登花卉、蔬菜种子广告就可将种子信息传达给具体市场和目标消费者。②有较长的保存期，读者可以反复查看。③杂志发行区域广，可以扩大广告的宣传面。④印刷精美，容易引起读者注意。缺点表现在：发行周期长，灵活性较差，传播不及时；读者较少，传播不广泛，宣传覆盖率较低。

（3）广播　广播媒体的优越性有：①传播迅速、及时；②制作简单，费用较低；③具有较高的灵活性；④听众广泛，不论男女老幼、是否识字，均能接受。使用广播做广告的局限性在于：时间短促，转瞬即逝，不便记忆；有声无形，印象不深，不便存查。

（4）电视　电视是最重要的广告媒体。具体来说，电视广告媒体的优点有：①听视结合，形象、生动、逼真、感染力强；②收视率较高，宣传范围广，影响面大；③宣传手法灵活多样，艺术性强。电视作为广告媒体的缺点是：时间性强，不易存查，制作复杂，费用较高。

（5）广告牌　在农村路边、田边、村头等较为醒目的地方设置广告牌或绘制广告墙，标明种子品牌、名称、品种。墙体广告对农民宣传效果很好，且成本比较低廉，宣传标语或者广告语要写得实在、易懂、一语破的、简单明了、易于记忆和传播。

此外还有一些广告媒体，如因特网、电子屏、橱窗、车船、霓虹灯等。特别是因特网，较之传统媒体，具有速度快、容量大、范围广、可检索、可复制等优点，发展极为迅速。

常用媒体主要特点见表3-3-1。

表3-3-1　常用媒体主要特点

媒体种类	覆盖面	反应程度	可信度	吸引力	寿命	保存价值	信息量	制作费用
报纸	广	好、快	好	一般	较短	较好	大而全	较低
杂志	较窄	差、慢	好	好	长	好	大而全	较低
广播	广	好、快	较好	较差	很短	差	较小	较低
电视	广	好、快	好	好	很短	差	较小	很高
邮寄	很窄	较慢	较差	一般	较长	较好	大而全	高
户外	较窄	较快	较差	较好	较长	较好	较小	低
因特网	广	较快	较好	一般	短	差	一般	高

2. 广告媒体的选择依据

不同的广告媒体有不同特性，种子企业进行广告活动必须对广告媒体进行正确的选择。正确地选择广告媒体，一般要考虑以下影响因素。

(1)种子种类及特性　不同种子有不同的使用价值和使用范围，广告宣传要求广告媒体必须适应其特性才能取得较好的广告效果。如需要展示色泽、形态的，应选择电视、杂志做媒体，以增加美感和吸引力。如需附以技术等特别说明的，报纸、网络媒体更合适。

(2)媒体传播范围　不同媒体的传播范围有大有小，能接近的人有多有少。因此，在全国销售的品种，应选择全国性的报纸、杂志和中央电视台、中央人民广播电台做广告；在局部地区销售的品种，应选择地方性的报纸、杂志、电视台、广播电台或广告牌及样品台等媒体做广告宣传。总之，要使企业目标市场与广告传播范围统一。

(3)媒体的影响力　报纸、杂志的发行量，广播、电视的听众观众数量，媒体的频率及声音效果等是媒体影响力的标志。媒体的影响力应到达目标市场的每一角落，但超出目标市场则造成浪费。

(4)媒体的成本　广告宣传应考虑费用与效果的关系，既要使广告达到理想的效果，又要考虑企业的负担能力，应尽量争取以较低的成本达到最好的宣传效果。

(5)媒体的时效性　到期不能刊登或发行的媒体就不宜选择，否则会失去机会。

（六）种子广告策略

广告策略是指种子企业根据市场供需状况等因素，在企业营销战略中对广告活动的开展方式及媒体选择的总体原则做出的决策。企业的性质、规模不同，种子营销目标不同，应选不同的广告策略。广告策略一般包括以下内容。

1. 广告目标

一个企业要实施广告决策，首先要确定广告活动的具体目标。没有具体有效的广告目标，企业就不可能对广告活动进行有效的决策、指导和监督，也无法对广告活动进行评价。

(1)广告目标的确定　确定广告的目标，应该考虑以下几个因素：

①广告的目标要易于测定。测定广告效果的关键也在于如何界定明确的广告目标。一般讲，抽象的目标只能反映出目标的性质和方向，但缺乏操作性，难以实施。为此，目标要尽可能具体。

②广告目标要与企业营销总目标一致。广告作为企业营销工作的一部分，必须有助于企业营销目标的实现，而不能脱离营销工作的方向，甚至在进度、步骤等方面也必须服从营销整体工作的进程。

③广告目标应集体确定。为了减少企业内部不必要的干扰，使广告目标更趋合理，更为了协调计划、财务、营销等部门关系，争取各方面的理解和支持，企业营销部门在制定广告目标时应依靠集体智慧，征求多方面意见。

(2)广告目标种类

①种子销售额目标。某些情况下,企业可以根据种子的销售情况来确定广告目标。但采用这种方式的前提是广告是促进种子销售额增加的主要因素,因此,以销售额作为广告目标往往只适合少数企业,对于大多数以普通方式销售的企业,这种方式并不适用。

②打造品牌目标。这类广告目标在于开发、宣传新品种和开拓新市场,它通过对种子特性、植物特性、使用方法、效益情况的宣传介绍,提高消费者对该品种的认识程度。这类广告目标的具体内容有:向市场告知有关新种子品种的情况;通知市场有关价格的变化情况;说明新品种如何使用;描述所提供的各种服务;纠正错误的印象;树立企业形象。

③保牌广告目标。其目的在于巩固已有的种子市场,深入开发潜在市场和刺激购买需求,提高市场占有率。主要方式是通过连续广告,加深消费者对已购种子品种的认识和印象,使现实购买者养成购买习惯,使潜在购买者产生兴趣,并促成其购买行为。广告的诉求重点是保持购买者对广告种子的好感、偏爱,增强购买信心。

④竞争性广告目标。竞争性广告目标在于加强企业营销种子的宣传竞争,提高企业和种子的市场竞争能力。广告的诉求重点是宣传本企业和本种子产品比之其他企业、其他种子产品的优异之处,以增强消费者对广告种子的偏爱,认名购买,并争取使偏好其他企业种子的消费者转变偏好,转而购买本企业种子。

2. 广告预算

广告预算是预定用于某一时期开展广告活动所需支出货币的总额。广告预算对于广告目标影响很大,预算不足会削弱广告作用,预算过大又会造成企业资源浪费,所以科学预算至关重要。

企业确定广告预算的主要方法有以下几种。

(1)销售百分比法　这是以一定期限内的销售额的一定比率计算出广告费总额的方法。

这种办法的优点是:①暗示广告费用将随着企业所能提供的资金量的大小而变化,促使管理人员认识到费用支出的真正来源;②可以促使企业管理人员根据单位广告成本、种子售价和销售利润之间的关系去考虑企业的经营管理问题;③计算方法简单。

这种方法的缺点是:①把销售收入当成广告支出的“因”而不是“果”,造成因果倒置;②广告预算随每年的销售波动而增减,从而与广告长期方案相抵触;③这一办法取决于可用资金的多少,而不是市场机会的发现和利用,因而可能会失去一些有利的市场机会;④因为不是根据不同的种子或不同的地区确定不同的广告预算,而是所有的广告均按同一比率分配预算,所以造成不合理的平均主义。

(2)利润百分率法　这是以一定期限内的销售利润的一定比率计算出广告费总额,使广告费用和利润直接挂钩。该方法适合于不同种子类别间的广告费用分配。但是,这一方法对新上市品种显然不适合，新品种上市需要做大量广告，广告开支比例自然就大。

(3)目标任务法　这是根据企业的战略目标确定广告目标，决定为达到这种目标而必须执行的工作任务，然后估算完成这些任务所需要的广告预算。这一方法较科学，尤其对新种子品种发动强力推销是很有益处的。这一方法可以灵活地根据市场营销的变化(如广告阶段不同、环境变化、消费者接受宣传的心理程度和反应等)来调整费用，同时也较易于检查广告效果。

目标任务法的缺点是，没有从成本的观点出发来考虑某一广告目标是否值得追求。因此，如果企业能够先按成本来估计各目标的贡献额，然后再选择最有利的目标付诸实施，则效果更佳。

(4)量力而行法　这种方法为不少企业所采用。即企业确定广告预算的依据是他们所能投入使用的资金数额，企业根据其财力情况来决定广告开支。当然，这一方法也有一定的片面性，因为广告是企业的一种促销手段，其目的是促进销售。当广告费投入不到位时，有可能影响广告目标的实现。

(5)竞争对抗法　这一方法是根据竞争对手的广告费开支来确定本企业的广告预算。在这里，广告主明确地把广告当作进行市场竞争的工具。所以，竞争对手的广告费就成为企业确定广告费支出的参考依据。其具体的计算方法又有两种：一是市场占有率法，二是增减百分比法。

市场占有率法的计算公式为

$$广告预算=\frac{对手广告费额}{对手市场占有率}\times 本企业预期市场占有率$$

增减百分比法的计算公式为

$$广告预算=(1+竞争者广告费增减率)\times 上年广告费$$

采用这种方法的前提条件：①种子企业必须能获得竞争者确定广告预算的可靠信息；②各种子企业的广告信誉、资源、机会与目标大致相同；③种子企业采取这种方法能代表集体的智慧，是科学的，击败竞争对手有较大的可能性。上述条件同时具备是有一定难度的。

3. 广告效果评价

每个企业都必须重视广告效果的研究，及时对广告效果做出评价。但是要对广告效果做出准确的评价又比较困难。首先，评价数据受多因素影响，诸如农民及其他种子用户思想观念的变化、国家政策变化、居民对某种农产品消费需求的变化等。其次，调查范围和调查对象的分散性也对评价的准确程度产生一定的影响。在实践中常用以下评价方法。

(1)销售额比较法　这种方法就是调查广告发布前后的销售情况，以销售额之差与

广告费用之比作为衡量广告效果的指数，其计算公式为

$$R=\frac{S_2-S_1}{A}$$

式中：R 为每元广告费用效益；S_2，S_1 分别为广告发布后的平均销售额（量）和广告发布前的平均销售额（量）；A 为广告费用。

例：某种子公司为促销投入广告费 10 万元，根据会计资料得知，广告前销售额 150 万元，广告发布后销售额 280 万元，该企业每万元广告费用效益为

$$R=\frac{S_2-S_1}{A}=\frac{280-150}{10}=13(\text{万元})$$

有些地区由于气候原因，农作物一年一熟，因此一年也只有一个种子销售季节。在这种情况下，广告发布前的销售额可用上年同期资料数据，但是要注意两个年头的数据必须是可比数据，否则失去比较意义。

(2)广告效果比率法　广告效果比率是一定时期内广告费用的增长幅度与相应时期销售额的增长幅度之比。其公式为

$$\text{广告效果比率}=\frac{\text{销售额增加率}}{\text{广告费用增加率}}\times100\%$$

例：某种子公司一季度投入广告费 6 000 元，销售额为 90 000 元，三季度投入广告费 8 000 元，销售额为 270 000 元。

$$\text{广告效果比率}=\frac{(270\,000-90\,000)/90\,000}{(8\,000-6\,000)/6\,000}\times100\%=600\%$$

(3)广告费用率法　广告费用率是一定时期内企业广告费的支出占该企业同期销售额的比例，该比例可以反映广告促销的效果。其公式为

$$\text{广告费用率}=\frac{\text{广告费}}{\text{销售额}}\times100\%$$

例：某种子公司 2000 年和 2001 年投入广告费都是 6 000 元，2000 年销售额 150 000 元，2001 年销售额 180 000 元，该企业两年广告费用率分别为

$$2000\text{ 年广告费用率}=\frac{6\,000}{150\,000}\times100\%=4\%$$

$$2001\text{ 年广告费用率}=\frac{6\,000}{180\,000}\times100\%=3.3\%$$

可见，该企业 2001 年广告费用率低于 2000 年，表明 2001 年广告效果好于 2000 年。

应该指出的是，以上 3 种广告评价方法有一个共同的缺陷，即忽略了测试期内影响

销售额变化的其他因素。为了弥补这一缺陷，可选 2～3 种方法综合使用，然后进行比较说明，也可以根据变化情况设置一个调整系数。

4. 种子广告策略

(1)无差异市场广告策略　无差异市场广告策略运用于同质市场，指在一定时期内运用各种广告媒体向同一个大目标市场推出相同内容主题的广告，以广为宣传，迅速占领市场。这种策略的效果较好，但成本较高。

(2)差异市场广告策略　差异市场广告策略是指在一定时期内，针对细分的目标市场，选择部分媒体或媒体组合进行广告宣传，待市场扩大后再采用其他媒体。这样做一是出于慎重，二是为了节约成本，提高所选媒体的效率。

(3)集中市场广告策略　集中市场广告策略就是把广告力量专注于一个或几个细分的目标市场。采用此策略一般从企业自身力量考虑，选择适当的目标市场，避免力量分散而缺少力度。

(4)不定型策略　不定型策略的特点是：无一确定的媒体选择，完全根据需要和信息反馈情况来确定下一步媒体方案，研究反馈来源后，以反馈较多的媒体为下一步媒体选择目标。即以少数媒体开头，观察反应，若反应不强烈，则有两个对策，其一是另择媒体再试，其二是启用更多的媒体同时开展广告攻势。

(5)媒体组合策略　各种媒体功能、特点各异，合理搭配进行广告宣传是很必要的。比较好的搭配形式有以下几种：

①报纸与广播搭配，可使不同文化程度的种子用户都能接受到广告信息传播。

②电视与广播搭配，可使不同文化程度的种子用户能尽快接受广告信息传播。

③报纸或电视与路牌广告搭配，有利于提醒购种子者购买已有印象或已有购买欲望的种子。

④报纸与电视搭配，应该以报纸为先锋，对种子进行详细介绍后再运用电视进行地区性宣传。

⑤报纸或电视与邮寄广告搭配，应以邮寄广告为先锋，做试探性宣传，然后用报纸或电视广告做加强性宣传。

三、人员推销

(一)人员推销的形式及特点

人员推销虽是一种传统的促销方式，在现代种子企业市场营销活动中仍起着十分重要的作用。人员推销给购种者提供了很大方便，并可针对种子用户实际状况提供相应的技术指导。实践表明，人员推销与其他促销手段相比具有不可替代的优势。

1. 人员推销的形式

人员推销一般有 3 种形式，即上门推销、柜台(门市)推销、会议推销。

(1)上门推销　是指由种子推销人员携带样品、种子说明书和订货单等走访用户，推销种子。这是一种主动式推销，在众多的推销形式中是最艰苦但被推销界广泛采用的推销方法。

(2)柜台(门市)推销　指由营业员接待进入商店的用户来销售种子。营业员在与用户当面接触和交谈中介绍种子，回答询问，促成交易。这是一种等客式推销方法。门市里种子种类齐全，能满足多种用户需求并且保证性比较强。

(3)会议推销　指利用各种会议的形式介绍和宣传种子，开展推销活动，如订货会、展销会、专门大集、技术讲座等。这是一种广泛式推销方法。这种方式同时可以向多个推销对象推销种子，成交金额较大，推销效果较好。

2. 人员推销的特点

人员推销较之其他促销方式，具有以下特点。

(1)灵活性　种子推销员能与用户保持直接的联系，根据各类用户特殊的需要、动机和行为，设计具体的推销策略，并随时加以调整。推销员可以及时发现和开拓潜在种子需求，不仅能向用户直接介绍种子的特性、质量、使用和保管方法等知识，还可以解答各类用户疑问。特别是对于新品种，推销员通过介绍和答疑来消除购种者因对种子不够了解而产生的各种疑虑，对诱发购买欲望、促成购买行为特别重要。

(2)针对性　种子推销员在每次推销之前，可以选择有较大购买潜力的用户，有针对性地进行推销，并可事先对未来用户做一番调查研究，确定具体推销方案、推销目标和推销策略等，以强化推销效果，提高推销的成功率。

(3)完整性　人员推销过程是从市场调查开始，经过选择目标用户，当面洽谈，说服用户购买，提供服务，最后促成交易。这也正是人员推销过程的完整性所在，人员推销的完整性是其他促销方式所不具备的。因此，人员推销在收集、传递、反馈市场信息，指导市场营销，开拓新的市场领域等方面是其他方式所不及的。

(4)情感性　推销员在推销种子的过程中与用户直接接触，彼此在买卖关系的基础上，交流情感，增进了解，产生信赖，建立友谊。而感情的培养与建立，会使用户产生惠顾动机，从而确立稳定的购销关系，促进种子销售。

(5)双向性　人员推销是一种双向信息的交流过程，推销人员在与客户交往中，能够收集到所需的各种市场信息，及时反馈给种子企业，为生产、经营提供依据。

(6)局限性　用户居住分散的情况下用此方法受到限制。

(二)种子推销人员的任务

种子推销人员具有双重身份和责任。他既是企业的营销者，应为企业利益着想，又是用户的参谋，要为用户利益着想。一个优秀的种子推销人员要完成下列任务。

1. 销售种子

这是种子推销人员最基本的功能和首要任务，特别是对大额项目，种子推销人员通过与用户直接接触，使用推销技巧，有效分析用户需求及所期望的最大利益，根据不同情况向他们提供各种服务，使其购买所推销的种子。

2. 开拓市场

种子推销人员不仅要提供种子，满足需要，更重要的是加强与现有用户的联系，同时在市场中寻找机会，寻找新用户，对新老用户的不同需求开展创造性的促销活动。不断开拓新市场是种子推销人员的重要任务。

3. 信息沟通

种子推销人员不但应熟练地将企业营销的种子和服务的信息传递出去，还要进行种子市场调查和收集情报工作，善于从复杂的市场环境中捕捉有效信息，研究和预测种子市场需求动向，并将市场信息及时地反馈给企业，为企业改进营销措施进行营销决策提供可靠依据。

4. 提供服务

种子推销人员要积极主动为用户提供各种服务，帮助用户选购不同品种，引导其购买本企业代理品种，对用户的问题提供咨询意见，给予技术指导，安排资金融通，解决货物运输，帮助销售收获的产品等，以提高本企业种子的市场占有率。

5. 扩大影响

种子推销人员应通过自己的行为，来维护企业的形象，扩大企业和种子产品的社会影响。

6. 协调功能

种子推销人员还应主动观察企业与用户之间可能存在的矛盾，努力协调解决这样或那样的摩擦，使每一位用户满怀希望而来，满载收获而归。

7. 调剂余缺

在种子的销售过程中，由于不同地区人们思想观念、种植习惯等的差别，往往会出现同类品种在此地积压，在彼地可能被抢购的现象。种子推销人员应利用其接触点多、涉及面广的有利条件，对营销各地的种子进行品种余缺调剂，以保证满足用户需求，扩大企业销量。

（三）人员推销的策略

种子商品不同于生活资料和其他生产资料商品，销售用户群一旦形成就会相对稳定，重订概率比较大。因此，应用一定的推销策略，抓住新用户，稳定老用户就显得尤为重要。推销策略是灵活多样的，这里介绍 3 种常用策略。

1. “刺激—反应”策略

这是推销人员在不了解用户需要的情况下，经常采用的一种策略。即推销人员事先准备好几套接待新用户的话进行演说（即刺激），看看用户的反应；再讲，再看用户的反应。如此运用一系列刺激方法，以期引起用户购买兴趣，进而促成交易。

2. “启发—参谋”策略

这也是种子推销人员在不了解用户需要的情况下常用的一种推销策略，即推销人员从寻问用户开始,了解其所处地域环境、气候条件、土壤情况及内心意向,利用自己的专业知识为用户当参谋。通过这种带有启发性的买卖双方交流引起用户的购买行为,促成双方交易。

3.“需要—满足”策略

这是一种创造性策略,这种策略的特点是种子推销人员已熟知用户多方面的情况,如购买习惯、思维方式、知识水平、地域环境、经济收入等,同时用户也已对推销人员及企业有信任感。这时推销人员可给用户提供一些发展性建议,帮助他选购试用一些新品种,并在力所能及的范围内提供一定的承诺,使买卖双方都可以得到必要的满足。

(四)种子推销人员应具有的职业能力、素质要求及推销组织形式

1. 种子推销人员应具有的职业能力

(1)观察能力　通过言语、表情及肢体动作洞察顾客内心活动,为下一步行动做好准备。观察能力是推销人员发现顾客、俘获顾客内心的前提。

(2)分析判断能力　推销人员每天会受到各种环境因素的影响和大量信息的干扰,常常要面对很多问题,分析判断能力就是深入问题的各个部分并确定解决方案的能力。优秀的推销人员能透过现象看本质,并及时将自己的时间和精力投放到核心问题的解决上。

(3)记忆能力　推销人员的工作繁杂,每天需要记住很多东西,如顾客的姓名、职务、单位、电话、兴趣爱好等与顾客相关的事情,品种的特征特性、质量、产量、价格、栽培要点等专业知识,以及对顾客的承诺、交易条件等。推销人员要不断训练自己、提高自己的记忆能力,养成良好的记笔记的习惯,对重要的事情,做好备忘工作,这样才不至于遗忘而影响工作。

(4)交往与沟通能力　推销人员是企业的“外交家”,在与顾客打交道时,要求其善于与他人建立联系,相互沟通,取得信任,提高工作效率,化解和处理各种矛盾。

(5)应变能力　推销人员在推销工作中,会面对各种各样的顾客,会遇到各种事前无法预知的情况,这就要求推销人员要有灵活的头脑,敏捷的思维,沉着、冷静、果断地处理突发事件。

(6)创新能力　推销活动需要创新,常用的传统推销方式让人屡见不鲜,很难激发起顾客的兴趣和购买欲望,而别出心裁的推销手段或方法,才能出奇制胜。

2. 种子推销人员的素质要求

种子推销人员素质是指推销人员在种子销售过程中,其品质作风、知识结构、性格等内在因素有机结合所表现出来的能力。有人将其总结为四大方面素质,即“内在动力、干练的作风、推销能力及与客户建立良好业务关系的能力”。

内在动力——每个人动力的源泉各不相同,无论是自尊心、金钱,还是自我价值,首先集中表现为热爱推销工作。干练的作风——勤奋、不怕困难、雷厉风行、坚持到底是推销成功的基础。推销能力——如果一个种子推销员不能让用户购货，其他技巧都是空谈。与客户建立良好业务关系的能力——优秀的种子推销员最重要一点是成为解决用户问题、理解需求、拉近关系的行家。具体而言，种子推销人员应具备以下素质要求。

（1）不怕困难高度负责的思想素质　种子推销人员既是企业经营的代表，又是种子购买者的顾问，架起了种子企业和购种者之间的桥梁。他们一方面积极为企业推销种子，同时又以用户眼光看问题，努力为购种者服务。双重角色决定了种子推销人员要具有强烈的事业心和责任感。没有对用户高度的责任心与高度的热情，没有不怕艰苦、善于动脑、不畏惧失败、直到最后一刻也不会放弃努力的决心和信心，是干不好推销工作的。

（2）广博丰富的知识文化素质　种子作为一种特殊的商品，具有一定的活体性和适应性，区别于其他商品，专业性强。种子推销人员常与各种各样的用户打交道，一个好的推销人员需要具备广博的知识。

①种子商品知识。种子是生物产品，具有生物学特性，容易受外部生物环境因素的影响，对贮藏、运输条件要求较高。为此，推销人员必须具备生物学基础知识，既要熟悉掌握种子的习性，包括种子的净度、纯度、发芽率、生育期等专业知识，又要了解不同时期种子的田间管理技术及病虫害的防治方法等。

②本企业的知识。对本企业的历史、在同行中的地位、方针、营销政策、所经营种子种类、服务项目、品牌知名度、交货方式、价格等必须了如指掌。

③市场知识。如何选择目标市场、市场需求信息、竞争对手情况、货源情况、国家有关政策、目标市场文化背景和农业生产结构等都是种子推销人员应该熟知的。

④农业知识。有些种子具有长效价值，其经济效能会在较长一段时间内发挥，并可以累计。然而农民是很“现实”的，特别是对推广的典型试验示范种子资料非常重视，而且还要得到保证。因此，推销人员应具有丰富的农业专业知识，如种子特点、植物性状、适宜生长环境条件、适宜地域、植物生长过程中的技术管理等，让用户买得放心，用得实在。

⑤市场营销学、推销业务、心理学等相关知识，除此之外还要有法律知识。知识面的宽窄与否，在一定程度上影响种子推销人员的推销能力，所以种子推销人员必须善于学习，夯实丰富的知识功底。

（3）良好的个性品格素质　种子推销人员应有良好的修养，仪表大方，态度和蔼，言谈流利，口齿清楚，表达能力强，同时又有热情奔放、坚韧不拔的性格特征。

（4）健康的身体素质　推销活动是一项艰辛的工作，需要耗费大量的体力和脑力。所以推销人员要有健康的体魄、旺盛的精力和清醒的头脑才能克服困难完成推销任务。

3. 人员推销组织形式

人员推销组织形式要根据企业规模和营销品种的范围、结构、人员素质，按照精简、统一、效率、效益的原则，慎重选择，合理组织。一般来说，可供选择的组织形式有以下几种。

(1)区域结构式　它是指每个种子推销人员(组)负责一定地区的推销业务，是一种最简单的推销组织形式(图 3-3-4)。这种推销组织形式的优点有以下几个方面：

①推销人员的责任明确，便于考核，有利于深入研究区域市场潜力及发展趋势，建立稳定的客户群。

②推销人员活动范围小，相对地节约了销售费用。

③推销人员活动区域稳定，有利于与当地各界大众建立联系，增进友谊，加强合作。

④推销人员熟悉当地市场整体情况，能够正确地分析和估计市场销售潜力，有利于开拓市场。

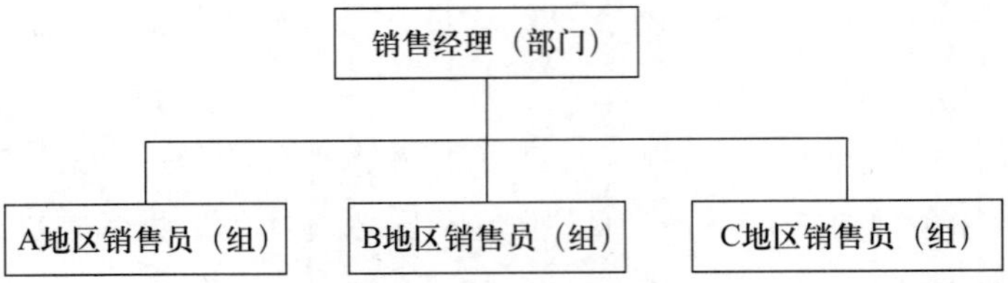

图 3-3-4　区域结构式人员推销组织

(2)品种结构式　它是指每个种子推销人员(组)负责某种或某类种子的推销业务，不受区域限制(图 3-3-5)。这种组织形式的优点是：

①推销人员熟悉种子品种知识和供销情况，有利于预测该品种的销售趋势，及时组织货源，并扩大用户群。

②该组织形式对推销人员的知识结构提出了更高的要求，有利于促进推销人员不断学习，更新知识，提高素质。品种结构式适宜于那些种子特性明显，种植、管理技术性要求比较严格，种子品种多而买主又不太相同的种子企业。相反，则不宜采用这种推销组织形式，否则会出现几个销售人员对同一用户的内部竞争。

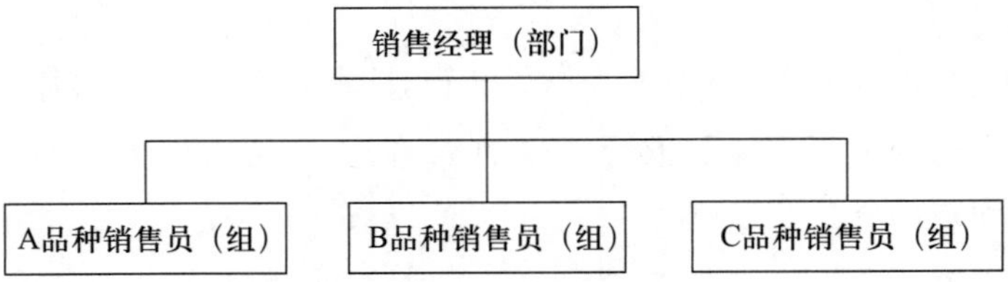

图 3-3-5　品种结构式人员推销组织

(3)用户结构式　它是按用户性质特点安排推销人员，将用户按规模等特征分为若干组，每个种子推销人员负责一组或几组。这种形式的最大好处是，可以使推销人员和用户之间相互加深了解，建立友谊，从而建立稳定而密切的供求关系。这种形式适用于同类用户分布比较集中的情况，但就我国目前农村或农业部门结构模式来看，这种形式适用性不大。

(4)复合结构式　它是指将区域式与品种结构式组织形式混合运用,有机结合,按“区域—品种”来分配种子推销人员(图 3-3-6)。这种组织形式的优点有以下几个方面:

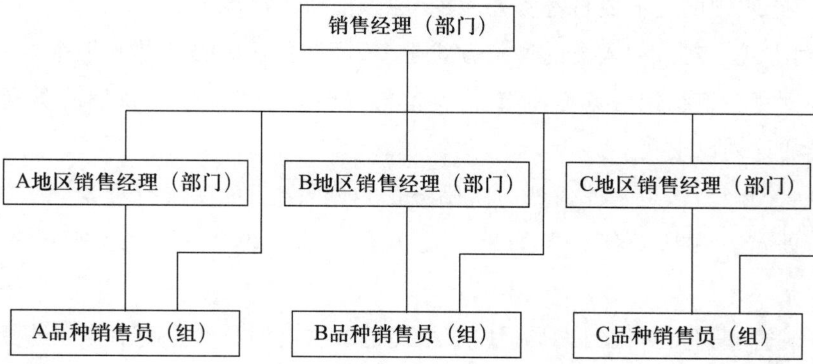

图 3-3-6　复合结构式人员推销组织

①能够灵活调度推销人员,全方位地发挥和运用推销人员的知识才能,有利于调动推销人员的积极性。

②推销人员能从企业整体营销效益出发开展营销活动,有利于扩大销售。

③推销人员能进入一个地区或某一单位,解决诸多种子推销中的问题,有利于节省推销费用。

复合结构式组织形式适用于用户类别复杂而分散的市场条件。在采取复合结构式组织形式的情况下,必须建立相应的领导体制,否则容易造成多头领导、职责不清,特别是在不同部门人员的协调配合工作做得不好时,会直接影响推销效果。复合结构式对推销人员要求较高,没有较全面的知识难以取得好的推销效果。

不同结构形式各有优缺点,企业采取何种形式,应视自己的营销能力、特点、人员素质、竞争状况、目标市场特点等因素综合考虑。以上对各种组织形式的特点及其应用条件的分析可归结为表 3-3-2。

表 3-3-2　各种人员推销组织形式的特点及其应用条件

组织形式	特点	应用条件
区域结构式	按区域分工责任明确,有利于提高推销人员业务水平,开展市场研究,密切供需关系,节省营销费用	品种少,市场类似
品种结构式	按种子种类分工有利于熟悉种子,提高服务技能和业务水平,开拓市场	品种种类多,市场差异性大,用户分散
用户结构式	按用户分工有利于密切供求关系	同类用户分布集中
复合结构式	按区域、品种、用户分工能充分发挥推销人员才能,使他们得到全面锻炼,对推销人员要求高	种子品种多,用户类型多,分布分散,推销人员少

（五）种子推销人员的激励与考评

1. 种子推销人员的激励

激励是一种精神和物质的力量，起加强、激发和推动作用，引导人们通过行为实现目标。事实上，组织中的任何成员都需要激励，种子推销人员也不例外。

(1)激励方式　对推销人员的激励方式是多方面的，常见的有以下几种：

①销售竞赛。组织销售竞赛，对有优良销售表现的人员应给予特别的奖励。这类竞赛应有周详的计划以求实效。

②晋级(晋升)。这是一种强烈的激励方法，种子企业可以实行推销人员等级制，根据销售业绩评定其相应等级。但如果企业内晋升的职位并不多，这种方法不能经常使用。

③赞赏。管理人员对推销人员适时而恰当的赞誉有时比奖金更有激励作用。

④表彰。有些企业将优秀的推销人员通过报刊或企业光荣榜进行宣传，使个人知道他们在企业内和同行内的声誉或地位。

⑤报酬奖励制度。

(2)确定合理销售报酬水平　对于同一类型的推销人员的工作，本企业销售报酬水平应参照当前市场水平。一般而言，企业若付低于市场价格的报酬，招募的推销人员的素质可能就会比同行竞争者低。同时，推销人员报酬水平还须兼顾企业内部的报酬体系。

(3)推销人员报酬方式　推销人员报酬方式有以下几种。

①纯薪金制。在这种制度下，推销人员能得到因任务所需要的费用。

这种方法的优点是：a. 管理层调整推销人员的工作时，不会遭到推销人员的强烈反对；b. 易于理解，也易于管理；c. 推销人员收入稳定，能保持较高的积极性。

这种方法的主要缺点是：a. 缺少刺激作用，不利于鼓励他们去主动完成比平均销售水平更好的业绩；b. 给管理、评估和奖励推销人员的工作带来困难；c. 业务下降时，纯薪金制因缺少灵活性，会使销售费用成为沉重负担，而业务好转时，薪金又不能起到激发推销人员的作用；d. 由于工资固定等因素，企业较难吸引和留住有强烈进取心的推销人员。

②纯佣金制。这是按销售额或利润额的大小给予推销人员固定比率或按情况可调整比率的报酬。

这种方法有三大优点：a. 能鼓励推销人员尽最大努力工作；b. 使销售费用与现行收益紧密相联，并使推销人员尽最大努力降低销售费用；c. 管理人员可根据不同种子的不同种类、品种、销售点所在地区、不同工作给予不同的佣金。

这种方法的主要缺点是：a. 如果管理层安排推销人员做一些不能立即获得效益的工作，往往会遭到他们的拒绝；b. 由于推销业绩与推销人员利益直接相关，利益的驱动可能会使他们在推销时做出一些有损企业信誉的事情来；c. 纯佣金制的管理费用较高，推销人员工作上缺乏安全感，特别是由于不可控因素导致销售量下降时，会使他们的积极性下降，也可能因利益大小而影响人员的去留，使得队伍不够稳定。

③混合制。绝大部分种子企业采用薪金和佣金混合的制度，以期保留两者各自的优点而避免其缺点。这种制度适用于销售额大小与推销人员努力密切相关，以及管理部门希望适当控制推销人员非销售职责的情况。采用混合制，在业务下降时企业不会因销售成本固定不变的束缚而过大地增加开支，推销人员也不会失去他们的全部收入，销售队伍会相对稳定，是较好的一种报酬方式。

混合制具体有 3 种结构形式：

a. 低底薪＋高提成。该薪酬策略目前被许多企业尤其是中小规模企业所采用，既给予推销人员一定的生活保障并对其进行制约管理，又给予业绩突出者丰厚回报。这种薪资结构通常适用于：

第一，市场开拓期。种子企业需要大量的推销人员开拓市场，采用高底薪策略无疑会大大增加企业成本支出，低底薪＋高提成的薪资结构既可控制人工成本，又可使良莠不齐的推销人员队伍拉开收入差距，并自然完成优胜劣汰。

第二，主力品种、新品种的销售阶段。薪资结构调整也是贯彻企业目标、意图的有效手段。例如，某公司同时销售 A、B 两种种子，且利润率大致相同，但 A 种子是该公司独家代理销售，则该公司可提高 B 种子的销售提成，明确企业要迅速打开市场的主攻方向。同样，如果两个部门（组）分别负责推销不同品种，A 部门推销的 A 品种是企业的最新品种，而 B 部门推销的 B 品种是成熟的已经在市场上占据一定份额的品种，则 A 部门更适用低底薪＋高提成的薪资结构。

b. 低底薪＋提成＋业绩奖金。销售启动阶段是最困难的时期，销售局面一时难以打开，原因是多方面的。如果推销人员四处奔波之后的所得还不足以支付膳食、交通、通信等费用，肯定会挫伤其工作热情，因此很多时候采用“低底薪＋高提成”薪资结构的企业会面临推销人员流动过于频繁的压力。这时，企业可根据自身情况增设奖金。例如，企业计算出当期业务部门的人均销售额，达到或超过平均数的推销人员可得到一笔奖金。这样既给予推销人员适当的补贴，又体现了与业绩挂钩、奖勤罚懒的原则。

c. 高底薪＋提成。高底薪容易滋长员工的惰性，但是支付高薪有时是必要的。第一，在薪酬上采取领先策略，可以防止同行“挖墙角”；第二，对需要掌握专业知识和技术的推销人员，必须支付较高的固定薪水；第三，在企业发展日渐成熟、品种市场份额趋于稳定时，企业对推销人员个人能力的依赖大大减少，这时采用适当提高底薪而降低佣金的策略是明智之举。

2. 种子推销人员的考评

考评推销人员的绩效，要以制定科学而合理的考评标准为前提。这一标准的确定，既要遵循基本标准的一致性，又要坚持公平性。对工作环境、区域情况、品种生物特点、品种营销特点等方面差异，不能一概而论，总体标准要与企业的销售增长、利润增长、发展目标相一致。

对种子推销人员常用的考评指标主要有：

(1)销售量(额)　包括本期销售量(额)和销售增长量(额)，用于衡量销售增长状况。

(2)毛利　用于衡量利润的潜力。

(3)访问成功率　用于衡量种子推销人员的工作效率。

(4)发展新客户数　用于衡量种子推销人员开拓新市场的成绩。

(5)销售费用率　用于衡量销售经济效益。

上述各项指标分别从不同侧面反映种子推销人员的工作绩效，考评中应多项指标综合使用，对每一位种子推销人员做出客观公正的评价。必要时可视情况把回款率列入考评指标，以保证企业有充足的运营资金。

四、营业推广

(一)营业推广的特点及方式

营业推广也称销售促进、特种推销，是种子企业利用各种能够迅速激起需求和购买欲望的手段，来诱导中间商和消费者形成购买行为的一种促销方式。营业推广适用于一定时期、一定任务的短期特别促销，是促销组合策略中的一个重要组成部分，也是一种行之有效的辅助性促销方法。

1. 营业推广的特点

营业推广的目的是鼓励与用户尽快达成最大交易量，所以常常表现出两个方面的特点。

(1)刺激购买效果显著。营业推广具有特别的吸引作用，它给消费者提供了一个特殊的购买机会，使其有一种“机不可失”的紧迫感，促使消费者当机立断，马上购买。因此营业推广具有促销效果强烈、见效快的特点。

(2)运用不当会造成严重后果。营业推广这种短、平、快的促销方式，往往使消费者认为卖主急于将商品出手，而对商品质量产生怀疑。种子是最重要的基本生产资料，一旦购买了劣质品种，将贻误一个生产周期，造成无法挽回的经济损失，所以消费者常持谨慎态度。

种子需求弹性小也决定了种子营业推广效果较之一般商品差。所以种子企业要审慎选择营业推广的形式和手段，且不宜频繁采用这种促销方式，避免促销不成反而影响企业声誉和形象。

2. 营业推广的方式

营业推广从推广对象上看，有对消费者、对中间商和对种子推销人员的营业推广；从行为性质上看，有营业性宣传方式和营业性推销方式的营业推广。

(1)营业性宣传方式　营业性宣传是指种子企业通过所经营的商店或门市部,在种子销售过程中进行促销宣传。具体形式有:

①品种样品展示和陈列。样品是用户所购商品的示范和证明,做好种子品种出样,让用户看得见摸得着,近距离甄别质量,以诱导其购买行为。品种样品展示可以按种子大类,也可以按产地、适种环境等特性排序展示,每个品种应配以植物标本或彩色照片及使用说明书。样品陈列一方面要美化店容,另一方面要让用户能尽快全面地了解企业经营的种子类别及每个品种的品牌、产地、特性、价格等信息。展示和陈设的样品必须有货供应,而且陈设品必须与出售品质价相符。采用营业性宣传方式除了要注意种子商品陈列技术以外,还要注意一些细节问题。例如,企业经营的主导品种、畅销品种、应季品种要摆放在醒目并且方便拿放的位置,要填写好标签。

②营业场所的布置。营业场所的装饰、布置要根据所经营的种子种类、品种和目标市场的特点来设计,为购买者提供一个赏心悦目、干净整洁、心情舒畅的购买环境。

③橱窗布置。橱窗是广告形式,也是营业推广的重要形式,它起着介绍种子、树立种子形象的作用,所以橱窗布置要体现本企业的经营特色。这种促销方式有一个不可替代的优点,就是通过购物环境美化及现场样品宣传,使用户产生好感,因此有人把这种方式称为“沉默的推销员”。

(2)营业性推销方式　营业性推销是一种强化的促销手段,是种子企业为了刺激一定时期的消费需求或开拓新的市场而采取的一系列促销活动。具体方式有:

①赠送试用品。即向农户提供一定量的免费试用品,使之了解种子品种的特点和效益情况,从而建立起继续购买的信心。但是由于种子必须经过一个生产周期才能得到试用结果,这种方式还不能普遍使用。

②折价。折价有两种形式。第一种是折价购货券,即向用户寄送或通过广告散发折价购货券,持券者可在购买本企业种子时享受部分价格优惠。企业通常对折价购货券的有效期、购货地点和折价种子的品种做出规定。这种方法适合规模比较大的连锁企业。第二种是直接折价,即购买种子时直接折价。折价销售可以说是最原始最简单的竞争手段,能够淡化竞争者的广告及促销力度,因此常作为企业应对市场突发状况或应急解决企业营销困境的手段。折价缺点:过多折价有损于企业形象、品牌形象,有损企业利润。假设种子有20%的利润率,如果折价5%,至少需增33%的销量才能收回投资;如果折价10%,则需增加近100%的销量。另外,折价品种的价格很难再升上来。

③会员制。即将购买本企业种子达到一定数量或金额的用户吸收为企业会员,企业会员可享受一定比例的价格折扣,优先保证供应所需种子或提供某种服务。这种促销方法既有利于稳定老用户,也有利于发展新用户。

④附赠品销售。即在推销某品种时对购买者赠送相关用品,赠品可以是某些用品、科普书籍、技术指导等。上述几种方法的主要推广对象是直接用户。

⑤廉价包装。即种子企业在向批量购买者推销种子时,负担一部分运输包装费用,为其提供廉价包装。廉价包装在种子批量销售中是一种有效的刺激方法,可以使用户节省由于批量购买需多支出的包装费用。

⑥提供津贴。为了鼓励中间商积极推销新品种或库存过大的品种,种子企业在一定时期内向购进该品种的中间商提供一定金额的津贴。

⑦推销奖金。即由种子企业向为自己推销种子的中间商发放一定数量的奖金。这种奖励方法是针对某一品种进行的一次性奖励,一般规定对达到或超过一定推销数量者给予奖励。如果推销连续达到规定量,可以连续给予奖励。推销奖金能刺激中间商更积极主动地经销本企业种子,对于发展固定客户是一种有效的方法。

⑧红利提成。为了鼓励种子推销人员积极推销,企业规定按销售额提成,或按所获利润提成。

⑨展销会。通过种子的展览陈列等形式吸引中间商经营和消费者购买。

⑩补贴。指种子生产企业或一级中间商为下级中间商提供陈列样品、支付部分广告费和部分运费等补贴。

(二)营业推广的基本原则

营业推广虽是一种有效的促销方式,但若使用不当,不仅达不到促销目的,反而会影响种子销售,甚至损害企业形象。因此,营业推广应遵循以下原则:

(1)目标原则　营业推广必须有明确的目标。种子企业应当根据目标市场和整体策略来确定推广目标,依据目标制订周密的推广计划,并把长期目标与短期目标有机结合。

(2)费用原则　通过营业推广可以增加销售额,同时也增加了费用。企业要权衡推销费用与营业收益的得失,把握好所费与所得的比值,从而确定促销规模和程度。

(3)对象原则　不同的营业推广手段对不同对象的作用差别是很大的。企业必须事先对营业推广对象做全面分析后分类排队,因地制宜地选用某一种或几种营业推广形式、手段,否则会事与愿违。

(4)时间原则　营业推广的时间必须与购种季节及其他经营活动相协调,时间选择要恰到好处,不能太长又不能太短,既要给购买者欲购从速的吸引力,又不能造成急于推销和降价的印象。

(5)比较原则　任何一种促销方式在不同的时空条件下会有不同的促销效果,种子企业每次进行营业推广之前,都要将几种促销方式进行比较,看营业推广是否是最好的方式。要把取得营业推广的成果资料与推广目标和计划进行分析比较,肯定成绩找出问题,以便实现推广目标。

(三)种子企业实施营业推广的步骤方法

1. 确定目标

营业推广目标由基本市场营销目标衍生出来。营业推广的特定目标根据目标市场的不同而有所差异。针对消费者而言，目标包括鼓励消费者更多地使用产品和促进大量购买，争取未使用者使用，吸引竞争者品牌的使用者使用。针对零售商而言，目标包括吸引零售商经营新的品种和维持较高水平的存货，鼓励他们销售滞销品种，抵制各种竞争性的促销影响，建立零售商的品牌忠诚度，获得新的零售商的合作与支持。针对推销人员而言，目标包括鼓励推销人员支持新品种，激励推销人员寻找更多的潜在顾客，刺激推销人员推销滞销品种。

2. 选择方法

有许多不同的营业推广方法可以用来实现不同的目标，选择营业推广方法必须充分考虑市场类型、营业推广目标等因素。

(1)针对消费者市场的营业推广　向消费者推广的目的在于通过各种方式的诱导，提高产品的知名度和鼓励消费者购买。主要有以下几种方式：

①赠送样品。种子企业生产一定数量的小包装种子样品，作为赠品免费送给农民。样品可以在零售店领取，目的在于宣传新品种，刺激顾客购买。另外，为鼓励顾客常来购买、多购买，赠品可以是宣传企业及产品的一些小物品。

②赠送优惠券。公司发放一定数量的优惠券给顾客，顾客凭优惠券在规定的时间内购买公司产品，公司给顾客一定比例的优惠。

③价格、数量折扣。可以采用价格折扣，也可以采用数量折扣。

④有奖销售。公司对种植大户、经销大户、忠诚客户在一定的时期给予物质奖励或现金奖励，鼓励他们重复购买。

(2)针对中间商的营业推广

①购货折扣。公司依据经销商提货的数量或付款的方式给予经销商现金或数量折扣。

②经销津贴。公司依据经销商提货的数量给予经销商进行现场会、广告、运费等方面的现金或实物补贴。

③销售竞赛。对销售量大的客户进行各个方面的鼓励或奖励，如发奖金、组织参观考察、颁发公司荣誉证书等。

④联合广告。公司与客户共同设计产品的广告宣传，扶持经销商的宣传工作，促进公司产品的销售。

⑤提供服务。公司对分销渠道上的经销商提供优质、高效、快速的服务，保证顾客的利益，提升顾客的价值，让经销商、顾客感到购买公司的产品是一种精神的享受。

⑥订货会和现场展示会。有组织、有计划地进行订货会和产品的展示会，招揽顾客。订货会和现场展示会可以由公司组织召开，也可以由经销商、种植大户组织召开，目的是扩大影响，提高销售量。

3. 制订方案与实施

(1)制订营业推广方案　制订营业推广方案要确定以下方面：

①诱因大小。营销人员必须确定使公司营业推广方案成本合理、效益和效果最佳的诱因规模。要想取得促销成功,一定规模的最低限度的诱因是必需的。通过考察销售成本增加的相对比率,可以确定最佳诱因规模。

②参与者条件。制订方案的另一个重要内容就是确定参与者的条件。通过确定参与者的条件,卖主可以有选择地排除那些不可能成为产品固定使用者的人。

③时间的长短。制订方案需要确定营业推广促销时间的长短。如果时间太短,一些顾客可能无法重购或因为太忙而无法利用促销的好处。如果时间太长,则消费者可能认为是长期有好处,使优惠待遇失去效力。

④时机的选择。营业推广的时机和日程要根据整个地区的市场营销战略进行研究和评估,另外,时机和日程的安排要使生产、分销的时机和日程协调一致。

⑤营业推广促销的预算。编制该预算一般有以下方式:

a. 自下而上的方式。根据全年营业推广活动内容,所运用的营业推广工具及相应的成本费用确定营业推广总预算。

b. 按习惯比例确定各项预算占总预算的比例。

(2)营业推广方案的实施

①预试营业推广方案。虽然营业推广方案是在经验基础上制订的,但仍应经过预试以确认所选用工具是否适当,诱因规模是否最佳,实施的途径效率如何。面向消费者市场的营业推广能较为容易地进行预试,可邀请消费者对几种不同的优惠方法做出评价,给出评分,也可以在有限的地区范围内进行试用性测试。

②实施营业推广方案。实施计划包括前置时间和销售延续时间。前置时间是开始实施这种方案前所必需的准备时间,包括:最初的计划工作、设计工作、材料的邮寄分送,与之配合的广告准备工作、销售现场的陈列、现场推销人员的通知、购买和印刷特别赠品等。

③评价营业推广结果。可用多种方法对营业推广结果进行评价。评价程序随着市场类型不同有所差异。如在测定零售商促销的有效性时,可根据零售商销售量、商店货档空间的分布和零售商的合作投入等进行评估。还可通过比较销售绩效的变动测定对消费者促销的有效性。在其他条件不变的情况下,销售的增加可归因于营业推广的影响。

五、公共关系

(一)公共关系的基本要素及对象

1. 公共关系的基本要素

公共关系是一个社会组织与其相关公众之间的传播管理或沟通管理职能和活动。企业利用传播手段,追求企业在社会公众中享有良好的形象和声誉。

公共关系有3个基本要素。第一,公共关系的主体是组织。任何组织在它生存发展过程中都和社会环境发生各种各样的关系，组织运用传播沟通手段来处理这些关系就是公共关系。公共关系强调成功的、和谐的人际关系，力求良好的社会舆论环境。第二，公共关系的对象或客体是公众。公众总是与某个组织相关，他们的观点、态度和行为决定了这个组织的成败，组织必须和他们建立有效的沟通，争取他们对自己的了解、理解、信任、合作和支持。第三，公共关系的手段是传播沟通。公共关系必须借助各种现代传播技术、信息载体和沟通方法来实现组织和公众之间的有效沟通。公共关系“内求团结、外求和谐”。公共关系不同于营业推广，它注重的是长期效应，属于一种间接的促销手段；公关促销不仅推销种子，还推销企业的品牌、树立企业的良好形象，如果种子推销出去了，关系却给毁掉了，就是失败的推销。公共关系的促销效果不是一夜之间就能达到的，而是长期坚持不懈努力的结果。一旦树立了企业品牌的良好信誉，就能在一定的时间内产生良好的销售效应。

2. 公共关系的对象

公共关系的对象是广泛的社会公众，是企业在实现促销目的过程中与之相关的，对其形象的树立、声誉的建立有影响的各类社会公众。所谓公众，包括内部公众和外部公众，内部公众有内部职工、股东，外部公众有媒体公众、政府公众、金融公众、友邻公众、用户公众等。

(1)内部公众　企业的声誉和形象只单纯依靠大量的对外宣传是远远不够的。良好的声誉、形象首先来自内部，因为企业形象的建立必须首先获得内部职工的理解和支持。内部职工所形成的凝聚力、集体荣誉感、团结协作的精神是企业形象、声誉建立的关键。公关工作的重点首先是争取企业内部职工、股东的信任、理解和支持，在企业内部协调好上、下级之间及职工之间的关系，充分发挥企业内部各职能部门和职工、股东的积极性。

(2)外部公众

①媒体公众。媒体是指从事广告、新闻、信息宣传的机构。这些宣传媒体本身影响舆论导向，对企业信息的传播直接起到重要作用。种子企业需要不断地借助传播媒体来广泛宣传企业的新品种、新成就、新形象。企业的公关人员应注意培养与传播媒体形成一种和谐共处的关系，并依靠这种关系实现信息传播的目的，有效地提高企业的形象、声誉和知名度。

②政府公众。政府是国家权力的执行机构，是宏观经济运行的调控者，对企业有间接的控制权和重大影响力。种子产业既是基础产业，又是弱质产业，企业一定时期的经营状况直接受到政府宏观政策、法律、法规的制约和调控，必须在政府的宏观管理下开展生产经营活动。因此，企业的公关人员要积极地处理好企业与政府的关系，协助企业制定各项适应政策、法律规定的营销策略和促销方式及手段，争取政府的理解、帮助和支持。

③金融公众。金融公众主要包括银行及非银行金融机构。充裕的资金是种子企业搞好经营、实现营销目的的必要条件之一，企业需要取得银行等金融机构的信任，以获得

资金上的支持。

④友邻公众。任何一个种子企业都不可能离开公众支持而独立发展,对于一家种子零售企业,与之有密切联系的种子批发企业便是它最密切的合作伙伴。建立良好的批零关系与顺利完成营销活动实现营销目标相得益彰。

⑤用户公众。在种子市场竞争日趋激烈的今天,谁能用可靠的产品、优良的服务赢得用户的信赖,谁就能赢得市场,赢得效益。

（二）公共关系的特征

(1)公共关系的主体是各类社会组织,公共关系的对象是与各社会组织密切相关的各种社会公众,公共关系的主要手段是各种信息沟通工具和大众传播渠道。

(2)公共关系的总体目标是树立种子企业的良好形象。企业的良好形象是在公共关系活动中自然树立的,所以公共关系是“塑造形象的艺术”。

(3)公共关系的原则是真诚合作、互惠互利、共同发展。公共关系活动联系的双方是以一定的利益为基础的,企业所面向的社会公众都是与这一企业的发展有一定利益关系的。所以,这就决定了公共关系活动客观上要求双方进行诚心诚意、互惠互利的合作。

(4)公共关系是企业的战略决策,是一种长期活动。建立、发展与调整公共关系,是一项经过各方面长期努力才能实现的工作,即使在形成良好的状态之后,其效果也需要一个较长的时期才能显现出来。因此,企业的决策者在开展公共关系工作时,不能急功近利或临渴而掘井,也不能用实用主义的态度对待公共关系活动,拘泥于一时一事的得失,而必须用战略的眼光,从长期与整体利益出发,把它作为企业战略目标体系中的一个重要组成部分。

(5)公共关系成效具有多面性。从心理学的角度看,人们的感情存在一种由此及彼的扩展性,当人们对某人、某物、某事的主要方面感觉喜欢或厌恶时,对与此相连的其他方面也产生相应的情感。公共关系恰到好处地把握人们的这种心理,通过集中力量塑造企业形象,使公众热爱企业,这样不仅能促进企业种子销售,而且起到吸引优秀人才等多方面效果。

研究公共关系就是要研究社会组织如何通过有计划、有组织、有目标的公共关系活动,掌握其规律性,用以改善自身的公共关系状态。从促销的角度分析,公共关系也是一种重要的促销手段和促销方式。它通过公共关系活动宣传种子产品与服务,让公众了解产品与服务的质量,并推动社会公众支持企业营销,从而扩大和优化产品形象和企业形象。

（三）公共关系的原则

种子企业开展公共关系,应遵循以下原则。

1. 真实性原则

真实性原则是指种子企业开展公共关系工作,要以事实为基础,据实、客观、公正、全面地传递信息，沟通情况。企业公共关系旨在沟通企业与社会公众之间的联系，它的职能之一是通过信息传播和交流来树立良好的企业形象。因此，信息的真实、准确就成为企业公共关系工作获得成功的基本前提。

2. 平等互利原则

平等互利原则是指种子企业与公众平等相处，共同发展，利益兼顾。企业公共关系是为企业既定目标和任务服务的，但这种服务要以一定的道德责任为前提，以利他的方式“利己”，只有“利他”才能“利己”。

3. 利益一致原则

利益一致原则是指种子企业从社会全局、企业全局的角度，审视公共关系工作，明确自身的责任和义务，强调双方的平等性，尊重双方的共同利益和各自的独立利益。

4. 全员公关原则

全员公关是指种子企业的公共关系工作不仅依靠公关专门机构和专职人员的努力，全体成员都要树立公关意识，企业各部门密切配合，全体员工共同关心和参与。因为企业形象是通过企业所有人员的集体行为表现出来的，是企业内个人形象的总和。每一位企业员工与外界交往时，都是企业形象的一个载体，他们的活动都体现企业的整体形象和风貌。

（四）公共关系促销方式

种子企业要把公共关系主题表达出来，必须借助于一些公关模式，还要选择传播媒介，把握好策略时机。对外公关方式很多，不同类型的企业对不同的公众所采用的方式也各不相同，从共性来看主要有以下几种方式。

1. 制造和利用新闻

营销中常用的一个公共关系手段是利用一些偶然事件或突发事件创造轰动效应。但制造的新闻事件一定要以事实为基础，必须符合新闻传播规律。公关人员要善于把有新闻价值的东西挖掘出来。人们一般比较相信新闻界的报道和评价，认为新闻单位处在企业利益之外，能站在公众立场上客观、真实地对企业、产品做出评价，因此企业公关部门可以向新闻部门提供一些企业营销活动信息、企业职工的新闻，邀请新闻媒介单位的人员来企业参观访问，邀请记者参加本企业的各类庆祝活动与种子展销活动，以吸引新闻界的注意，扩大企业影响，提高知名度。

运用这种方式必须注意以下几个问题：

(1)必须有专人负责给新闻部门提供资料，仔细审阅斟酌欲发布的各种消息，避免发布意义不大或可能有负面影响的信息。

(2)当看到不实宣传或诋毁性宣传时，必须予以说明或抨击，以正视听。

(3)必须与传媒人士建立良好的业务关系，注意倾听他们的意见或建议。不能强迫传媒人士违背新闻职业道德。

2. 举行或参加各种会议

种子企业可以举行有关种子最新动态或种植技术方面的新闻发布会、演讲会、咨询会、研讨会等各类会议，也可以多参加大中专院校或农业科研部门的有关会议，必要时可把企业的种子产品及营销经验做介绍，这也是提高企业知名度的一种方法。

3. 参与社会活动

一个企业要保证自己的长远利益，求得自己的稳定发展，就必须顾及社会整体利益。企业只有取得公众和其他社会组织的支持与合作，履行其社会义务才能获得发展。企业在主要从事种子生产经营的同时，也应积极参加社会活动，以赢得社会公众的支持。例如，参加上级和社会组织的各类文化、娱乐、体育活动，参加免费咨询宣传的活动，赞助支持文体事业及社会公益事业。如果一个种子企业在制定市场营销策略中不顾公众利益，甚至有损公众利益，只求自身利润最大化，哪怕它的种子产品再好，定价再公道，也会受到政府干预和公众谴责。

4. 建设种子企业文化

好的企业形象与企业文化建设是分不开的，企业可以有计划、有步骤、有重点地建设企业文化，提高员工素质，活跃文化氛围，美化企业环境，增强企业的凝聚力和职工责任感，树立职工对企业负责，企业对用户负责、对社会负责的企业文化理念。

新的国际环境使我国的农业市场竞争关系由国内竞争逐渐转向国内和国际双重竞争，我国的市场营销实践也正在不断创造适合我国国情的公共关系活动方式。吸收国外适用的公共关系活动方式，并结合中国国情，必将对长期的种子促销产生积极而重大的影响。

（五）公共关系策略

1. 扩散策略

扩散策略是种子企业利用各种传播媒介向外宣传，直接向社会公众表达自己，以求最迅速地将企业内部信息传递出去，形成有利的社会舆论，扩大影响面。在企业开张、开拓新业务、集中促销时可选用此策略。

2. 维系策略

维系策略是种子企业通过各种传播媒介，持续不断地向社会公众传播企业的各种信息，使企业的形象潜移默化地输入公众的长期记忆中。一旦有需要，公众就可能首先想到某企业，并通过接受企业的服务或产品亲身感受企业的信誉，增强对企业宣传的认同感。这种策略宜在经营活动顺利发展时采用。

3. 防御策略

防御策略是种子企业在与外部环境或公众的关系发生不良反应时，及时调整企业的经营决策等，以适应环境的变化和公众的要求而防患于未然的策略。

4. 进攻策略

进攻策略是在种子企业与外部环境（如竞争对手）发生某种冲突时，迅速调整，以积极主动的方式改变环境，创造新局面的策略。

（六）公共关系策略的选择

不同种子企业在不同情况下，应有条件地选择应用各种公共关系策略，一般要考虑以下因素。

1. 运用公关策略的目的

种子企业开展公共关系，一方面是联系公众扩大影响，另一方面是树立企业形象，扩大销售。因此，不同的目的采取不同的公关策略：树立企业形象应采取维系策略和扩散策略；建立关系扩大影响应采取维系策略和进攻策略；扩大销售应采取进攻策略。

2. 公共关系的时机

开展公关活动的时机很重要，公关人员要善于发现和利用各种有利时机，并针对不同时机采取不同的策略。企业拓展新业务时要采用进攻策略；消除公众误解时要采取扩散策略；巩固关系时要采取维系策略和防御策略。

3. 企业实力

如果企业实力雄厚，可开展大型的公关活动，采用扩散策略和进攻策略；反之，则应以维系策略为主。

4. 市场环境

在开放型市场中，种子企业可利用扩散策略、防御策略；在保守型市场中，要侧重运用进攻型策略，力求短期内扩大企业知名度。

公共关系是提高种子企业形象和竞争能力的有效方法。它运用各种沟通的策略、传播的手段、协调的方法，使企业经营进入一种艺术化的境界。

【业务经验】

制定种子企业促销组合策略

种子企业制定促销组合策略，应考虑以下几个因素。

1. 促销目标

促销的总体目标是通过宣传、诱导和提示，促进用户产生购买动机，形成购买行为。同一种子企业在不同市场及不同时期，不同种子企业在同一市场所进行的促销活动，都有其具体的促销目标。促销目标是制约各种促销形式具体组合的重要因素，促销目标不同，促销组合必然有差异。例如，迅速增加销售量（扩大企业市场份额）与树立或强化企业形象（取得有效的竞争地位）是两种不同的促销目标。前者强调近期效益，属短期目标；后者注重长期效益，需要制订一个较长远的促销方案，从采用的形式、内容到手段与前者都会有很大差别。

2. 种子生命周期

在种子生命周期的不同阶段，促销的目的不同，因此，要相应制定不同的促销组合，采取不同的促销手段。

(1)投入期　投入期促销的主要目的是使种子消费者尽快认识种子品种特性和植物特性，提高知名度，这也是本阶段促销的主要任务。只有先认可，购买才会成为可能。投入期促销方式多用营业推广和广告，力争在短期内形成品牌效应。营销界有一个不成文的说法：一个产品要让消费者知道，只要 18 天的时间，这 18 天是一个产品进入市场的关键。种子商品的特殊性和种子消费者的特定性决定了认知期可能要长一些。但有一点是肯定的，就是要尽可能地缩短投入期。

(2)成长和成熟期　到成长和成熟期，部分种子使用者得到了利益，积累了经验，购买因素中的理性因素减弱，感性因素在增强。促销目的应调整为增进他们对种子的进一步认可和"钟爱"，同时要将种子产品、种子品牌从同类种子产品中凸显出来，发展新使用群。这就需要采用多种促销方式相结合，广告的形式内容也应与之前不同。

(3)衰退期　衰退期促销目的是减少库存。随着种子企业营销战略的转移，企业宜主要采用营业推广促销方式来吸引中间商或消费者群，以求尽快处理存货，收回资金，投入新品种的生产繁育或营销。种子产品生命周期不同阶段的促销概括起来见表 3-3-3。

表 3-3-3　种子产品生命周期不同阶段的促销

种子产品生命周期	促销目的	促销组合
投入期	认识了解种子、提高用户知晓率	介绍性广告、人员推销、营业推广、公共关系
成长和成熟期	增进兴趣、产生偏好、吸引新用户，保持市场占有率	说服性广告、公共关系、营业推广
衰退期	促成持续信任	营业推广为主，提示性广告

3. 市场性质

不同特点的市场需要采取不同的促销组合策略。一般来说，小规模或本地的市场促销，应以人员推销为主；若是广泛的市场，则应以广告和文字宣传为主。例如，一些花卉、蔬菜种植范围很广，其种子销售就应在很大的国内市场或国际市场，因此利用广告传播速度快、覆盖面广的优势，促销效果会比较好。对于市场比较集中，分销渠道短，销售力量强，种子需经过示范、技术指导的，应采用人员促销策略；而对于种子销售分散，分销渠道多而长，种子品种差异大，且应用趋势已很明显，有必要尽快告知用户的，最好采用非人员促销策略。

4. 促销费用

种子企业究竟以多少费用用于促销活动，要根据市场竞争情况、企业实力来决定。

一般来说，广告宣传费用较高，人员推销次之，营业推广花费较少，公共关系费用最少，但它们在不同时期的促销效果不同。种子企业在选择促销方式时，要根据企业的资金状况，先确定促销费用，再筹划促销组合。投入的促销费用以能否支持某一促销方式顺利进行到底为标准，同时，要符合经济效益原则。这样既可促使管理人员将促销费用与促销目标联系起来，又便于企业进行成本效益分析。

5. 营销环境

种子企业所处的营销环境（宏观、微观环境）会在一定程度上影响企业的促销组合。一个国家或地区实行什么样的政治、经济、金融、农业政策，相应就会指导形成什么样的种植结构和农业发展方向。不同的人文环境、不同的思想观念和思维方法也表现出对促销方式接受程度的不同。一个地区的经济发达程度也会极大地影响到广告的宣传效果。另外，某些政策法规也可能对各种促销方式手段的应用产生促进或限制作用。所以促销手段在选择过程中应充分考虑其在不同营销环境中的适用性。

6. 促销对象

任何一种促销方式都有其固有的优点和缺点，种子企业在考虑促销时应注意各种促销方式的扬长避短，优化组合，综合运用，以期得到最佳促销效果。种子进入消费领域前要经过一级或多级经销商环节，因此促销对象客观上就包括经销商和最终用户两类，在不同时间、不同市场状态下，要选择不同的对象作为促销重点。

请看下面这一案例：

一家种子企业原本效益很好，种子供不应求，企业没有做什么促销。直到有企业后来者居上时，该企业才慌了手脚。经调查得知，人家企业销售做得好是因为农民买一包种子可以得到一件文化衫。于是该企业也制作了一批文化衫，前面是企业标识，后面是种子广告用语，很漂亮。文化衫于 4—5 月投入促销，一段时间后，销售人员从市场回来抱怨——企业市场促销搞晚了，别人早就做了。原来，竞争企业在 2 月底就将文化衫全部发放到位，那时该企业的文化衫还在加工企业做呢！农民在农忙播种时节根本不可能去购买种子，他们几乎都在播种前先备足了种子。第二年，该企业很早就做好了新的促销赠品——质量很好的香皂，认为农忙时农民每天都要洗澡，香皂是他们的必需品。企业满怀信心地投入促销，谁知许多中间商却拒绝进货，原因是竞争企业开展了一个活动，给在市场淡季完成销售额 85%的中间商出国考察的机会，竞争对手在旺季来临前已经抢占了市场经销商的资金。这两次较量中，该企业均被竞争对手丢在了后面。

该企业错在哪里？第一次错在对促销时间的把握上；第二次错在促销对象的选择上。案例中的竞争企业的淡季促销对象锁定为中间商，如果这时你能够占据中间商的仓库和流动资金，在市场回升时你自然就抢占了先机，并且给竞争者的进入设置了壁垒。旺季时竞争厂家的促销对象锁定为农民，因为对中间商来说，旺季也是他们的销售顶峰，他们自然会努力推销，而消费者的选择余地很大，锁定消费者（农民）做促销将给企业带来直接的销售额。值得注意的是，旺季促销将直接为企业带来销量的大幅度提升，而且此时是种子和购种者进行广泛、直接交流的时候，也更能培养购种者的忠诚度，可谓一举两得。

7. 促销品种

种业具有极强的专业性，从南到北，从东到西，由于地理、气候的差异，农民需要的种子类别、品种各不相同。比如北方适合种植玉米，南方适合种植水稻；四川、重庆一年种植一季水稻，而湖南、江西很多区域一年种植双季水稻。因此，企业在做促销前，一定要针对促销种子品种认真分析种子的生育期等特征、目标市场的地理环境和农民的种植习惯，找准重点市场，选择好促销品种。促销方式运用的一般规律见表3-3-4。

表3-3-4 促销方式运用的一般规律

比较项目	投入期	成长期	成熟期	衰退期
广告宣传	宣传种子特色和能给用户带来的新收益，提高用户知晓率	突出宣传种子特色和品质，树立种子产品形象，诱发需求	宣传种子产品和企业服务，引起用户信任和偏爱	宣传品牌，宣传服务
人员推销	有目的地选择消费者，劝导其购买	大力推销，激发用户购买欲望	发掘潜在市场，巩固老用户，发展新用户	巩固用户信任
营业推广	分期付款，用户试用	举办展销会等会议，实行推销奖励	优惠折扣和推销奖励	销售优惠、折扣等
公共关系	搞好关系，树立信誉	加强关系，提高信誉	巩固关系，扩大信誉	巩固关系，维护信誉
策略重点	认知，诱发潜在需求，开拓销售市场	认可，引导用户偏爱，占领市场，抵制竞争	情感，巩固市场地位，延长生命周期，获取最大利润	实惠，维持市场地位，减少亏损
促销费用	由少到多，逐步增加，广告费用较高	人力增加，广告费用比例相对减少	缩减营销费用	减少人员推销费用

【经典案例】

新疆康地种业科技股份有限公司甜菜种子促销策略

新疆康地种业科技股份有限公司（简称康地公司）成立于1999年12月，注册资金3 000万元。公司坚持以“科技为先导，资本为支撑，品牌创市场”的经营思想，与国内外大型种业公司和科研机构建立了科技合作和业务往来，着力于机制创新、科技创新、经营创新，树立良好的企业和品牌形象。康地公司实行与国际接轨的企业管理制度，采用现代化的营销手段，市场份额不断扩大。

甜菜种子一直是康地公司主要的产品，公司经营的甜菜种子占到新疆市场的81%。

通过与德国KWS公司合作，康地公司引进销售的KWS9308、KWS9103、KWS9419等品种一直在新疆市场占有最大份额。从2006年起，康地公司开始推出新品种KWS2409。

KWS2409甜菜新品种是标准偏高糖型品种，丰产、抗病、含糖高，抗褐斑病、根腐病、丛根病，2004—2005年在各地试验表现突出。

康地公司2006年在新疆甜菜主产区推出KWS2409新品种时，采取了以下促销手段。

1. 广告

在当地电视台播出电视广告，广告内容着重介绍KWS2409新品种的丰产性、抗病性和在本地试验、示范中的突出表现。广告播出后，在农民中反应强烈，原来当地主栽品种KWS9103和KWS9419多年种植后产量降低、易感病，农民迫切希望有新的抗病品种，因此对KWS2409非常感兴趣。

2. 人员推销

公司派业务人员给当地经销商宣传介绍KWS2409新品种的特性及公司的销售政策，并对经销商的订货及时发货配送。此外，业务人员与糖厂原料部业务员一同深入乡村，在原料部业务员与农户签订种植合同时，介绍、宣传新品种的优良特性及种植技术，散发宣传材料。

3. 购货折扣和丰产奖励

对经销商经销新品种给予比经销老品种更多的返利，按销售量多少设定返利级别，刺激经销商经销新品种的积极性。

对农民设立丰产奖，鼓励农民种植新品种，采取新的科学管理技术。

4. 品种展示会

康地公司的分公司2006年9月邀请当地农业局、种子站、兵团各团场生产科、经销商、种植大户参加甜菜新品种现场会，参观新品种引种试验、示范情况，在当地电视台进行了报道，扩大了宣传面。

任务 2　种子现场展示、示范促销

【任务目标与质量要求】

制订切实可行的公司某品种示范计划，落实品种田间示范工作，能够协助公司组织策划召开种子现场观摩会，完成品种田间展示任务，达到公司试验示范促销目标。种子现场展示、示范促销要求示范品种要成熟可靠、优势明显，示范目标与农民和社会生产目标相一致，示范点的选择和布局要合理。

【学习产出目标】

(1)熟知品种示范的流程，掌握品种试验示范技术要求。

(2)制订种子示范计划。

(3)合理确定示范点和示范户。

(4)完成示范田播种、出苗、田间管理等技术指导和观察记载，撰写试验示范报告。

(5)组织策划种子现场会。

(6)现场会田间种子展示推广。

(7)现场会总结。

【工作程序与方法要求】

种子示范的工作程序如下：

制订示范计划 → 示范地点和示范户的确定 → 加强指导，创建高质量的示范样板 → 观察记载 → 组织观摩

1. 制订示范计划

一个成功的示范，事前要对示范过程中所涉及的诸多问题制订全面而细致的实施计划。计划内容主要包括：示范的内容、时间、地点、规模，预期指标，生产资料的来源及保障，观摩学习人员的范围，组织形式，参观时期，讲解内容，技术人员和示范农户的义务和权利，观察调查项目及方法等。示范负责人对上述内容要做一个初步计划，示范点确定

之后，需将创建示范样板所涉及的人员召集起来，通过认真讨论，逐一落实，然后印制计划书(附带调查记载表)，人手一份，便于实施。

2. 示范地点和示范户的确定

示范负责人应按照示范的基本要求和原则，到拟设立示范点的地区(村)进行实地考察，确定示范地的大致框架区，并对框架区内所涉及的农户做间接调查，然后将几个符合要求的农户召集到一起，认真座谈。示范负责人应使农户明确示范项目的内容、意义，需要他们做哪些工作和物质投入，他们能够得到哪些帮助等，最后确定 1～2 户自愿合作者。示范地点和示范户的选择对于推广人员来说是一个十分重要而又关键的工作。

3. 加强指导，创建高质量的示范样板

示范场地落实之后，推广人员应与示范户团结协作，严格按照计划要求，认真落实各项农艺操作。推广人员将示范品种的要点及相关知识耐心地传授给示范户中的技术带头人，示范技术的每个关键环节必须亲自参加。

通常情况下，示范田不需像试验田一样设同等规模的对照，但必须保留一个较小规模的对照区，作为参观的对比参照物。

为了吸引自由参观者的注意力，一般可在示范点附近的道路旁建一个醒目的示范标志牌，牌上注有示范题目、内容、生产指标、技术负责人(或技术依托单位)、示范单位(或示范户姓名)等。

4. 观察记载

示范是一种推广教学方法，为了准确地给参观者提供一些他们所关注的数据，如品种名称、施肥量、灌水量、用工情况、株行距、各生育期的调控指标、产量效益等，应按计划要求及时、准确地进行观察记载，并将平均数记入观察调查记载表中，作为资料保存供总结使用。

5. 组织观摩

组织观摩是成果示范的重要目的。

观摩的组织形式有两种：一是由政府出面组织相关人员；二是由推广者发邀请函或电话邀请相关人员。观摩时间和次数的安排，应视示范项目的不同而进行，酌情安排在最关键的时期。例如，玉米新品种示范，可安排 4 次：第一次在幼苗定植期，第二次在玉米大喇叭口期，第三次在人工授粉期，第四次在采收之前。

参观的程序。参观者按通知或邀请按时到达参观现场后，首先由推广人员介绍示范的概况和本次参观的主要内容，并发放有关资料；其次分组实地观摩，示范负责人和示范户要在带领参观过程中，及时解答参观者的各种咨询，并对某些不同观点交换意见；最后到一个固定场所(室内会议厅)观看录像，由示范负责人、示范户代表和有关领导做总结发言。

【业务知识】

一、种子示范促销

（一）示范的概念

示范就是在农业推广人员指导下，由农民在自己承包的土地上作业或经营，将其取得的实际效果展示出来，示范给其他农民，引起周围广大农民的兴趣，并鼓励、敦促他们去效仿。示范的重要意义在于：它可以通过农民的实际应用证明某种新品种在当地的应用价值，比旧品种具有优越性；另外，农民可以通过听觉、触觉来观察事物，是一种有效的教育农民的手段，尤其是对农村中比较固执的农民，是一种最有效的手段。

（二）示范的作用

示范可以将新品种的优越性和最终效果全面地展现出来，作为示范样板，以引起周围生产者的兴趣。

国内外的品种推广实践证明，在多种不同的推广方法中，示范是最为有效的方法。

示范是在适应性和开发性试验的基础上进行，新品种在创新性、成熟性、效益性、适应和实用性等方面，优于当地原有的品种。示范点设在拟推广区的生态、生产环境中，参观者不仅可以看到最终结果的优越性，通过参观、交流还可以了解到示范品种的基本操作过程，便于分析判断成功的把握性，采纳的欲望容易被激发。

（三）示范的基本要求

1. 品种要成熟可靠

示范要求必须选用某些通过当地适应性和开发性试验，并取得成功的新品种，不能采用没有把握，或尚属试探性开发阶段的不成熟品种。这是示范必须遵循的基本原则，否则会起反作用，因为第一印象形成后很难改变。

2. 示范目标与农民和社会生产目标相一致

一方面，要以农民需求为出发点，选择某些与农民的“高产、稳产、优质、低成本、高效益”生产目标相一致的品种进行示范，才会受到农民的欢迎。

另一方面，示范的目标还要与社会生产的高效和可持续发展的总目标相一致，不能为了农民的局部和短期利益，影响当地的整体和长远利益。

需注意的问题有：准备更新替代哪些旧品种，去解决当地的哪些实际问题；在示范之前需对试验结果的不同方案进行筛选、优化。特别要从效益性、实用性和动态预测方面进行科学的判断，选择与农民的“高产、稳产、优质、低成本、高效益”生产目标相一致的品种进行示范，才能受到农民的欢迎。但仅此一点作为示范的依据还是不够的，由于生产经营的自主性和独立性，个体生产者的利益目标具有一定的局限性。某些品种可能会给部分农民带来良好的效益，但却对当地整体和长远利益产生不利影响。因此，示范的目标还要与社会生产的高效和可持续发展的总目标相一致。

有时，个别急功近利的决策者可能要求种子经销商做一些“形象”示范项目。在这种情况下，推广人员要经过科学的分析判断后，对决策者做耐心解释和说服工作，直至取消某些缺乏科学依据的示范。这也是推广人员弘扬科学精神、维护群众利益的重要职责之一。

只有做到示范目标与农民和社会目标相一致，才能最大限度地调动各方面的积极性，既得到政府的支持，又受到群众的欢迎和拥护，最后获得良好的示范效果。

3. 具备示范的必需条件

示范的重要意义在于能够使成果展示给参观者，这是示范成功的前提条件。首先推广人员与生产者共同创建出示范样板，因此必须具备使样板充分体现的必要条件。

(1)每一组示范，需要有1～2名既掌握新品种特性，又有熟练操作技能的推广人员，他们有足够的时间和精力，经常到示范点进行全面指导和关键环节的讲授及操作，以保证示范规程的正确实施。

(2)要有一个理想的农户或其他形式的生产实体，作为示范点。

选择标准：

①所经营的土地(或场所)有足够大的规模，并与推广地区的生产条件相一致。

②有一定的文化水平，热爱农业科技，接受新事物的能力强，并自愿与推广人员合作的带头户。

③有较强的责任感，荣誉感，在当地有一定的威信和影响力。

④有丰富的实践经验，有一定的经济基础并有充足的劳动力和相应的生产资料。

4. 示范点的选择和布局要合理

示范的目的和意义在于展示。为了给更多的参观者提供方便，扩大影响效果及辐射范围，示范点应设在交通便利，排灌等基础设施完善，既便于机械或畜力的农事操作，又远离村落或其他障碍物、土壤均匀的大田中。

地块条件要符合成果要求。示范点的多少及布局应酌情而定，原则上每个乡镇设一处示范点。一些窄长的乡镇，可设两处。如果乡镇相对比较集中，距离较近，在几个乡镇的中心点设一处即可。

另一种形式是集中示范，即把多项不同的新品种集中起来，设在政府或企业支持协调下建立的不同形式的科技示范园内。在科技示范园内集中示范的方法，往往会给边远村落的生产者增加参观的交通费用，但也避免了分散示范的不稳定性缺点，可以充分发挥人员和设施相对集中的优势，而且参观者每一次参观可同时学到多个所关心的新技术，自由参观者较多。

(四)示范的总结

一项示范结束后，应及时写出一份综合的技术总结。

总结包括两部分：

一是工作概述，主要包括示范的背景、规模、组织形式、影响效果、经验与不足等。

二是技术部分，主要包括新品种增产增效指标、投入情况、管理措施及各关键生育期的调控指标等，并附原始记录和录像、照片等资料。

示范总结材料的价值：

一是积累材料，充实推广宣传内容。

二是向政府或企业等资助单位的管理部门提供资料，以便上一级推广管理部门完成大范围的工作总结，同时作为制订下一轮推广计划时的参考依据。

三是向本企业管理层反馈信息。

二、新品种试验示范推广

种子企业新品种推广是指新品种审定上市后，为广大消费者接受的过程。

种子新品种进入市场的程序见图 3-3-7。

图 3-3-7　种子新品种进入市场的程序

种子的最终购买者是农民，农民对新品种的渴求心理、从众心理、守旧心理，使得他们相信眼见为实，要通过观察、比较认识后再决定是否购买，即通过试种、评估后，再得出是否采用的决策。示范农民和有关权威人士认同后，其他农民就会“随大流”“跟风”采用新品种。

（一）新品种试验示范程序

新品种示范是最有效的推广方法，通过试验、示范、推广，才能为品种进入市场打下扎实的基础。

新品种试验示范程序包括：

第一，根据新品种的类型特点及初步品种定位情况，选择适合区域进行试验示范。

第二，制订新品种试验示范方案，根据新品种数量统筹安排示范点数。

第三，示范方案包括市场布局、示范单位的选择、品种、面积、数量、示范类型以及示范负责人、地点、对照、地块选择。

第四，示范单位的选择要做到潜在客户与现有客户相结合。

第五，示范品种本着节约成本的原则通过邮寄或随销售品种发到客户手中。

第六，示范点要进行播种、出苗、田管三次跟踪，秋季两次考察，做好相应的调查记录，收集整理好田间长势、果穗等照片资料；形成品种调查报告，汇总材料后交于上级主管、市场部门和研发部门。报告除品种本身情况外，还要包括其他公司新品种情况信息。

第七，对表现突出、有宣传价值的品种，向公司申请后，通过当地经销商组织现场会、展示会、品种推介会以及当地媒体进行宣传。后面将详细介绍如何召开种子现场会。

第八，与感兴趣的客户及时签订销售协议。

（二）新品种试验示范方案及报告

1. 新品种试验示范方案

方案内容包括：①试验名称；②试验时间和地点；③试验目的，说明通过试验要解决的问题及要达到的效果；④参试品种及来源；⑤试验方法，主要包括试验小区排列方式、重复次数、小区面积、播种期、播种方式、种植密度、田间种植图等内容；⑥田间管理，对中耕、除草、水肥管理等农事操作提出具体要求；⑦田间调查及室内考种，即用表格的形式列出田间调查及室内考种时需记载的内容，包括记载的标准、方法、注意事项和其他说明等；⑧试验资料整理，即试验结束后，各试验点负责人将田间试验基础资料、田间调查资料和相关资料进行整理，及时撰写试验报告报送给有关单位和人员。

2. 试验报告

报告内容包括：①试验的名称；②试验的目的；③试验时间和地点；④试验人员；⑤参试品种及试验设计；⑥试验基本情况，包括试验地的土质、前茬、播种时间、播种方法、小区面积、种植密度、田间管理（如施肥、浇水、中耕、除草、施药等）；⑦试验气象条件，即作物生长发育各阶段的天气情况，如积温、降雨、干旱等自然情况；⑧试验结果分析，即总结品种生长发育特征特性、田间表现、抗逆性、室内考种、产量、与对照品种比较的优劣势；⑨试验结论，即对参试品种的稳定性、适应性、抗逆性、农艺性状及商品性状得出结论。

（三）品种定位、卖点的提炼

根据新品种试验示范汇总结果以及当地农民、经销商、农业推广人员的评价进行新品种定位，包括区域定位、对照定位、种植定位，卖点定位。明晰品种定位在什么层次上，哪个区域主推，主要替代品种是什么。找出品种特点及与当地替代品种相比在某方面的优势，即找出品种的差异化卖点。

（四）新品种发布会

新品种上市前举办新品种发布会，可以使经销商了解新品种，增加对新品种的销售信心。

在新品种发布会上，厂家应制造热烈的进货气氛，鼓励经销商在现场做出进货承诺，努力销售新品种。

（五）新品种现场展示促销

为了保证推广新品种的质量，必须加强展示田间的管理，努力降低因田间管理生产导致的误差。

(1)展示田位置的选择。展示田的土质要肥沃，地力要均匀，要有充足的水源。同时，展示田的位置不能太偏，要便于管理和田间记载。

(2)播种前认真整理展示品种。对要展示的各品种进行整理分类。把生育期相同的分在一起,对各品种进行编号、登记。检查各品种种子,看发芽率是否合格,如有必要,应进行发芽试验,从而保证田间出苗率。以展示面积计算施肥量。

(3)合理密植。合理密植,充分发挥产量优势,所以播种必须由专人负责,根据展示田的垄宽计算出每个品种的株距。在苗期阶段如果发现品种缺苗,应随时补种。

(4)加强田间管理。展示田管理应高于一般大田生产。首先,要在量上做到统一,同一密度品种不论是施肥量,还是浇水量都要保持一致。其次,要在时间上做到统一,在对展示田进行除草等作业时,要力争在同一时间内完成。

(5)做好田间调查。展示田不但要求细心管理,而且要对各个品种的田间生长情况予以记载,包括记载各个品种的生育时期,抗病、抗倒情况等。所以展示田管理人员一定要认真对待,只有这样才能详细地报告各品种的特征特性。

(6)认真做好室内考种工作。在考种前要做好样品的取样工作。取样的时候要使样品有代表性,不要靠近地头取样。尽量多取几个点,各点取样的数量要相同。样品取回后,要仔细测量各品种的水分和百粒重等性状,并要多测几次,最后取其平均值,这样得出的产量数据才有代表性。

(7)展示田报告的编写。在所有品种的数据得出后,要对各品种的表现进行分析。报告不但要包括产量高的品种,还要包括产量低的品种;不但要汇总产量情况,而且要对各品种的田间生长情况,抗病、抗倒情况予以总结。

农作物新品种展示工作是一项对理论知识要求高,理论与实践结合紧的工作。展示田管理人员不但要具备一定的理论知识,而且要在工作中做到细心、不怕苦。这样才能做好农作物新品种展示工作,充分发挥展示示范的作用,才能筛选出更多高产优质的新品种供农民使用,才能促进粮食增产、农民增收。

【业务经验】

种子示范(现场会)准备和流程

(一)种子现场会的准备

利用现场会进行示范推广是农资销售的有效形式。通过种子现场会,经销商和农户直接可以看到效果,说服力很强。

种子现场会的主要目的是进行品种宣传推广,通过现场会来展示品种特征特性,验证品种的田间表现,取得经销商和农户的认可。

把握好现场会准备的下述3方面的具体要求,能为现场会顺利召开打好基础。

1. 田间设计要专业

具体要求是：

(1)试验地点选择是试验成功的保障。具体包括：①选择最适合品种种植的区域；②具有能有效展示品种特征特性的生态条件；③靠近路边，交通便利；④地块要有代表性；⑤集中连片，面积在 5～20 亩；⑥田间管理能达到中上等水平。

(2)对照品种要有针对性。相应包括：①设当地主栽对照品种 1～2 个；②避开有明显优势表现的对手品种；③相同生物学特征特性的品种；④同熟期品种；⑤刚进入市场的同熟期品种；⑥卖得较好的同熟期品种；⑦销量已经要下降的同熟期品种。

(3)根据试验的目的设计试验内容。应注意：①内容要详细；②关键点要明确；③操作方法要交代清楚；④调查内容统一；⑤明确记录要点。

2. 田间调查要科学

(1)保证时间、及时调查。根据试验设计要求，对作物生长各个阶段及时进行调查。

(2)调查方法要科学合理。采用田间试验与统计的方法。

(3)调查内容要详细、统一，包括：①地块情况；②种植情况；③施肥情况；④田间管理情况；⑤苗期品种性状；⑥生长期品种性状；⑦成熟期品种性状；⑧气候因素；⑨降水情况；⑩病虫害发生情况；⑪自然灾害情况；⑫影响品种性状的其他因素。

3. 现场准备要充分

(1)试验地要精心筛选，田间表现整齐一致，密度合理，有代表性。

(2)现场会目的必须明确。

(3)准备要充分，包括：人员的邀请、示范地块布置、会场布置、会议内容衔接、资料准备、会议资料的记录等。

(4)精心设计选择参会人员。根据现场会目的选择人员，一般有：①种田大户；②科技示范户；③农村有影响力的人；④有权威的人；⑤能够为试验效果提供有力证据的相关人员；⑥终端分销商；⑦公司的推广人员；⑧公司的销售人员；⑨公司的市场人员；⑩有关部门的人员。

（二）种子现场会流程

掌握现场会流程，认真做好计划、物资准备、人员邀请、田间布置、会议演讲等工作，达到种子促销目标。

现场会策划流程如下。

1. 计划

由区域主管和县级代理商共同实地考察新品种，根据品种和当地主栽品种对比表现情况，拟定是否召开新品种示范推广会及召开的时间、地点、参会人员和规模、有关费用等计划，公司批准后组织实施。

2. 物资准备

(1)手提扩音器 2 个，电池若干，室内成套音响 1 套；

(2)电脑、投影仪及U盘1个(内存公司及品种文字和图片宣传资料),数码相机1部;

(3)白板,白板笔;

(4)公司介绍、品种说明书、宣传画及宣传单页;

(5)会议日程安排表若干;

(6)现场会签到登记表1～2本,区域主管名片1～2盒;

(7)纪念品;

(8)品种标牌(绿底白字,视觉效果好,规格1米×1.5米);

(9)经销协议书、销售合同文本若干;

(10)桌牌、胸卡、矿泉水、纸杯、笔记本、圆珠笔、塑料文件袋和手提袋等;

(11)品种果穗(样棒);

(12)现场会横幅2个,田间和主会场各1个;

(13)根据预计人数提前订车,并制作编号。

3. 人员配备

销售经理、销售主管、市场主管、品种研发主管、区域经理各1人,区域代表数人。会务人员可由公司人员和客户一起配合。

4. 人员邀请

人员具体由代理商安排邀请,一般包括当地政府主抓农业的领导,农业行政和管理部门的领导,有关种子公司经理,分销渠道和终端零售商负责人,重点客户,科技示范户,种田大户和乡镇有影响力的人。

媒体的邀请,包括市县级电视台(最好是地方台的新闻组和有关栏目组)、相关报社等。

5. 田间展示会场布置

(1)清理展示田周边杂草,与示范户协商对展示田地头进行割除处理,拔出小苗、病苗、自交苗和杂株,确保品种田间整齐一致。同时留出足够的空间以便于参观、宣传讲话及摄像拍照。

(2)布置好"展示田"标牌及推广品种与对照品种的标牌,要求插放位置醒目。品种标牌要求尽可能写明以下内容:品种、地点、面积、简要栽培及管理技术(播期、中耕次数与时间、浇水次数与时间、追肥量、追肥次数与时间等)、田间估产量、示范户、主持单位、供种单位等。

(3)插放宣传彩旗,现场悬挂横幅、标语。横幅与标语要简单明了,烘托气氛。

(4)设计好客户到展示田的路线以及停车地点。避免人多、车多造成场外的混乱,浪费时间。

6. 室内主会场布置

(1)选择一个合适的会议室,根据人员多少摆放桌椅。

(2)会场门口放置几块欢迎词板。

(3)会议室的主席台上方悬挂产品推广会条幅,并标明客户名和企业名。

(4)调试好音响设备,安放好投影仪,计算机调至幻灯播放状态。

(5)会议室摆放白板、白板笔、板擦等。

(6)会场门口陈列品种样棒、宣传品、宣传册,并将宣传册成套装好。

(7)设立签到处,将会议室资料放到签到处,签到同时发放会议资料。

(8)会场粘贴一些宣传画,放置一些易拉宝。

(9)主席台可设置奖箱,放置奖品,吸引客户的注意力。

(10)在报道或入场期间,可播放企业专题片、产品宣传片或广告等。

(11)会议桌上摆放矿泉水。

7. 会议日程安排

(1)报到。

(2)会议时间一般安排在 9∶00—10∶00 开始,12∶00—12∶30 结束。

(3)参观示范田。在田间:

①协办公司领导首先讲话。

②销售主管或有关人员介绍品种育成、特征特性及示范推广情况。

③协办单位介绍品种表现,邀请大家进入展示现场参观。

④组织专家进行实地测产。

⑤示范户或村主任介绍栽培管理情况和预产情况。

⑥选一对照品种看其在当地的示范表现。

⑦组织有关媒体,利用现场群众制作节目。

⑧请当地技术权威做总结性发言。

⑨公司专业人员进行现场情景拍摄,整个过程资料保持完整。

⑩结束后,清理现场。

(4)主会场会议。

①会议应该请有一定影响力或权威人士主持,宣布会议内容及会议流程。

②公司主要负责人介绍企业规模、发展战略、目标、宗旨、理念、文化、产品、市场等情况。

③销售主管或区域主管介绍品种情况、品种多点表现情况、品种开发计划、品种营销政策。

④当地农业行政领导或相关人员介绍品种在当地的实际表现及推广前景。

⑤协作单位、示范单位或个人、代理公司领导等进行发言。

⑥互动交流,即兴发言,问题解答。

⑦主办单位领导对会议进行总结性发言。

8. 会后追踪

(1)征询有关人士对会议的反馈意见。

(2)对有购买意向的客户要进行跟踪。

(3)交流合作意向,签订经销协议、销售合同等。

(4)对现场会进行总结、评估。

任务3　针对中间商的种子推销活动

【任务目标与质量要求】

制订针对种子中间商的种子推销方案，寻求优质客户，采用适当的推销方法、技巧顺利完成种子销售任务，同时配套良种良法为顾客提供技术服务，满足顾客需求。

【学习产出目标】

(1)熟知人员推销概念、特点，熟悉人员推销的过程，掌握推销技巧；熟知品种特征特性和卖点；掌握技术服务内容。

(2)制订种子企业营销人员针对中间商的种子推销方案。

(3)运用恰当的推销方法和技巧找到优质经销商并进行有效沟通，完成销售任务。

(4)向农户提供到位的技术服务。

(5)树立良好的形象，受到中间商的好评。

【工作程序与方法要求】

人员推销过程可分为7个阶段：寻找客户、接触前准备、激发兴趣、推销洽谈、处理异议、推销成交、推销服务。其中，寻找客户、接触前准备、激发兴趣是推销成功的前提和基础；推销洽谈、处理异议、推销成交是推销活动的核心；推销服务是推销活动的继续，为以后推销创造良好条件。

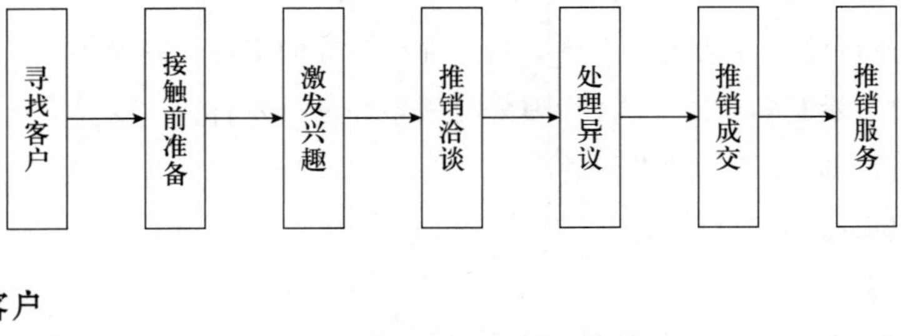

1. 寻找客户

推销人员应该从中间商是否诚信、可靠，是否有较强的销货能力、资金实力及回款能力等方面寻找潜在客户。(详见项目二、任务2【业务经验】中选择批发商、零售商时应注意考察的问题)

2. 接触前准备

在推销之前应准备好有关资料：

(1)本企业和品种的资料。

(2)了解客户的需求、个性特征、购买风格等。

(3)了解本行业竞争对手的品种特点、竞争能力和市场定位等情况，有助于客户比较，促进客户购买，同时也可以了解顾客的反应。

(4)形象准备。穿着打扮得体、讲究职业礼仪，给客户留下美好的第一印象。

(5)构思洽谈要点。洽谈要点主要包括怎样做自我介绍，开场白讲什么，何时出示产品或产品介绍，准备为客户提供哪些服务，对客户可能提出的疑问如何解答，要达到怎样的目的等。

3. 激发兴趣

见到客户后，推销人员的外表、言谈举止，应给客户一个良好的印象，然后交谈中对客户的需求加以适当的引导，使客户对本企业的品种产生兴趣。

4. 推销洽谈

推销人员向客户提供有说服力的资料，强调自己的品种带给客户的利益，让客户认识到本企业品种的优点，如产量高、抗病性强、品质佳等，为购买行动打好基础。

5. 处理异议

在推销过程中，客户可能随时对质量、规格、使用、价格、服务等方面提出疑问，推销人员应该耐心解释说明，消除客户疑虑，使其坚定购买信心。

6. 推销成交

在与客户交谈中，一旦发现客户的语言、表情中有愿意购买的信号时，应该抓住时机，促成购买，这是推销的核心。

7. 推销服务

良种科技承载的密集性要求外部的栽培技术、管理技术、加工技术等与之相匹配，而农民的低科技素质与其不相适应，因而种子服务是极其重要的。种子公司推销人员应及时进行技术指导，根据农户需求提供上门技术服务，指导农民正确使用品种。如果农户对品种使用产生疑义，应及时给予解答。如果存在种子质量问题，经有关部门鉴定后应视责任情况及时给予赔偿，以保护农民的利益。在作物生长期间应走访重点农户，深入田间查看作物生长情况，了解农户对品种的意见和建议并给予技术指导。作物成熟收获后，应积极帮助农户推销收获的农产品，实现经济效益。种子企业应对每一个经销商建立客户档案，这不但有利于更好地为经销商提供技术服务，而且能为企业积累市场分析预测的第一手资料。

【业务知识】

见项目三、任务1【业务知识】中的人员推销。

【业务经验】

一、人员推销技巧

人员推销技巧是指种子推销人员在实施推销过程中,针对不同的推销对象或用户,为达到推销目标所运用的方式、方法、技能、谋略等综合举措。

推销技巧运用得是否恰当得体,标志着种子推销人员素质、观念、业务水平能力的高低,关系到推销活动的成败。推销的技巧贯穿于种子推销工作的全过程,内容十分丰富、广泛。这里介绍一下合格的种子推销人员应掌握的一些具体推销技巧。

(一)自我介绍技巧

推销界有句名言:推销之前要先推销自己。推销自己,简单地讲就是在与用户初次见面时,尽量消除用户的陌生感和恐惧感,建立与用户之间的亲密感和信任感。因此,推销员应特别注重与用户的第一次见面。推销自己的方式除了从仪表、举止上迎合用户的情感之外,自我介绍也必须适合用户的口味。为此,自我介绍时,一要态度诚恳、热情;二要保持亲切的微笑;三要步履轻盈、快捷,正面接近用户;四要与用户谈话时语调热情洋溢、精神饱满、音量适中;五要在自我介绍时掌握分寸,态度谦和。如果是上门推销,先从介绍自己的姓名、单位、身份开始,辅之恭敬地递上自己的名片。若用户有兴趣或有耐心,再进一步介绍企业或种子。这样有利于用户迅速、准确地知晓自己的情况,加深对自己的印象,从而加快交易的过程。

如果不是上门推销而是柜台推销,则可与用户打招呼之后,先了解用户需求,然后有针对性地做种子特性、栽培技术或企业介绍。

(二)思维技巧

种子推销人员在推销谈判过程中要谨慎敏捷,正确判断用户的心理状态变化,从而调整谈话方式、内容、策略,要因销售地点、时机、种子品种不同而不同,因需侧重。

(三)语言技巧

种子推销员与用户交谈必须抓住对方的心,引起对方的共鸣,从而消除对方的担心和疑虑。为此在交谈时应做到:一要顾及对方的自尊心,不能说让对方厌恶或对方忌讳的话;二要注意关注和兼顾对方的利益;三要注意交流互相感兴趣的信息和经验;四要给对方谈话的机会;五要直视对方的脸和眼睛,真诚、尊敬地聆听对方的谈话;六要注意附和、赞美对方的谈话。推销工作中,“态度和蔼,永不与用户争吵”是推销的“要招”,谈吐流畅会给用户信任感。总之,与用户谈话,应以引起用户注意为目的,以用户为中心,以尊敬、重视用户为准则,这样才能消除用户随时可能产生的心理障碍,才能为下一步商谈奠定良好的基础。

（四）产品介绍技巧

1. 熟悉本公司产品的基本特征

(1)产品的基本构成　例如,种子产品名称、种子产品特征特性、种子产量、栽培技术要点和技术特征、产品价格和付款方式、运输方式、产品的规格型号等。

当客户询问产品的基本构成情况时,销售人员不必急于向客户发出销售进攻,因为客户此时可能只是想了解更多的基本信息,而不是想迅速做出决定。此时,如果销售人员表现得过于急功近利,反而会引起客户的反感,这将不利于彼此之间的进一步沟通。

所以,在分析产品的基本构成情况时,销售人员的表现更应该像一个专业而沉稳的工程师,应该客观冷静地向客户表明产品的构成、技术特征、目前的技术水平、在业界的地位等。此时销售人员介绍产品的语言一定要力求简洁明朗,而不要向客户“卖弄”他们难以理解的专业术语。

销售人员对产品的基本构成分析得越是全面和深入,表现得越是从容镇定,给客户留下的印象就越是专业和可靠。建立在这一基础之上的客户沟通就会比喋喋不休地对产品进行华而不实的宣传顺畅得多。

(2)产品为客户带来的价值

①产品的品牌价值。随着品牌意识的普及和提高,对于很多本领域内的产品,客户都比过去更加注重产品的品牌知名度。

②性价比。这是理智的客户购买产品时考虑的一个重要因素,在购买某些价格相对较高的产品时,客户对这一因素的考虑将更加深入。

③产品的服务特征。产品的售后服务已经越来越受到人们的普遍关注,可是产品的服务绝不仅仅指售后服务,还应该包括销售前的服务和销售过程中的服务。

④产品的特殊优势。比如产品蕴含的某种新型科技含量、在新功能上的创新等。

所有的客户在购买产品时都会关注产品为自己带来的价值,没有价值的产品,客户是不会考虑购买的。所以,销售人员必须站在客户的立场上,深入挖掘自己所销售的产品到底能为客户提供什么样的价值,以及多大的价值等。如果销售人员本身都弄不清楚产品的实际价值,那么客户自然不会对这样的产品抱有任何信心。

在实际销售中,推销人员要根据推销对象,确定介绍的侧重点,也就是按照客户、用户的利益关注点来介绍产品。

2. 向经销商介绍产品

关键点:该产品怎么让客户多赚钱,怎么能长久地赚钱。所以通常在向经销商介绍产品时,首先简单告诉产品是干什么用的,主要的用户或者消费群是谁;其次就要介绍这种产品在流通过程中可获得的利润水平怎么样；再次围绕流通环节的价差展开说明；最后介绍一些售后服务方面的事项。

经销商经营产品的目的是赚钱，所以向经销商介绍产品主要围绕他能获得多大的价差展开。其中价差又分为直接价差与间接价差。直接价差就是产品买进、卖出的差额；间接价差是本产品带动其他产品销售时，其他产品的价差。

实际推销过程中，很多人不敢见经销商，因为可能还没有向经销商介绍完产品，就被赶出来了，主要就是没有把握这个关键点。有的推销员一上来就向经销商报价，一听经销商说"这么贵，卖不出去!"马上陷入僵局，不知道怎么往下说了。其实，按照以上的关键点思路可以这么说："价格贵不影响我们做生意，只要您可以获得一定的价差，还是可以卖出去的。"还可以接着说："老板这里也有一些价格较高的产品，不也卖得很好吗？我们关注的是销量，您关注的是价差。""我借您渠道，您借我产品，大家共赚钱嘛!"

（五）沟通的技巧

推销人员在洽谈中需要与客户沟通，进而达成共识。为此，必须做到以下几点。

(1)善听　讲究礼仪，善于倾听，要用心听、耐心听、适时听、会心听，记住所听的要点并做些记录。

(2)巧问　可采用启发式询问、暗示性询问、商量式询问和有选择性询问。提问方式和内容要让对方乐于回答。

(3)妙说　以幽默和巧妙的回答化解对方的提问；以灵活的选择、恰当的方式委婉拒绝；以诚恳的解释和歉意来直抒己见。

（六）应付用户拒绝的技巧

被拒绝是种子推销人员的"家常便饭"，应勇敢面对。种子推销员推销种子产品如果遭拒绝，应该心平气和地面对。无论用户以什么方式拒绝，都不要抱怨和不耐烦，而应采取积极态度，分析原因，寻找应付用户拒绝的技巧。应付用户拒绝的技巧方法有以下几种。

(1)迂回法　即种子推销员在遭到用户因对种子或某一方面服务不满而拒绝购买时，附和用户的看法，抓住某一方面的关键词，针对不满意之处加以灵活阐释，采取迂回战术，消除其顾虑。

(2)转折法　即用户阐述了自己的看法后提出拒绝，尽管其理由可能不充分，但种子推销员不能采取否定回答，更不能恶语中伤，而应该附和用户的看法，然后通过转折词语，提出自己的看法，并用充分的理由说服用户，淡化其不满情绪，拉近客户与自己的感情。

(3)回避法　即对用户的拒绝避而不谈，悬而不论，用笑声或一些轻快的语句把话题引开，这样不仅可以缓和用户拒绝造成的紧张和尴尬，而且可以显示出种子推销人员的大度和宽容。

(4)提问法　即肯定用户提出拒绝自有其道理，为探求其原因，推销人员通过发问，转移自己与用户之间的位置和态度，由原来的守方变成主动发问的攻方。这样，就为用户的倾诉提供了机会。同样，种子推销人员也了解并把握了用户反馈回来的信息，这时再有的放矢对症下药，消除用户的顾虑，推销就有可能成功。

(5)否定法　即种子推销人员对待用户的诉说和要求，一般不要做出否定的回答，但是，在适当的情况下，做出否定回答也是必要的，这样既可保持公司的形象，又可维护自身的荣誉。但是，在做否定回答时，推销人员应注意语气和分寸，不能太过于强硬，需增添一些适当的幽默加以调剂，否则就会引起用户反感，很可能使得第一次接触成为最后一次接触。

(6)例证法　即用户的拒绝有时是由于缺乏信任，是对种子的可信度认识不高所致，这时推销人员就需用例证法列举类似的例子，用以加强说明。如果有以前用户对该种子的称赞和使用种子所得利益实物的证明，就可以有力地阻止用户的拒绝，增强其对种子产品和企业的信任感。

(7)转化法　即用户的拒绝往往源于自己的主观印象，因此，种子推销人员应抓住时机，将自己的主观说明转化为客观实在之物，可出示有关种子的资料说明、获奖情况或有关部门的鉴定等。这样，用户看得见，摸得着，就可能由排斥、疑虑转化为喜欢、信任。

（七）排除用户异议的技巧

种子推销人员在推销种子的过程中常常会遇到用户异议，排除用户异议是顺利推销和达成交易的必备条件。有效地排除用户异议，需要推销人员不躲避用户异议、分析用户异议的原因，商量解决用户异议的方案和对策，与此同时，还必须选择有利于排除用户异议的技巧，具体采取以下方法。

(1)一分为二处理法　对用户异议一分为二，是客观地处理异议的一种方法。即肯定用户正确的一面，否定其错误的一面，利用其积极因素，克服其消极因素，以诚相待，排除成交障碍，有效地促成交易。

(2)反驳处理法　即种子推销人员根据事实和道理来直接否定用户异议的一种处理技巧。一般来说，在排除用户异议时，种子推销人员应尽量避免与用户发生直接冲突，尽量避免针锋相对的反驳，但在一定的条件下，也可以采用反驳处理法。

(3)“否定”处理法　即种子推销人员根据事实和道理来间接否定用户异议的方法。在实际推销面谈过程中，用户往往提出许多无效异议，直接妨碍成交。此时，种子推销人员应该根据有关的事实和理由来否定各种无效的用户异议。

(4)补偿处理法　即种子推销人员利用异议以外的优点来补偿或抵消用户异议的一种方法。例如，对于用户的正确观点和认识给予适度的赞赏，可以使用户达到一定程度的心理平衡，有利于排除障碍，促成交易。

(5)询问处理法　即种子推销人员利用异议来反问用户的一种处理技巧。推销人员在处理各种用户异议时，应该认真分析，找出异议的原因。但在实际工作中，推销人员又往往不清楚用户异议产生的根源，于是，应通过询问来了解，以便于处理。

(6)不理睬处理法　即种子推销人员有意不理睬用户异议的一种方法。但采用此法又不能造成不理睬用户的印象。

（八）加速成交的技巧

在实际推销工作中，用户往往不愿主动地提出成交，即使他心里想成交，可为了杀价或争取实现自己所提出的交易条件，也不首先表示成交。但是用户成交的意向总会以各种方式表露出来，如在用户对待推销人员的态度逐渐好转时，在用户主动提出更换面谈场所时，在用户主动介绍其他相关人员时，在用户的疑问、异议一个接一个出现时或更详细地询问有关情况时，都可能是成交意向的表示。种子推销人员要不失时机地运用成交技巧促成交易。其技巧方法有以下几种。

(1)请求成交法　即种子推销人员直接请求用户购买种子的一种技巧。这种技巧要求推销人员利用各种可能成交的机会积极提示，主动向用户提出成交要求，努力促成交易。

(2)假定成交法　即种子推销人员假定用户已接受推销建议而要求用户实现成交的技巧。假定成交法是一种基本的成交技术，在整个推销面谈过程中，推销人员随时都可以假定用户已经接受推销建议，不失时机地进行成交工作程序。假定成交法的力量来自种子推销人员的自信心，而推销人员的自信心又可以增强用户的信心，以彼此互相影响，促成交易。

(3)选择成交法　即种子推销人员为用户提供几种购买决策方案，并建议用户选择其中一种自己认为合适的方案。这种成交技巧必须在充分了解用户所处的地域环境、经济条件、文化环境、种植习惯等条件下，结合种子的特性考虑，才能做出可能使用户接受的决策方案。

(4)从众成交法　即种子推销人员利用用户的从众心理来促使其立即购买种子的一种技巧。消费心理学认为，人的购买行为既是一种个别行为，又是一种从众行为。用户在购买种子时不仅考虑自己的需要和问题，也会考虑符合社会的需要和规范。从众成交法正是利用了用户的从众心理，创造一定的购买情境和购买气氛，说服一部分用户去影响另一部分用户，利用与一方的交易来促成多方交易。

(5)机会成交法　即种子推销人员向用户提示有利的机会从而促使成交的一种技巧。购买机会也是一种财富，具有一定的经济价值，失去购买机会本身就是一种损失，有时还得支付一定的机会成本。推销人员可以利用这个基本原理，针对用户害怕错过购买机会的心理动机，向用户提示成交机会，限制用户的购买选择权和成交条件，施加一定的机会成交压力，促使用户购买推销的种子。

(6)保证成交法　即种子推销人员向用户提供成交的保证条件来促成交易的一种技巧。推销心理学认为，用户在成交时存在害怕错误成交而拒绝成交的心理。种子推销人员针对用户的这种心理，向用户提供一定的成交保证，消除用户的成交心理障碍，以增加用户成交的信心而促成交易。

(7)异议成交法　即种子推销人员利用处理用户异议的时机直接向用户提出成交建

议的一种成交技巧。用户异议既是成交的直接障碍,又是成交的明显信号。一般来说,只要种子推销人员能够成功地处理有关的用户异议,就可以有效地促成交易,促使用户立即购买推销品。

(8)耐心成交法　种子行业竞争十分激烈,销售机会稍纵即逝,不放弃每一位用户是种子推销人员的宗旨。种子推销人员对用户的挑选、比较、吹毛求疵要有耐心,以诚恳的态度和言辞做出合情合理的解释,以争取最好的结果。

(九)培植感情、稳定用户的技巧

种子推销人员在推销过程中必须十分重视自身形象的展示。在同用户的接触中,推销人员应重视推销礼仪,做到举止大方,不卑不亢,给用户留下可信的印象,以使用户产生信任感。在同用户进行交易的活动中,推销人员应做到言必信,行必果,守信重诺,以维护自身和企业的声誉;应避免惹人厌烦的倾力推销,努力创造亲密和谐的推销环境。同时,种子推销人员应把推销过程当作与用户情感交流的过程,重视发展同用户之间的感情沟通,设法同一些主要的用户群体建立长期关系,以超越买卖关系建立起同他们之间的个人友情,形成一批稳定的主顾群。要做到这一点,种子推销人员往往不能局限于站在企业的立场上同用户发生联系,而应学会站在用户的立场上帮其出主意,当参谋,指导种子的使用,甚至可以向其推荐一些非本企业营销的品种,以强化推销活动中的信任感,拉近与用户的心理距离。

(十)谈判与讨价还价的技巧

做生意免不了讨价还价,为实现销售的价格目标,提高促销的直接经济效益,种子推销人员必须具备一些谈判与讨价还价方面的技巧。

著名的“哈佛谈判”项目研究指出,能使讨价还价的谈判双方达成一致的要素有4个:第一,将人与问题分开,理智地理解对方,理解问题;第二,利益服从立场;第三,创造对双方都有利的交易条件,在融洽的气氛中谈判,更容易找到双方的共同利益;第四,坚持客观标准,非原则问题的妥协让步会缓解僵持局面。

讨价还价时可采用以下方法:①高报价后让步法,即先把种子价格定得高些,在讨价还价中降价,让用户有满足感;②权力限制法,即当价格接近底线时可告知用户向上级请示,让用户有胜利感;③最后报价法,即先了解用户的心理价位,然后报价;④条件定价法,即根据用户能达到的条件灵活定价,比如考虑付款方式、付款时间、购买数量、新老客户等因素。

应该指出的是,推销成功要靠娴熟的推销技巧,推销技巧要因销售地点、时机、用户、种类、品种等不同而异,推销人员要善于了解、分析、驾驭用户心理,针对用户需求采用适当的策略,要善于接近用户、说服用户、取得用户的信任。推销工作没有千篇一律的妙方,唯有运用得法。

种子经销商的选择技巧和建立区域销售渠道的技巧详见本书前文相应部分。

二、种子服务

目前，我国农资市场普遍采用通过提供技术服务拉动销售的产品营销策略。这一方面满足了农民对农业技术的需求，另一方面使农民买得放心，用得安心，从而有效地促进产品销售。

从种子企业的角度来讲，企业做好售前、售中、售后服务，为农民提供栽培技术服务指导，这样既可以减少因栽培不当而造成的质量事故，提高公司声誉，又可以了解顾客对产品质量的期望，有利于企业改进种子质量，提高种子竞争力。所以，企业建立分销渠道的时候就应该对渠道成员进行必要的技术培训，使渠道成员变成名副其实的售后跟踪服务网点。同时，企业对种子品种使用中出现的问题应高度重视，积极应对，及时沟通解决，以在农户和中间商中树立起良好的信誉。

（一）售前服务

售前指种子商品进入流通领域，但尚未出售之前。售前企业需要开展以下各项服务工作。

(1)种子处理。为了使种子在市场上能吸引购买者，提高竞争力，在种子生产或调入后，经营者要对种子进行精选、分装、包衣等技术处理，尤其是包衣处理，这能够显著提高种子的出苗率，为增产打好基础，深受农民欢迎。

(2)编制技术宣传资料。种子企业应事先编制并向用户提供种子样品和使用说明书，内容包括：种子特性、技术参数、栽培方法、注意事项、预计产量等。

(3)组织进行田间示范和现场观摩会。结合新品种生产示范工作，在新品种优良性状表现最突出的时期，企业应及时组织地方农业行政和技术推广部门、企业产品经销商和农户召开现场观摩会，让经销商和农户亲自了解产品性能，以增强使用和销售新品种的信心。

(4)开展技术培训和咨询工作。企业根据需求可以组织举办技术培训班，聘请专家现场指导、咨询，传授技术。企业技术培训与咨询服务活动主要以促销为目的，通常不收费，受训者了解和熟悉新品种后很可能会采购推广的新品种。

(5)依托销售渠道，设立服务网点。企业应深入调查，根据客户分布情况设置服务网点，方便客户购买和技术咨询。

（二）售中服务

售中服务是在种子交易过程中为客户提供的各项服务，主要包括以下内容。

(1)热情周到，礼貌待客。在种子销售过程中，要坚持礼貌待客，热情、主动、耐心、周到地为用户服务，解答客户提出的各种问题，帮助客户解决各种困难，为客户提供各种便利，做到来有迎声，问有答声，走有送声，使客户高兴而来，满意而去。

(2)实行公平交易，定价合情合理。在交易过程中，要以平等的态度同客户进行洽谈和协商，在种子质量、数量、价格、交货期、包装、运输等方面尽量满足客户的要求，同时要维护企业的利益，使买卖双方得到应得的经济利益。

(3)信守合同，提高信誉。企业要注意信守合同，按期付款和交货，在行业中建立良好的声誉。

（三）售后服务

售后服务是种子企业在种子品种售出后为用户提供的各种服务，主要包括以下服务内容。

(1)跟踪技术服务，信守种子销售承诺。企业在农户使用种子时，根据需求应提供上门技术服务，指导农民正确使用品种。如果农户对品种使用产生疑义，应及时给予解答。如果存在种子质量问题，经有关部门鉴定后企业应视责任情况及时给予赔偿，以保护农民的利益。

(2)访问经销商与农户。在作物生长期间走访重点农户，深入田间查看作物生长情况，了解农户对品种的意见和建议，并给予技术指导。

(3)帮助推销。作物成熟收获后，积极帮助农户推销收获的农产品，帮助农户实现经济效益。

(4)建立用户档案。种子企业应对每一个经销商建立客户情况档案，这不但有利于更好地为经销商提供技术服务，而且能够为企业积累进行市场分析预测的第一手资料。

【经典案例】

华西种业技术服务显成效

新疆华西种业有限公司从2006年起在新疆博乐地区推广第一个耐密植玉米品种KWS2564。为了良种良法配套、充分发挥该品种的增产潜力，提高农户收益，除了采取现场观摩示范推广的办法以外，公司还抓住冬季农闲的有利时机，在博乐各乡村组织农民进行玉米KWS2564宽膜宽窄行高密度滴灌栽培技术培训，同时广泛发放技术资料。最重要的措施是华西种业有限公司购买了6台适用于KWS2564宽膜宽窄行高密度种植方式的玉米播种机，赠送给当地购种户。购种户当年增产显著，亩产达到1 000千克以上。这一举措吸引该地区农户纷纷购买这种特制播种机，KWS2564的销量也显著提升，使得KWS2564在该地区名声大震。2011年该玉米品种在博乐地区的市场占有率达到了80%左右。

任务 4　种子门店销售活动

【任务目标与质量要求】

完成或超额完成门店种子销售任务。熟悉种子门店销售工作流程，熟悉各种作物、蔬菜种子种类、各品种特征特性、栽培技术、各品种单价等。灵活使用种子销售技巧推销种子，处理好农户异议和投诉，能够为农户提供到位的技术服务。

【学习产出目标】

(1)熟悉门店推销的流程，掌握推销技巧。

(2)完成门店种子销售任务，提高门店销售收入。

(3)了解工作范围内全部商品知识：作物种类、单价、特征特性、栽培技术等。

(4)熟悉门店销售的开票、交款、提货等业务流程，以及顾客异议和投诉的处理程序。

(5)掌握有关支票、挂账、提货单、信用卡的使用。

(6)完成技术服务工作，受到农户好评和信任。

【工作程序与方法要求】

种子门店销售程序如下：

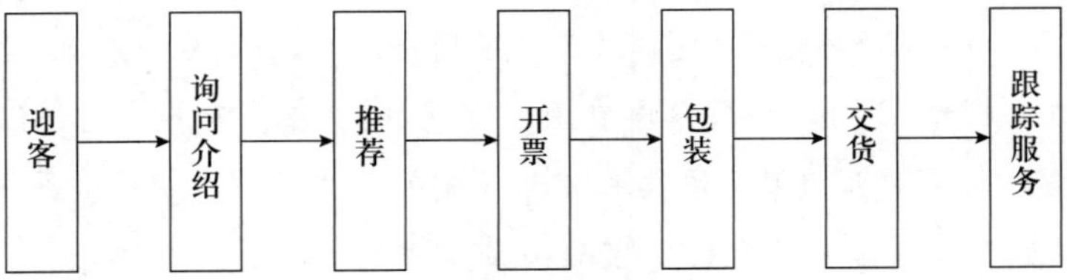

1. 迎客

顾客进店要欢迎，且面带微笑。打招呼须注意时机，要表现得真诚、自然。营业员须给予顾客自由挑选商品的空间，避免过于积极，给顾客造成心理压力，而减少购买机会。对带有太多物品的进店顾客，应主动上前帮助搬放，并将物品暂放在不影响营业又安全的区域。

2. 询问介绍

如发现顾客长时间观察产品，拿不定主意，营业员应主动上前询问顾客需求。营业员应依据顾客的需求，向其推荐并介绍符合其需求的产品，对顾客提出的问题，要不厌其烦地进行解答。

3. 推荐

当顾客犹豫不决时，营业员可向其推荐符合其需求的产品，帮助顾客做出决定。当顾客决定购买所需产品时，还可建议他再看一下与所购产品相关的其他产品，特别是那些正在进行促销的相关产品。但营业员在推荐时切不可强迫，每次推荐的产品最好不超过两类。强迫或推荐类型过多，都将引起顾客的反感。

4. 开票

当顾客决定购买时，营业员应重复顾客所购产品的品名及价格，并提醒顾客进行产品的检验。确定无误后便可开票，将相关票据交给顾客，并指引顾客至收银处付款。在交递现金、发票及货品时要双手呈上，表示高度重视顾客。

5. 包装

在顾客去收银处付款时，营业员须熟练、小心地将小件产品快速包装起来，并放入统一的商品袋中。

6. 交货

当顾客从收银处返回时，营业员在礼貌地向顾客索取提货联后，将产品交给顾客，并提醒顾客再次确认其所购产品。对于购买的大件产品，营业员可帮助顾客搬运到运输车上。

7. 跟踪服务

要及时建立种子销售档案，定期或不定期地深入田间或通过电话，进行深入的调查回访，热情地进行种植技术指导，切实解决农民生产中遇到的技术难题，使农户获得良好的种植效益，赢得农民朋友的信赖，切实提高种子门店的声誉。

【业务知识】

见项目三、任务 1【业务知识】中的人员推销。

【业务经验】

一、做好门店销售的准备

门店销售是所有销售环节的最末端，在种子产品批发商和零售商的营业场所进行。门店销售在整个销售体系中有着举足轻重的作用。种子产品门店销售多集中在县、乡镇、村、交通枢纽附近，以及农贸市场，各地建立的综合农资种子市场，面向农民朋友开展种子产品经营服务，部分门店还同时经销农药、化肥等农资产品。

门店销售和其他产品销售渠道一样。首先，营业员必须全面了解和熟悉销售的产品，包括产品的性能、价格、性价比、包装和产品能给消费者带来的特殊利益等，同时，还要了解其他竞争对手的相同或类似种子产品的门店销售策略；其次，要熟悉和了解作为种子产品特殊消费群体的农民朋友的购买心理和行为特点；最后，要熟悉和了解公司的企业文化和质量管理体系，以及各项规章制度的要求。一般公司对新到的产品销售人员都会进行一些必要的培训。除此以外，销售人员初到一家公司工作，还要注意以下几点。

1. 保持良好的心态

要树立"竭诚为顾客服务，以实现自身价值"的思想，把面向顾客开展营销活动当作实现自身价值的途径。把顾客当成自己的朋友，帮他们在购买产品时做出最佳选择。同时不能欺骗和冷落顾客，更不能强迫他们购买某种产品。

2. 注意仪容仪表

(1)着装：着装应整洁、大方，颜色力求稳重，不得有破洞或补丁。专卖店营业员上班必须着工衣。工衣外不得着其他服装，工衣内的衣服下摆不得露出，非因工作需要，不得在专卖店外着工衣。上班时间必须佩戴工牌，工牌应端正佩戴在左胸适当位置，非因工作需要，不能在专卖店以外佩戴工牌。

(2)发型：头发应修剪、梳理整齐，保持干净，禁止梳奇异发型。男员工不宜留长发，不宜剃光头、留胡须。女员工留长发应以发带或发卡夹住。种子门店销售主要面向农民朋友服务，着装和发型等应符合他们的审美观。

(3)表情、言谈：待人接物时应注意保持微笑。接待顾客及来访人员应主动打招呼，做到友好、真诚，给其留下良好的第一印象。与顾客、同事交谈时应全神贯注、用心倾听。

3. 熟悉业务工作程序

(1)了解工作范围内全部商品知识：种类、单价、特性、相关技术等；

(2)熟悉门店销售的开票、交款、提货等业务流程，以及顾客异议和投诉的处理程序；

(3)掌握有关支票、挂账、提货单、信用卡的使用；

(4)掌握到货商品的数量、种类、单价与订货单不符时的处理程序；

(5)妥善保管货物，掌握防鼠、防潮、防火、防爆等工作程序，以及农药等有毒有害物品的安全保管等注意事项。

4. 训练使用门店销售基本用语

迎客时说"欢迎""欢迎光临""您好"等。

对他人表示感谢时说"谢谢""谢谢您""谢谢您的帮助"等。

接受顾客的要求时说"听明白了""清楚了，请您放心"等。

不能立即接待顾客时说"请您稍候""麻烦您等一下""我马上就来"等。

对在等候的顾客说"让您久等了""对不起，让你们等候多时了"等。

打扰或给顾客带来麻烦时说"对不起""实在对不起""打扰您了""给您添麻烦了"等。

由于失误表示歉意时说“很抱歉”“实在很抱歉”等。

当顾客向你致谢时说“请别客气”“不用客气”“很高兴为您服务”“这是我应该做的”等。

当顾客向你致歉时说“没有什么”“没关系”“算不了什么”等。

当你听不清楚顾客问话时说“很对不起,我没听清,请重复一遍好吗?”

送客时说“再见,一路平安”“再见,欢迎您下次再来”等。

你要打断顾客谈话时说“对不起,我可以占用一下您的时间吗?”“对不起,耽搁您的时间了”等。

暂时离开柜台时,应说“请您稍等一下”。

重新回到柜台时,应说“真对不起,让您久等了”。

自己疏忽或没有解决办法时,应说“真抱歉”或“对不起”。

提供意见让顾客决定时,应说“若是您喜欢的话,请您……”

要希望顾客接纳自己的意见时,应说“实在是很抱歉,请问您……”

当提出几种意见询问顾客时,应说“您的意见如何呢?”

遇到顾客抱怨时,应仔细聆听顾客的意见并予以记录。如果问题严重,不要立即下结论,而应请主管出面向顾客解释,其用语为:“是的,我明白您的意思,我会将您的建议汇报经理并尽快改善。”

当顾客买不到需要的产品时,应向顾客致歉,并给予建议,其用语为:“对不起,现在刚好缺货,让您白跑一趟,您要不要先买别的牌子试一试?”或“您要不要留下您的电话和姓名,等新货到时立刻通知您?”

不知如何回答顾客询问时,不能说“不知道”,应回答“对不起,请您等一下,我请主管来为您解答”。

当顾客购物离开时,应说:“谢谢光临,欢迎下次再来。”对比较熟悉的顾客可以说:“×××,请慢走!”

二、门店整理

门店整理包括整理、整顿、清扫、清洁、素养5个工作环节。

(1)整理　随时把工作现场内的所有不需要的东西清理掉,把不常用的东西放远一点,把偶尔使用的东西集中存放,把经常使用的东西放在作业区内。

(2)整顿　定期整理存放的货物,把需要的东西定位放置,定量摆放,方便取用,整齐排布,标识明显。

(3)清扫　每天彻底清除污垢,使用的工具和物品要擦拭干净,清扫设备和工作台。

(4)清洁　随时保持工作区域清洁。

(5)素养　训练员工具有较强的自律精神,遵守作业规则,养成良好的工作生活习惯，自觉动手创造一个整齐、清洁、方便的工作现场。

三、向农户介绍产品的技巧

关键点：使用该产品能给农户带来什么好处，哪些好处又是农户现在正需要的。

向农户介绍产品的一般步骤：先介绍某类产品的功能，再介绍本产品的特点，接着将本产品的特点与农户关注的利益点联系起来，最后解答一些技术问题与售后服务问题。在向农户介绍产品过程中，最大的难处是判断农户的关注点或利益点。

一个好的推销员应该借鉴中医的“望、闻、问、切”来向农户推销产品。

望：观察农户，识别农户的层次、素质、需求、喜好等。

闻：听农户的叙述，必须给农户表白的时间，耐心地听，高质量地听，因为农户没有耐心为你多讲几遍，重要的地方也不会反复强调，有些时候农户甚至会自然不自然地隐藏他的真实需求，这就更需要闻的艺术。

问：农户只知道他目前需要购买产品解决问题，却不知买什么与怎样做，这就需要推销员担当策划师的角色，为他提供全面、准确、适合的策划方案。要做好这个策划，就需要多了解农户需求，提供最适合的方案。

切：实际考察农户的状况，从真实中了解。农户的表白、回答都不一定是准确的，适当的时候，业务员需要实地考察农户的状况。

从某种意义上说，销售人员的工作是通过自己的商品知识为农户创造利益，协助农户解决问题。为此，销售人员必须坚持不懈地、全方位地、深层次地掌握种子产品知识。

四、如何解除客户抗拒

某种子商店在经营、推广过程中总结出客户最容易提出的 5 个购买抗拒点以及解决的方法。

客户最容易提出的购买抗拒点：①没见（种）过；②种子量少没法播种；③玉米棒太小，只喜欢种植大穗型；④秆太高；⑤密度太低（高）。

对客户提出的这 5 个抗拒点，商店可以以反客为主的方式来回答：①那就对了，这是我公司的新产品，对此我可以在这里做介绍；②好种子可以点播的；③并不是果穗越大产量越高，稀植大穗型品种易倒并且要求条件高；④如果秆高一点，穗位和重心低，也不会倒伏；⑤每个品种只有在其最佳密度才能高产。

让客户没法拒绝你的技巧如下：

(1)如果客户说“我没时间”，那么营销员应该说：“我理解，我也总是时间不够用。不过只要 3 分钟，你就会相信，这是个对你绝对重要的议题……”

(2)如果客户说“我现在没空”，营销员就应该说：“先生，美国富豪洛克菲勒说过，每个月花 1 天时间在钱上好好盘算，要比整整 30 天都工作来得重要！我们只要花 25 分钟的时间！麻烦您定个日子，选个您方便的时间！我星期一和星期二都会在贵公司附近，所以可以在星期一上午或者星期二下午来拜访您一下！”

(3)如果客户说“我没兴趣”，那么营销员就应该说：“是，我完全理解，对一个谈不上相信或者手上没有什么资料的事情，您当然不可能立刻产生兴趣，有疑虑有问题是十分合理自然的，让我为您解说一下吧，星期几合适呢？”

(4)如果客户说“我没兴趣参加”，那么营销员就应该说：“我非常理解，先生，要您对不晓得有什么好处的东西感兴趣实在是强人所难。正因为如此，我才想向您亲自报告或说明。星期一或者星期二过来看您，行吗？”

(5)如果客户说“请你把资料寄过来给我怎么样？”那么营销员就应该说：“先生，我们的资料都是精心设计的纲要和草案，必须配合人员的说明，而且要对每一位客户分别按个人情况再做修订，等于是量体裁衣。所以最好是我星期一或者星期二过来看您。您看上午还是下午比较好？”

(6)如果客户说“抱歉，我没有钱”，那么营销员就应该说：“先生，我知道只有您才最了解自己的财务状况。不过，现在做个全盘规划，对将来才会最有利！我可以在星期一或者星期二过来拜访吗？”或者是说：“我了解。要什么有什么的人毕竟不多，正因为如此，我们现在开始选一种方法，用最少的资金创造最大的利润，这不是对未来的最好保障吗？在这方面，我愿意贡献一己之力，可不可以下星期三，或者周末来拜访您呢？”

(7)如果客户说“目前我们还无法确定业务发展会如何”，那么营销员就应该说：“先生，我们营销确实要关注这项业务日后的发展，您先参考一下，看看我们的供货方案的优点在哪里，是不是可行。我星期一过来还是星期二比较好？”

(8)如果客户说“要做决定的话，我得先跟合伙人谈谈”，那么营销员就应该说：“我完全理解，先生，我们什么时候可以跟您的合伙人一起谈？”

(9)如果客户说“我们会再跟你联络”，那么营销员就应该说：“先生，也许您目前不会有什么太大的意愿，不过，我还是很乐意让您了解，要是能参与这项业务，对您会大有裨益！”

(10)如果客户说“说来说去，还是要推销东西”，那么营销员就应该说：“我当然很想销售东西给您，不过让您觉得值得期望的，才会卖给您。有关这一点，我们要不要一起讨论研究看看？下星期一我来看您？还是您觉我星期五过来比较好？”

(11)如果客户说“我要先好好想想”，那么营销员就应该说：“先生，其实相关的重点我们不是已经讨论过了吗？容我直率地问一问，您顾虑的是什么？”

(12)如果客户说“我再考虑考虑，下星期给你电话”，那么营销员就应该说：“欢迎您来电话，先生，您看这样会不会更简单些？我星期三下午晚一点的时候给您打电话，还是您觉得星期四上午比较好？”

(13)如果客户说“我要先跟我太太商量一下”，那么营销员就应该说：“好，先生，我理解。可不可以约夫人一起来谈谈？约在这个周末，或者您喜欢的哪一天？”

类似的拒绝自然还有很多，我们肯定无法一一列举出来，但是，处理的方法其实还是一样，就是要把拒绝转化为肯定，让客户拒绝的意愿动摇，营销员再乘机跟进，引导客户接受自己的建议。

五、种子门店服务技巧

随着种子市场竞争日趋激烈，服务作为一种竞争手段在种子营销中变得越来越重要。了解和掌握农民的购种心理预期，有针对性地做好种子门店的服务工作是非常重要的。

农民朋友购种时，一般有三大心理需求：高质量、优质服务和舒心的购买环境。质优价廉、信誉良好、品牌过硬的种子是农民购种的首选。农民朋友在购种时总希望获得热情的接待和周到的服务，得到安全消费。在购到称心种子的同时，渴望获得配套的种植技术服务。购种时的购买环境、营业人员的态度、购种手续简便与否、出入是否方便等也是购种者比较在意的方面。

针对购种者的普遍心理，种子门店应该在确保种子质量、合理价位、诚信经营的前提下，有针对性地做好种子销售服务。

1. 美化经营环境，为顾客提供理想的购种场所

种子门店要宽敞明亮，营业场所内外整洁，种子摆放整齐有序，布置优雅，不同品种要隔开，地面整洁，无撒漏种子，并实行明码标价。

2. 销售人员要尊重、关心顾客，热情周到地提供服务

销售人员要做到主动、热情、耐心、诚恳、周到地为农民服务，同时要具有良好的职业道德和敬业精神，有较高的文化素养和专业技能，能够熟练地掌握所售种子的特征特性和农业生产方面的基本知识，准确、及时地回答农民的咨询。此外，销售人员要着装整齐，实行微笑服务。

门店应设立便民服务台，备有散装种子、包装袋、扎绳等。有条件的门店还应向农民提供饮用水和器具，帮助农民看管车辆，为农民提供力所能及的帮助。

3. 合理延长营业时间

门店要从方便农民购买种子入手，在购种高峰时节，早、晚延长营业时间。

4. 围绕良种、良法配套技术，向农民提供到位的技术服务

种子门店不仅要大力宣传种子企业的服务宗旨、质量承诺、购种提示等内容，而且应该充分利用宣传栏、展示台、橱窗等形式把所销售种子的优缺点客观地进行宣传，要做到不误导、不欺瞒、不夸大，使农民得到真实的信息，从而有针对性地选购良种。同时，门店应选派业务能力强、专业技术过硬的人员进行现场咨询，指导农民选购良种，解决农民提出的问题，当好农民的参谋。当农民朋友购种后，种子门店要及时建立种子销售档案，定期或不定期派出技术人员深入田间或通过电话，进行深度的调查回访，热情地进行种植技术指导，解决生产中遇到的技术难题，使农户获得良好的种植效益，赢得农民朋友的信赖和好口碑，从而切实提高农户对种子门店的信任度。

参考文献

[1] 蔡国友.种子销售技巧与实战[M].北京:化学工业出版社,2008.

[2] 苏兰君,翁运春.现代市场营销[M].2版.北京:高等教育出版社,2013.

[3] 尹彬.现代推销技术[M].2版.北京:高等教育出版社,2012.

[4] 王海波,高文虎.种子市场营销[M].2版.北京:中国农业大学出版社,2018.

[5] 李波.种子营销实务[M].天津:天津大学出版社,2012.

[6] 崔坤,李开忠.种子营销[M].北京:中国农业出版社,2015.

[7] 张长斌,钱虎君,何志刚,等.服务营销是种子市场营销的核心[J].种子科技.2009,27(2):1-2.

[8] 农业农村部种业管理司,农业农村部管理干部学院.种业法律法规汇编(2019年版)[M].北京:法律出版社,2019.

[9] 李琴,王云.市场调研实务[M].北京:中国水利水电出版社,2011.

[10] 方华,赵共鹏.中国玉米种子营销管理[M].北京:化学工业出版社,2011.

附 录

Appendix

Appendix
Appendix
Appendix

1.
种子营销员学徒岗位标准

种子营销员学徒岗位标准

学徒制专业名称	种子生产与经营
学徒岗位名称	营销员
岗位工作描述	种子助理营销师岗位主要从事种子市场调研、种子市场分析、种子营销策划、市场开拓、种子直接销售、客户管理等营销活动
工作场所与使用工具	种子企业销售片区(种子区域市场)、种子批发店、种子门店
职业安全与规章制度	《农业法》《农业技术推广法》《种子法》《植物新品种保护条例》《产品质量法》《民法典》(第三编 合同)等相关的法律法规
职业道德与素质要求	职业道德:爱岗敬业、诚信友善、平等互惠、优质服务、遵纪守法、公私分明、廉洁奉公。 素质要求: (1)思想素质:①具有高度的事业心和敬业精神;②具有崇高的道德品质;③遵纪守法;④具备创业精神;⑤切实从用户利益出发,为他们提供优良的服务。 (2)心理素质:①时刻充满自信;②树立奋斗目标;③拥有高度的热情;④拥有坚韧不拔的意志。 (3)身体素质:身体强健,精力充沛,吃苦耐劳。 (4)业务素质:①企业知识;②产品知识;③顾客知识;④市场知识;⑤法律知识。 (5)职业能力:①观察力;②创造力;③社交能力;④语言表达能力;⑤应变能力;⑥亲和力
行业企业职业行为规范	(1)熟悉市场营销工作; (2)熟悉零售运作模式; (3)有地区销售网络和销售关系; (4)坦诚自信,乐观进取,拥有高度的工作热情; (5)有良好的团队合作精神,有敬业精神; (6)具有独立的分析和解决问题的能力; (7)有良好的沟通技巧和说服能力,能承受较大的工作压力

续表

学徒制专业名称	种子生产与经营			
对应职业资格	农艺师；营销员（国家职业资格五级）、高级营销员（国家职业资格四级）、助理营销师（国家职业资格三级）			
岗位工作任务（或项目）	工作过程与技术、质量要求	专业知识要求	技术技能要求	综合职业能力要求
1. 种子行业认知，种子市场营销基本知识，种子生产、检测基础知识	种子市场营销基本知识、农作物种子基本知识	种子、种子市场、种子市场营销，种子生产、加工、检验、贮藏、包装等相关标准	了解种子行业，掌握种子市场、市场营销概念；能够识别不同作物种子、判断种子质量等；掌握种子质量相关标准	能够掌握种子市场、市场营销、种子基本知识
2. 市场营销环境分析	分析宏微观市场机会与环境威胁	掌握市场、市场营销、市场环境的基本概念及其相关理论	掌握营销环境分析方法	能有效理解并执行企业的营销决策
3. 市场调研与预测	能够开展市场调研、预测	市场调研基本流程、调研与预测方法	掌握市场预测的主要方法，能对市场需求进行估计，撰写市场调研报告	掌握细分市场和目标市场选择的基本方法，制定目标市场营销及市场定位策略
4. 营销策划	能够制定有效的产品、价格、渠道、促销策略	市场营销策划的基本概念、原理、方法	能够基于各类营销场景开展营销活动策划并实施	胜任种子产品基本的营销专业技能
5. 种子分销渠道成员选择与管理	设计企业分销渠道、正确选择分销渠道成员、制定有效管理经销商方案	种子分销渠道模式、分销渠道成员的选择、分销渠道冲突与管理	能够灵活运用种子分销渠道选择的方法正确选择种子企业分销渠道；掌握解决分销渠道冲突的方法；制定经销商激励办法	能正确分析影响种子分销渠道选择的因素；能正确构建企业分销渠道；能够根据实际情况管理分销渠道
6. 推销技术	掌握推销人员素质特征、推销基础知识	推销工作流程、推销与谈判策略	掌握销售拜访、销售呈现、拜访评估、处理异议等技能	提升专业化销售能力
职业品质与工匠精神	(1)敬业：基于对职业的敬畏和热爱，全身心投入的认认真真、尽职尽责的职业精神状态。 (2)精益：精益求精，对每件产品、每道工序都凝神聚力，追求极致的职业品质。 (3)专注：内心笃定而着眼于细节的耐心、执着、坚持的精神。 (4)创新：追求突破、追求革新			
职业生涯发展规划	营销助理→营销专员→营销中级专员→营销高级专员→营销经理			

2. 种子营销员学徒岗位课程标准

种子营销员学徒岗位课程标准

学徒制专业名称	种子生产与经营		
学徒岗位课程名称	营销员		
学徒岗位课程工作描述	种子助理营销师岗位主要从事种子市场调研、种子市场分析、种子营销策划、市场开拓、种子直接销售、客户管理等营销活动	学徒工作学习周数	19
课程教学目标与学习产出	1. 职业素质目标(可量化考核) (1)职业道德:爱岗敬业、诚信友善、平等互惠、优质服务、遵纪守法、公私分明、廉洁奉公。 (2)素质要求:①思想素质:a. 具有高度的事业心和敬业精神;b. 具有崇高的道德品质;c. 遵纪守法;d. 具备创业精神;e. 切实从用户利益出发,为他们提供优良的服务。 ②心理素质:a. 时刻充满自信;b. 树立奋斗目标;c. 拥有高度的热情;d. 拥有坚韧不拔的意志。 ③身体素质:身体强健,精力充沛,吃苦耐劳。 ④业务素质:a. 企业知识;b. 产品知识;c. 顾客知识;d. 市场知识;e. 法律知识。 ⑤职业能力:a. 观察力;b. 创造力;c. 社交能力;d. 语言表达能力;e. 应变能力;f. 亲和力。 2. 专业知识目标(可量化考核) (1)种子、种子生产、种子检测基础知识;种子市场、种子市场营销基本知识;种子生产、加工、检验、贮藏、包装等相关标准。 (2)市场营销环境分析:掌握市场、市场营销、市场环境的基本概念及其相关理论。 (3)种子分销渠道成员的选择与管理:①构建种子分销渠道;②分销渠道成员管理。 (4)市场调研与预测:①市场调研基本流程;②调研与预测方法。 (5)营销策划:能够基于各类营销场景开展营销活动策划并实施。		

续表

学徒制专业名称	种子生产与经营
课程教学目标与学习产出	(6)推销技术:推销工作流程、推销与谈判策略。 3. 职业能力目标(技术技能和岗位从业能力) (1)种子、种子市场、种子市场营销,种子生产、检测基础知识:①了解种子行业,掌握种子市场、市场营销概念;②能够识别不同作物种子、判断种子质量等,掌握种子质量相关标准。 (2)市场营销环境分析:掌握营销环境分析方法。 (3)种子分销渠道成员的选择与管理:①构建种子分销渠道;②分销渠道成员管理。 (4)市场调研与预测:掌握市场预测的主要方法,能对市场需求进行估计,撰写市场调研报告。 (5)营销策划:能够基于各类营销场景开展营销活动策划并实施。 (6)推销技术:掌握销售拜访、销售呈现、拜访评估、处理异议等技能
学徒岗位课程实施工作场所与使用工具	种子企业销售片区(种子区域市场)、种子批发店、种子门店
学徒岗位课程实施岗位职业安全与规章制度	《农业法》《农业技术推广法》《种子法》《植物新品种保护条例》《产品质量法》《民法典》(第三编 合同)等相关的法律法规
行业企业工作学习职业行为规范	(1)熟悉市场营销工作; (2)熟悉零售运作模式; (3)有地区销售网络和销售关系; (4)坦诚自信,乐观进取,具有高度的工作热情; (5)有良好的团队合作精神,有敬业精神; (6)具有独立的分析和解决问题的能力; (7)有良好的沟通技巧和说服能力,能承受较大的工作压力
企业师傅、专业指导教师配置与教学要求	1. 配置条件 (1)热爱种子生产与经营事业,对培养种子生产与经营人才充满热情,具有良好的政治思想素质和高尚的职业道德。 (2)具备丰富的处理种子生产与经营问题的能力,善于沟通和表达,掌握并灵活运用行业知识进行技能的传授和讲解。 (3)工作经历(工种)成绩突出,善于“传、帮、带”。近3年在企业的生产、经营等工作中没有违纪、违章、违规行为。 (4)具有丰富的种子营销经验,取得农艺师、营销师及以上职业资格证书,或种子生产与经营专业的技师及以上技能等级证书,或具有种子生产与经营领域独特专长的能工巧匠。 (5)接受过专门的职业教育或系统的种子生产与经营职业技能培训。 (6)有制订、实施培训方案的能力,具备良好的语言表达能力和沟通交流能力。 (7)身体健康,心理健康,能坚持正常工作。 2. 教学要求 (1)拥护党的基本路线,遵纪守法,认真贯彻执行党和国家的教育方针、政策,有良好的职业道德。 (2)积极承担教学任务,有较强的事业心和责任感。 (3)刻苦钻研本学科领域的理论知识和技能,力求精益求精,不断提高学术水平。

续表

学徒制专业名称	种子生产与经营			
企业师傅、专业指导教师配置与教学要求	(4)认真学习和研究教育理论知识,努力掌握教育教学规律,积极参与教学研究,不断提高教学水平。 (5)为人师表、教书育人,对学生严格要求,严格管理。 (6)自觉遵守学校各项规章制度,严格执行学校的各种教学文件。 (7)身体健康,能坚持正常的教学工作,完成规定的教学工作量。 (8)根据教学大纲的要求和学徒的具体情况,按照学徒制人才培养方案、教学项目实施标准组织教学内容,采用有特色的教学方法,充分体现行业领先水平,确保学生达到胜任种子营销员岗位的技能要求。 (9)对学生的成绩进行评价			
可考取的职业资格证书、行业或企业证书	营销员(国家职业资格五级)、高级营销员(国家职业资格四级)、助理营销师(国家职业资格三级)			
岗位工作学习任务(或项目)	工作学习内容	工作学习组织	学习产出考核标准	工作学习时间/周
1. 种子生产、检测基础知识	种子生产、加工、检验、贮藏、包装等相关标准	课程教学	能够识别不同作物种子、判断种子质量等;掌握种子质量相关标准	2
2. 市场营销环境分析	掌握市场、市场营销、市场环境的基本概念及其相关理论	实习/实践/顶岗	掌握营销环境分析方法	2
3. 种子分销渠道成员的选择与管理	正确分析影响种子分销渠道选择的因素,选择种子企业分销渠道成员;制订分销渠道管理方案	实习/实践/顶岗	能正确选择分销渠道成员;能制定有效的经销商管理办法	4
4. 市场调研	市场调研基本流程、调研方法	实习/实践/顶岗	掌握市场调研的主要方法,能对市场需求进行估计,撰写市场调研报告	4
5. 营销策划	市场营销策划的基本概念、原理、方法	实习/实践/顶岗	能够基于各类营销场景开展营销活动策划并实施	2
6. 推销技术	推销工作流程、推销与谈判策略	实习/实践/顶岗	掌握销售拜访、销售呈现、拜访评估、处理异议等技能	5
职业品质与工匠精神培养	(1)敬业:基于对职业的敬畏和热爱,全身心投入的认认真真、尽职尽责的职业精神状态。 (2)精益:精益求精,对每件产品、每道工序都凝神聚力,追求极致的职业品质。 (3)专注:内心笃定而着眼于细节的耐心、执着、坚持的精神。 (4)创新:追求突破、追求革新			

续表

学徒制专业名称	种子生产与经营
工作学习资源	(1)教学团队:合作企业至少需提供5名由技术骨干和能工巧匠组成的企业导师团队。 (2)教学资源:专业核心课程、专业基础课程的课程标准、授课计划(教学日历)、教学设计、课程团队、课程教案、多媒体课件、教学视频、实训环境、实训指导、试题库、在线测试、拓展学习等课程资源库。 (3)实训教学:具备基本符合种子营销实训、文案实训、客服实训、运营推广实训等项目相关的计算机网络等设备,实训场地工位数充足,具有种子营销实训环境
学徒工作学习组织管理计划	(1)按照“一轮半”工学交替人才培养模式,根据高素质技术技能型人才成长规律和工作岗位的实际需要,学校与企业共同制订人才培养方案、开发课程和教材、设计实施教学、组织考核评价、开展教学研究等。学校承担系统的专业知识学习和技能训练;企业通过师傅带徒弟的形式,依据人才培养方案进行岗位技能实践教学,实现校企一体化育人。 (2)一年级课程主要包括学校公共基础课、综合素质课程和专业技术技能课程,学徒岗位能力课程、专业拓展课程以及专业综合实践课程。二、三年级课程在企业完成。面向种子企业销售片区(种子区域市场)、种子批发店、种子门店的种子营销员等工作岗位技能课程,按照企业主导、学校辅教的原则组织教学,形成理论教学与企业实践紧密结合、学习与工作相互渗透的渐进式课程体系
学徒考核评价方案	(1)构建院校、企业、第三方共同参与的评价模式,建立院校评价、企业评价和第三方评价构成的立体多元化、发展性的评价体系,参照职业岗位要求,引入职业资格标准、企业聘用人才标准、行业技术标准、职业能力测评标准,针对不同的课程形成以职业能力为核心,结合过程性考核和结果性考核的评价方式。 (2)由校企双方共同组建质量监督与评估小组,设计基于学徒学习全过程的多元化评价体系。评估小组结合学习记录、技能训练结果、期中考核结果、期末考核结果,企业师傅提供的学徒实践报告,院校教师提供的学徒课程报告三方内容,评估学徒培训的培养过程和培养效果
学徒岗位认证条件	组成专家组进行评分,总分根据“40%理论+40%实践+20%平时表现”给出。理论知识考试采用闭卷笔试方式,技能操作考核采用现场实际操作方式。理论知识考试和技能操作考核均实行百分制,成绩达60分以上者为合格

3. 师傅聘任标准

一、聘任基本原则

坚持“公平、公正、公开”的原则，做到选拔条件与考核内容公开、选拔经过公开、选拔结果公开，选拔具有丰富经验的种子营销人员担任师傅。

二、聘任条件

(1)热爱种子营销事业，对培养种子营销人才充满热情，具有良好的政治思想素质和高尚的职业道德。

(2)具备丰富的种子营销经验，善于沟通和表达，能够掌握并灵活运用行业知识进行技能的传授和讲解。

(3)工作经历(工种)成绩突出，善于“传、帮、带”，近 3 年在企业的生产、经营等工作中没有违纪、违章、违规行为。

(4)接受过专门的职业教育或系统的种子营销技能培训。

(5)有制订、实施培训方案的能力，具备良好的语言表达能力和沟通交流能力。

(6)身心健康。

三、聘任程序

由种业企业根据评选条件，结合实际情况采取“笔试＋技能操作”方式进行评选。对经评审通过的师傅，发放聘书，聘期为 3 年。聘书加盖学院和师傅所在企业公章。

四、奖励办法

对于师傅带徒弟期间表现优秀的人员给予精神奖励，由单位和学院统一发文表彰，颁发获奖证书。将优秀师傅的评选获奖情况计入个人档案，作为晋职晋级的考核依据之一。

五、教学指导工作规范

(1)思想端正，遵纪守法，认真贯彻执行党和国家的教育方针、政策，有良好的职业道德。

(2)积极承担教学任务，有较强的事业心和责任感。

(3)刻苦钻研本学科领域的理论知识和技能，力求精益求精，不断提高学术水平。

(4)认真学习和研究教育理论知识，努力掌握教育教学规律，积极参与教学研究，不断提高教学水平。

(5)为人师表、教书育人，对学生严格要求，严格管理。

(6)自觉遵守学校各项规章制度，严格执行学校的各种教学文件。

(7)身体健康，能坚持正常的教学工作，完成规定的教学工作量。

(8)根据教学大纲的要求和学徒的具体情况，按照学徒制人才培养方案、教学项目实施标准组织教学内容，采用有特色的教学方法，充分体现行业领先水平，确保学徒达到胜任种子营销员岗位的技能要求。

4.
徒弟选拔标准

一、选拔基本原则

坚持“公平、公正、公开”的原则，做到选拔条件与考核内容公开、选拔经过公开、选拔结果公开，选拔优秀学徒开展实践。

二、选拔条件

(1)思想端正、身心健康，有良好的道德品质和文明的行为习惯。

(2)热爱种子营销事业，具有合作意识和团队精神。

(3)有较强的责任感，吃苦耐劳的精神，与人沟通的能力，品行端正。

(4)自愿参加，同意参加相关工作与培训。

三、选拔程序

个人提出书面申请—根据学生的学习成绩及平时表现情况进行推荐—种子企业综合考核，确定人选—由种子企业、学院、学生(未成年人由家长代理)三方共同签订学徒协议。

四、学徒选拔考核技术标准

(一)考核方法

种子营销员考核采用现场答题的方法，在规定时间内完成答题。考核分为理论知识考试和技能操作考核。理论知识考试采用闭卷笔试方式，技能操作考核采用现场实际操作方式。理论知识考试和技能操作考核均实行百分制，成绩达60分以上者为合格。

（二）考核内容

市场营销、消费者行为学、市场调研与预测、农作物种子知识，《农业法》《农业技术推广法》《种子法》《产品质量法》《民法典》（第三编 合同）等相关的法律法规等。

（三）成绩评定

合作企业将组成专家组对学徒进行评分。总分可以根据“40％理论＋40％实践＋20％平时表现”给出。